中国近代新闻学名著系列丛书

芮必峰◎主编

浙江新闻史（上）

—— 项士元◎编 ——

中国传媒大学出版社

·北　京·

编 委 会

主　编　芮必峰

副主编　姜　红　刘　勇

编　委　贾　南　周　彤　张冰清　侯普曼

出版说明

本丛书整理再版了近代在中国用中文出版的经典新闻学著作，所涉及的图书既有专著、教材，也有译著，全面涵盖了新闻学理论、新闻业务、新闻史等领域，成书年份前后跨越40年。在这40年间，中国的新闻学科从无到有、从借鉴到创新，成就巨大。对这些著作的再次出版，为研究中国近代新闻学提供了珍贵的史料，绘制了中国近代新闻学的全景，度量了中国近代新闻学的厚度，填补了该领域空白，也为纪念中国新闻学诞生100周年献上了一份厚礼。

我们请中国人民大学新闻学院教授、博士生导师，广西大学新闻传播学院院长，教育部社会科学委员会委员兼新闻传播学科召集人郑保卫，及中国传媒大学传播研究院院长、教授、博士生导师，中央实施马克思主义理论研究和建设工程新闻学首席专家雷跃捷对本丛书的内容进行了审定，并根据专家的意见进行了修改。在此对两位专家所付出的辛勤劳动表示衷心感谢。

由于历史原因，本丛书中的个别图书存在一些问题，为保存历史原貌，为研究者提供一手的参考资料，影印时均基本保持其原貌，未作大的删改，希望读者结合当时的历史条件和历史环境，对其中的观点进行批判性借鉴。原书中存在一些错别字、漏字和排版错误，我们在影印时均未做改动，敬请读者注意。

由于原书出版年代久远，本丛书中的许多书籍难觅其踪，存世数量稀少，版权状况极其复杂。为了保证本丛书的学术性和完整性，我们将具有价值的图书先行选入其中，进行了抢救性发掘，力图保存中国新闻史珍贵的历史资料。版权所有人若有异议，请及时与我们联系。

为更好地体现中国近代新闻学的发展脉络，本丛书特别收录了欧美学者休曼的《实用新闻学》、斯蒂德的《新闻学的理论与实际》；日本学者松本君平的《新闻学》、后藤武男的《新闻纸研究》、杉村广太郎的《新闻概论》。当年这些书的出版对中国近代新闻学具有一定的借鉴意义。

本丛书为影印制作，成书清晰度由原书决定，由于出版年代久远，受当时生产力水平及制作方法限制，难免会存在一些缺陷，敬请读者谅解。

中国传媒大学出版社

总　序

如果从1903年商务印书馆编译出版日本人松本君平的《新闻学》算起，中国的新闻学已有115年历史①。如果从1918年北大新闻研究会建立，徐宝璜开办新闻学讲座算起，中国新闻学教育和研究迄今正好100年历史。我们搜集整理了清末至民国期间一些有代表性的新闻学书籍，希望借此重现早期中国近代新闻学的本来面貌，反映我国新闻学发展的历史脉络，我们认为，这对中国新闻学术、教育史研究以及中国近现代思想史研究都是很有意义的。

从1903年到1949年9月的40多年间，我国公开出版和内部印行的新闻学书籍，包括专著、教材、论文集、资料汇编、参考工具书等，约468种之多。②它们集中反映了我国新闻学的历史发展轨迹。然而，由于多种原因，这些书籍除了几本曾被重印出版外，大多已经是"只闻其名、难觅其踪"，这对我国新闻学研究不能不说是一个遗憾。

本丛书在梳理1903—1949年间出版的有代表性的新闻学书籍的基础上，精选了50部著作，校订注释，编纂再版，也算对这一遗憾的弥补。

从我们挑选的这50部新闻学书籍来看，中国早期新闻学的发展有三个鲜明的特点：

一、中国早期新闻学的发展与中国社会发展，尤其与国家民族利益息息相关

40多年间，中国新闻学从近乎空白到勃然而兴，这与中国社会的动荡、变

---

① 黄天鹏回顾新闻运动时说："有清光绪二十八年，商务印书馆刊行《新闻学》一书，为我国人知有新闻学之始，原书为日人松本君平所著……"资料来源：黄天鹏．新闻运动之回顾［A］．黄天鹏．新闻学名论集［C］．上海：上海联合书店，1929．

② 林德海，等．中国新闻学书目大全1903—1987［M］．北京：新华出版社，1989．

革休戚相关。西方新闻学是现代化的产物，最早形成于19世纪末20世纪初。1901年，"新闻学"一词首见于中文报章[①]，但直到民国前夕，国人对于"新闻有学乎"尚存疑，认为报社就是新闻人才的"养成所"。至1912年上海报业俱进会以"吾国报业之不发达……其最大原因，则为无专门之人才"[②]为由，号召组织报业学堂，培养报业专门人才。不难看出，此时新闻界亦将新闻学视为办报之"技"。至1918年邵飘萍为徐宝璜《新闻学》作序仍"窃叹我国新闻界人才之寥落，良由无人以新闻为一学科而研究之者"[③]。黄天鹏把1903年至1918年新闻学研究会建立之前的十余年视为中国新闻学的启蒙期。[④]

1918年，随着以启蒙为目标的新文化运动愈演愈烈，新思潮涌入国门，"新学""西学"站在旧传统的对立面被学界关注，新闻学思想也不例外。作为公学之首和新文化运动中心的北京大学率先开办新闻学研究会，力证了"新闻学"存在的正当性；徐宝璜《新闻学》一书问世，成为中国新闻学理论的奠基之作。新闻学教育兴起，新闻学研究著作渐盛，待到北伐前夕，中国新闻学从学理上和实践上俱已建立起来。

新文化运动后期，马克思主义传入中国，资本主义文明逐渐"祛魅"。之后的大萧条使得西方国家的痼疾暴露无遗，曾经"理想之彼方"的西方报业也难以幸免。在这一时代背景下，如何建立"吾国之报业"成为新闻学研究的热点，围绕这一热点，一方面，关于中外新闻理论、新闻事业、新闻业务的著作日益涌现；另一方面，军阀对于激进言论的暴力摧残，又引发了新闻人对于言论自由的论争。20世纪20年代的中国新闻学呈现百家争鸣之势。

"在这言论自由纷争之际，也有若干论调，认为新闻纸不过是一种政治宣传的工具，在新闻学方面也唱过所谓社会主义的新闻理论，不过这种论调没有完成，当头的国难已把这种理论粉碎。"[⑤]"九一八"事变后，面对空前的民族危机，"国家至上、民族至上"成为国论，报业成为勾连与动员社会的渠道和网络，

---

① 梁启超．本馆第一百册祝辞并论报馆之责任及本馆之经历［J］．清议报，1901（100）：1–8.

② 戈公振．中国报学史［M］．上海：上海书店，1989：278.

③ 徐宝璜．新闻学［M］．长春：时代文艺出版社，2009：7.

④ 黄天鹏．四十年来中国新闻学之演进［M］//龙伟，任羽中，王晓安，何林，吴浩．民国新闻教育史料选辑．北京：北京大学出版社，2010：149.（以下征引本书时，一律简注为《民国新闻教育史料选辑》。）黄天鹏在此文中提出他对于1903年到战事结束的40余年间中国新闻学发展阶段的划分，原载《中国新闻学会年刊》第1期，1942年9月。

⑤ 黄天鹏．四十年来中国新闻学之演进［M］//民国新闻教育史料选辑．北京：北京大学出版社，2010：161.

致力于推动“舆论统一”。直到全面抗战中期之前，以战争宣传动员为主要研究目标的“战时新闻学”都是新闻学研究的热点。

1943—1949年中华人民共和国成立前夕，随着战争形势的转变，抗日战争已现胜利的曙光，中国新闻学人开始构想新闻业的未来。萨空了①于1943年开始着手书写《科学的新闻学概论》，旨在提醒新闻人应“鉴于美英的前车”②，避免报纸“为大财阀资本家所独占”③，“积极地设法使报纸成为大多数民众自己的相互报道消息、提供意见的工具”④。

二、中国新闻学是“西学东渐”的产物，中国早期新闻学人大多具备西学背景

“西学东渐”的内在精神是中体西用。在“用”的招牌下，西学大量涌入。中国新闻学直接引自日本和美国。首先，中国最早的新闻学译著分别为1903年商务印书馆编辑出版的松本君平的《新闻学》和1913年美国记者休曼著、史青编译的《实用新闻学》。前者成为中国新闻学的开端，而后者作为美国第一本新闻教育著作，“提供采访编辑各种实际问题的解决方案”⑤，也奠定了中国新闻人对于新闻教育之作用的基本构想。

早期中国新闻学人大多具备留美留日的求学背景。徐宝璜曾于美国密歇根大学修习经济学与新闻学，其《新闻学》（1919）的参考文献包括在美国出版的图书23种、在英国出版的图书7种，印证了时任北大校长蔡元培所言，“新闻学之取资，以美为最便矣”⑥。任白涛求学日本早稻田大学政治经济学系时，加入了《朝日新闻》名记者杉村楚人冠等筹建的“大日本新闻学会”⑦，《应用新闻学》

① 萨空了（1907—1988）四川成都人，蒙古族，笔名了了、艾秋飚，记者、主编、新闻学家。1927年任《北京晚报》《世界日报》编辑记者、《世界画报》总编辑。曾任教民国学院新闻系、北京新闻专科学校。1935年任上海《立报》副刊主编、总编辑兼经理。中华人民共和国成立后任中央人民政府新闻总署副署长兼新闻摄影局局长、出版总署副署长、全国政协副秘书长兼《人民政协报》总编辑等职。负责主编《中国大百科全书·新闻出版》卷，著有《科学的新闻学概论》《科学的艺术概论》《宣传心理研究》等。

② 萨空了．科学的新闻学概论［M］．香港：文化供应社，1946：36.

③ 萨空了．科学的新闻学概论［M］．香港：文化供应社，1946：36.

④ 萨空了．科学的新闻学概论［M］．香港：文化供应社，1946：36.

⑤ 黄天鹏．四十年来中国新闻学之演进［M］//龙伟，任羽中，王晓安，何林，吴浩．民国新闻教育史料选辑，北京：北京大学出版社，2010：157.

⑥ 邓绍根．中国新闻学的筚路蓝缕：北京大学新闻学研究会［M］．北京：清华大学出版社，2015：228.

⑦ 1915年《朝日新闻》的杉村楚人冠等在庆应义塾大学创办“新闻研究会”并讲授课程，后根据该讲义出版了《最近新闻纸学》（1918）。其时，杉村楚人冠还兼任“大日本新闻学会”的筹建者与学会新闻讲座讲师。

（1922）正是仿照杉村楚人冠《最近新闻纸学》一书体例所做。[①]邵飘萍的《实际应用新闻学》（1923）亦参考了《最近新闻纸学》。[②]杉村楚人冠深受美、德新闻思想熏陶，美、日、德的新闻思想因故才传到中国。

事实上，正是留美、留日学生群体的新闻学著述构建起了中国早期新闻学的基本框架。仅本丛书所涉国内著（编）者30人中，剔除资料不详者3人，有留学经历者共计15人。其中留美5人：徐宝璜、伍超、赵敏恒[③]、戈公振[④]、曹用先[⑤]；留日8人：吴定九[⑥]、邵飘萍、黄天鹏、任白涛、张友渔[⑦]、谢六逸、袁殊[⑧]、王文萱[⑨]；

---

① 周光明．近代新闻史论稿［M］．北京：社会科学文献出版社，2014：276.

② 方晓红．中国新闻简史［M］．南京：南京师范大学出版社，1996：122.

③ 赵敏恒（1904—1961），记者、新闻学教授。早年就读于清华大学，1923年起先后于美国科罗拉多大学文学院、密苏里大学新闻学院、哥伦比亚大学新闻学院攻读英国文学和新闻学，并获新闻学硕士学位。1925年起在纽约环球通讯社当编辑。1927年回国，在国民政府外交部情报处短暂工作后加入路透社。1945年10月任《新闻报》总编，兼任复旦大学新闻学教授。

④ 留学两个及两个以上国家的，按其留学的第一个国家计。

⑤ 曹用先，女，宁波人，天津南开大学社会科毕业。1926年与未婚夫查良鉴自南开大学毕业后，同赴密歇根大学留学，1930年在该校安娜堡完婚。硕士毕业后回国，曾就职于上海商务印书馆编辑所并任教于大夏大学，1949年与查赴台，1951年4月病逝于台湾。

⑥ 吴定九（1890—1930），名鼎，字定九，嘉定人。著名报人，《京报》元勋之一，著有《新闻事业经营法》。公派赴日本名古屋学习土木工程时，与在东京政法学校读书的邵飘萍成为密友。1923年9月，私立北京平民大学设立报学系，时任京报社经理的吴定九担任教授并讲授专业课程“新闻经营法”。

⑦ 张友渔（1898—1992），原名张象鼎，字友彝，又名张忧虞，山西灵石人。法学家、政治学家、新闻学家。先后求学于山西第一师范学校，国立北平法政大学法律系。1927年任《国民晚报》社长兼总编辑。同年加入中国共产党，任中共北平市委委员兼秘书长。1930年赴日留学。“九一八”事变后回国任《世界日报》主笔及燕京大学、中国大学、民国大学、中法大学、北平大学法商学院教授，讲授宪法学、劳动法学、新闻学和日本问题。1943年起在重庆任中共南方局文委秘书长、《新华日报》社论委员会委员、中共重庆工作委员会候补委员兼政策研究室副主任、《新华日报》代总编辑等职。

⑧ 袁殊（1911—1987），中共谍报人员、记者、新闻学者。早年赴日攻读新闻学、东洋史。曾创办上海自修大学并设新闻专科。1931年3月创办的《文艺新闻》，最早揭露了左联五烈士被害的消息。1932年任新声通讯社记者，经潘汉年引介加入共产党。1942年卧底敌伪报纸《新中国报》，1945年10月转移到苏北解放区；1949年调入中央情报部门。著《记者道》《学校新闻讲话》《新闻大王赫斯特》等书；译《新闻法制论》等。

⑨ 王文萱，曾留学日本，1930年5月翻译杉村广太郎的《新闻概论》。1942年国立社会教育学院新闻系成立，王文萱在该系教授新闻业务课程。1947年年初，李宗仁授意萧一山在北平创办《经世日报》作为喉舌，任命王文萱、蓝文澄两位教授为主笔。

旅欧2人为胡愈之和储玉坤[①]（详情见表）。这些涉足新闻学研究的归国留学生兼容并蓄，汲取美、日、德等国新闻理论和马克思主义新闻思想的精华，进行本土化改良，亦从侧面反映出中国新闻学的理论来源。

三、中国早期新闻学人往往兼新闻实践、新闻教育、新闻研究于一身

1918年，北京大学新闻学研究会成立，徐宝璜负责讲授新闻学知识。他结合自身从业经验，参考欧美新闻学书目，形成课程讲义；再结合讲课心得，不断完善新闻学理论。1919年，国人自撰的第一本新闻学专著《新闻学》最终成书。徐在自序中细陈写书修书之过程："新闻学乃近世青年学问之一种，尚在发育时期。余对于斯学，虽曾稍事涉猎，然并无系统之研究。客岁蔡校长设立新闻学研究会，命余主任其事，并兼任导师。余乃于暑假中，正式加以研究，就所得著《新闻学大意》一篇，以为开会后讲演之用。……开会后，余继续研究，加以会员之质疑问难，时有心得，遂将原稿加以修改，成第二次之稿……"[②]显然，"曾稍事涉猎"指其曾经担任《晨报》主笔的工作经历。早期中国新闻学人兼具从业经验和新闻学教学经验者多会总结实践经验、丰富新闻理论、著书立说、传道授业，这种情况并不鲜见。

从早期新闻学著作的作者（编者）身份来看：本丛书涉及国内著（编）者30人，除李公凡、刘元钊和鲁风三人身份不详，仅蒋国珍[③]、项士元[④]二人没有明确的新闻从业经验。而在这25人中，更有20人兼具从业经历与从教经历。新闻学人大多具有新闻从业经历，学术研究、传承活动与新闻实践密不可分（详

---

① 储玉坤，1912年生，江苏宜兴人，笔名雨君、储华。1937年中央政治学校大学部新闻学及国际政治专业毕业。1938年1月任《文汇报》编辑兼社论撰述者；1938年5月担任《文汇报》法国哈瓦斯分社编辑；抗战胜利后，任《文汇报》总主笔。1946年5月转任《申报》主笔和法国新闻社远东分社中文部主任，兼任中国新闻专科学校教务长和沪江大学新闻系教授。著有《现代新闻学概论》《第二次世界大战史》《美国经济》。

② 邓绍根，中国新闻学的筚路蓝缕［M］. 北京：清华大学出版社，2015：244.

③ 蒋国珍出生于1896年，江苏溧阳人，做过学生运动领袖、国民党党员、教育工作者、政府职员、银行经理。曾加入上海学生运动，代表上海全国各界联合会、全国学生联合会、上海各界联合会、学生联合会四团体发声。虞文俊认为其传世的《中国新闻发达史》翻译自日本人伊藤武雄的《中国新闻发达史》，即蒋国珍应为此书的译者而非著者。

④ 项士元（1887—1959），佛教居士、学者。原名元勋，号慈圆，又号石槎。浙江临海人，通日、英、德、梵、俄文，一生佛学著作等身。25岁毕业于杭州府中学堂，后办私立小学和赤城初级师范，兼任各校教师；捐资并赠书创办了临海图书馆。项士元长期辗转江浙等地从事教育、新闻和史志方面的研究工作。中华人民共和国成立后主持台州文管会，任浙江省文史馆馆员。所著《浙江新闻史》是中国最早的新闻史之一。

见表1[①])。

从新闻学著作本身来看，许多民国新闻学书籍正是新闻实践和新闻教育的直接产物：国人自撰的第一部新闻采访学专著——《实际应用新闻学》根据邵飘萍在北京大学新闻学研究会和平民大学新闻系的讲稿所著，《新闻学总论》一书则根据邵氏国立政法大学的新闻学讲义整理而成；周孝庵[②]根据自己在复旦大学的新闻学讲义编著了《最新实验新闻学》；郭步陶[③]的《本国新闻事业》是上海市私立申报新闻函授学校讲义之十一；而《新闻学的基础知识》本就是中美日报读讯会[④]为新闻学自修者所出版的教材《实用新闻学讲义》之一；储玉坤的《现代新闻学概论》则是专门为大学新闻理论教科书而编写的（详见表2）。

正是由于早期新闻学人兼新闻实践、新闻教育、新闻研究于一身，才能为理论教学与著述提供最鲜活的案例，促使新闻实践经验迅速融入新闻学理论研究。这是近代中国新闻学迅速发展的重要因素，对于当今的新闻学研究、新闻学教育工作也有重要启示。

本丛书编委会邀请相关领域资深专家进行研讨，认真甄选了书目，仔细进行了版本比较和甄别，从而保证了本丛书较高的学术权威性。

由于历史的局限，民国新闻学书籍的不足是明显的，如学术理论不成熟、部分话语和话题打上了深深的时代烙印等；又因书中涉及的新闻稿件写作于特定历史环境和历史年代，其表达方式不严谨亦不可避免。盖所选书目皆是历史文献，我们在审校中尽量保持其历史原貌，不做大的删改；对极个别对马克思

---

① 李秀云．留学生与中国新闻学［M］．天津：南开大学出版社，2009：239-251．本书中李秀云整理了民国期间从事新闻学研究的留学生44人，并分析其留学国别构成、专业构成、新闻实践经历、从教经历等。

② 周孝庵（1900—1973），佛教学者、律师、报人。松江府人。毕业于江苏省立第一商业学校。历任上海时事新报馆记者、编辑、主编，著《最新实验新闻学》。1928年秋被复旦大学聘为新闻学教授。曾于上海法政大学获法学学士学位，1930年兼律师。1932年主编上海《新闻报》“法律质疑”栏目、编著了《法律质疑汇编》。上海沦陷后，曾氏关闭了律师事务所，潜心佛学研究。

③ 郭步陶（1879—1962），原名成爽，后改名惜，字步陶。四川隆昌人。名记者、新闻研究者。1911—1917年任《申报》编辑，1917年任《新闻报》编辑主任、主笔。1930年任教于复旦大学新闻系。上海沦陷后赴香港，任职于《申报》（香港）、《星岛日报》；1939年创建中国新闻学院（香港）并任院长。抗战胜利后回沪任教于复旦大学、新中国学院。

④《中美日报》是“孤岛”时期的国民党报纸，为躲避日伪新闻检查，在美商罗斯福出版公司招牌下运作，副刊有《集纳》《堡垒》等。1938年11月创刊，1941年12月停刊，1945年8月复刊，次年4月终刊。总编先后为杨勋民、查修、詹文浒，总主笔周宪文，执笔者有储玉坤、章丹枫等。胡道静曾任英文编辑。报社读讯会为自修新闻学的读者出版了《实用新闻学讲义》，共计10种，对编辑术、采访术、评论作法、新闻写作、新闻学史、剪报工作等都有专篇论述。

主义、共产党等的不适当叙述已进行了删除处理。

本丛书规模较大，从策划项目、搜集资料、校订编纂到审稿成书，历时两年有余。这50本书可能并非本本经典，其中有些内容亦有重复、雷同之处，但瑕不掩瑜，它们对于研究中国新闻学功不可没，作为新闻史资料极具研究价值。感谢中国传媒大学出版社和安徽大学新闻传播学院诸位老师的辛勤付出，也希望读者在本丛书中能读出更丰富的内容，获得启发并更深入地思考。

丛书主编　芮必峰

2018年5月7日

附表：

表1　著者受教育、从业、从教及著述情况列表

序号	姓名	是否留学及留学国家	从业经历	从教经历	著作
1	徐宝璜	美国密歇根大学，经济学、新闻学	北京《晨报》主笔	北京大学新闻学研究会、北京平民大学新闻系	《新闻学》《新闻事业》
2	戈公振	1927年赴美国、日本考察新闻事业	首创《图画时报》、"上海新闻记者联合会"会长、《申报》总管理处设计处主任兼《申报星期画刊》主编	上海南方大学新闻系、上海国民大学新闻系、复旦大学新闻系、上海沪江大学商学院、上海民治新闻学院	《新闻学撮要》《中国报学史》《新闻学》
3	邵飘萍	东京政法学校	《汉民日报》主编、《时事新报》《申报》《时报》主笔、创办"北京新闻编译社"、《京报》社长	北京大学新闻学研究会、北京平民大学新闻系、国立法政大学	《实际应用新闻学》《新闻学总论》
4	吴定九	日本名古屋工业专门学校土木工程	主持《京报》	北京平民大学新闻系、国立法政大学	《新闻事业经营法》
5	谢六逸	日本早稻田大学东洋文学史	《立报》文艺副刊《言林》主编、《国民周刊》《趣味》周刊主编	复旦大学新闻系、申报新闻函授学校、国立社会教育学院新闻系、暨南大学新闻系、大夏大学新闻系	《实用新闻学》《国外新闻事业》《新闻储藏研究》
6	黄天鹏	日本早稻田大学新闻系硕士	在北平创刊《新闻学刊》并担任主编	复旦大学新闻系、上海沪江大学商学院新闻学科	《新闻文学概论》《中国新闻事业》《新闻学入门》《新闻学概要》
7	赵敏恒	美国科罗拉多大学文学院、密苏里大学新闻学院、哥伦比亚大学新闻学院攻读英国文学和新闻学，并获新闻学硕士学位	纽约环球通讯社编辑，后加入路透社。"九一八"事变后为美国国际新闻社、伦敦《每日电讯报》《朝日新闻》等供稿。1945年10月任《新闻报》总编辑	复旦大学新闻系、中央政治学校新闻系、暨南大学新闻系	《外人在华的新闻事业》

续表

序号	姓名	是否留学及留学国家	从业经历	从教经历	著作
8	周孝庵	无	历任上海时事新报馆记者、编辑、主编；主编《上海新闻报》“法律质疑”栏目	复旦大学新闻系、新闻大学函授科	《最新实验新闻学》
9	张友渔	1930年、1932年、1935年多次赴日学习新闻学、考察日本新闻事业	《世界日报》编辑、《大同晚报》总编辑、《国民晚报》社长、《泰晤士报》总编辑、《新华日报》社论委员	燕京大学新闻系、北平民国学院新闻系	《新闻之理论与现象》《日本新闻发达史》
10	袁殊	日本新闻专科学校、早稻田大学历史系	创办《文艺新闻》《译报》、新声通讯社记者	上海自修大学新闻专科	《记者道》《学校新闻讲话》《新闻大王赫斯特》《新闻法制论》（译）
11	胡愈之	1928年法国巴黎大学攻读国际法	《东方杂志》编辑、创办《公理日报》、哈瓦斯通讯社远东分社中文部编辑主任、主编新加坡《南洋商报》		《胡愈之出版文集》
12	储玉坤	留法	《新闻报》编辑、《文汇报》编辑、法国哈瓦斯通讯社中国分社编辑、《文汇报》总主笔、《申报》主笔、法国新闻社远东分社中文部主任	中国新闻专科学校、沪江大学新闻系、之江大学新闻系、致用大学新闻学系	《现代新闻学概论》
13	任白涛	日本早稻田大学政治经济学	创办中国新闻学社、《新湖北日报》总编辑		《应用新闻学》《综合新闻学》
14	曹用先	美国密歇根大学①	上海商务印书馆编辑所②	大夏大学③	《新闻学》

① 毛彦文. 往事［M］. 北京：商务印书馆，2012：28.
② 雪林. 一段值得介绍的婚姻（红藏·生活·第四卷第三十八期）［M］. 湘潭：湘潭大学出版社，2014：435–437.
③ 毛彦文. 往事［M］. 北京：商务印书馆，2012：28.

续表

序号	姓名	是否留学及留学国家	从业经历	从教经历	著作
15	王文萱	留日①	《经世日报》②	国立社会教育学院新闻系③	《新闻概论》（译）
16	伍超	留美“攻读新闻科”④			《新闻学大纲》
17	郭步陶	无	《申报》编辑、《新闻报》编辑主任兼主笔、《申报》（香港）、《星岛日报》编辑	复旦大学新闻系、《申报》新闻函授学校、中国新闻学院（香港）、新中国学院	《本国新闻事业》
18	任毕明⑤	无	《民国日报》《时报》《快报》主笔、《大众日报》总编辑	香港中华新闻学院	《战时新闻学》《评论学十讲》
19	赵君豪⑥	无	《申报》副总编辑	上海商学院新闻专修科、复旦大学新闻系、上海法政学院新闻专修科	《中国近代之报业》《上海报人的奋斗》

① 杉村广太郎．新闻概论·黄序［M］．王文萱，译．上海：联合书店，1930.

② 冯国定．忆萧一山先生［M］//中国人民政治协商会议北京市委员会文史资料研究委员会文史资料选编（第43辑），北京：北京出版社，1992：104.

③ 苏州大学社会教育学院．峥嵘岁月（第三集）［M］．北京、上海、南京、苏州校会．1991：229.

④ 伍超．新闻学大纲·自序［M］．上海：商务印书馆，1925.

⑤ 任毕明，原名任大任，生于1904年，广东鹤山人。1925年在广西梧州创办《民国日报》，曾任《时报》《快报》主笔，主持过香港的《大众日报》。参与创办香港中华新闻学院，并任教。著作有《龙虎集》《风云集》《社会大学》《新社会大学》《战时新闻学》和《评论学十讲》等。

⑥ 赵君豪（1900—？）江苏兴化人。报人。“五四时期”求学于上海交通大学，经常给著名的《民国日报》副刊《觉悟》投稿，并与时任《觉悟》编辑的邵力子讨论种种社会改造问题。毕业后进入《申报》馆工作，抗战后任《申报》副总编辑。1929、1942年两度兼任复旦大学新闻系编辑教授；1930年兼任上海法政学院新闻专修科教授，讲授采访学；曾任《申报》新闻函授学校教授。1944年10月在重庆出版《上海报人的奋斗》。

续表

序号	姓名	是否留学及留学国家	从业经历	从教经历	著作
20	杜绍文[①]	无	杭州《民国日报》国际版编辑、《东南日报》《前线日报》主笔兼《新闻战线》周刊主编、《东南日报》总编辑、《文汇报》办公室主任	复旦大学新闻系	《新闻政策》《中国报人之路》《战时报学讲话》《国际新闻纵横谈》
21	胡道静[②]	无	《万有文库》编辑、上海通志馆编修、《通报》《中美日报》《大晚报》等报记者、编辑、撰稿人	上海法政学院新闻专修科	《上海新闻事业之史的发展》
22	张静庐	无	创办上海杂志公司并出任总经理		《中国的新闻记者与新闻纸》《中国近代出版史料》《中国现代出版史料》《中国出版史料》《在出版界二十年》
23	萨空了	无	《北京晚报》编辑记者、《世界日报》画刊编辑、《世界画报》总编辑、天津《大公报》艺术半月刊主编	民国学院新闻系、北京新闻专科学校	《科学的新闻学概论》

① 杜绍文（1909—？），又名杜超彬，广东澄海人。1927年入复旦大学中文学新闻组学习，1931年留校助教。后任杭州《民国日报》国际版编辑、资料室主任、浙江《东南日报》主笔。抗战期间主编浙江战时新闻学会会刊《战时记者》月刊,《国民日报》总编辑、社长；抗战胜利后任上海《前线日报》主笔兼《新闻战线》周刊主编。1946年至1951年间任复旦大学新闻系教授，1952年任上海《文汇报》记者、编委办公室主任。著有《新闻政策》《中国报人之路》《战时报学讲话》《国际新闻纵横谈》。

② 胡道静（1913—2003），安徽泾县人。1931年毕业于上海持志大学国语系。曾参加《万有文库》编辑和上海通志馆编修工作。“孤岛”时期坚守上海新闻界抗日宣传工作，任《通报》《中美日报》《大晚报》《密勒氏评论报》记者、编辑、撰稿人，同时在上海法政学院新闻专修科讲授新闻史课程，为共产党的抗日宣传培养新闻干部。1949年后历任中华书局上海编辑所编辑、上海人民出版社编审等。

续表

序号	姓名	是否留学及留学国家	从业经历	从教经历	著作
24	管照微[①]		复旦大学校刊编辑、1931年兼任上海新闻社记者	兰州大学经济系	编《新闻学论集》
25	项士元				
26	蒋国珍	疑为《中国新闻发达史》的译者而非著者[②]			
28	李公凡	不详			
27	鲁风	不详			
28	刘元钊	不详			

① 管照微，高中就读于上海立达学园，曾与王济深、刘仲达、唐旭之等先后组织了“时潮社”和“立达剧团”。后进入复旦大学新闻系学习，与伍梦窗、林楚君、向浦、徐之津等加入了复旦大学“左联”，并负责复旦大学的校刊编辑工作。1933年12月21日因宣传左翼思想被捕，后任教于兰州大学经济系。

② 虞文俊是东亚中国新闻史研究第一人。《中国新闻发达史》译者蒋国珍初考［J］. 新闻界，2015（15）.

表2　书目

序号	年份	书名	作者	备注
1	1903	新闻学	〔日〕松本君平 著	
2	1913	实用新闻学	〔美〕休曼著 史青译	
3	1919.12	新闻学	徐宝璜① 著	北京大学 新闻研究会讲稿
4	1922.11	应用新闻学	任白涛② 著	
5	1923.8	实际应用新闻学	邵振青 著	北京平民大学、 国立法政大学讲义
6	1924.4	新闻事业	徐宝璜 胡愈之 著	
7	1924.6	新闻学总论	邵飘萍 著	
8	1925.1	新闻学大纲	伍超 著	
9	1925.2	新闻学撮要	戈公振③ 编	
10	1927.9	中国新闻发达史	蒋国珍 著	
11	1927.11	中国报学史	戈公振 著	
12	1928.9	中国的新闻纸	张静庐 著	
13	1928.11	最新实验新闻学（上）	周孝庵 著	复旦大学新闻系
14	1928.11	最新实验新闻学（下）	周孝庵 著	复旦大学新闻系
15	1930.4	新闻事业经营法	吴定九 著	
16	1930.5	新闻概论	〔日〕杉村广太郎 著 王文萱 译	

① 徐宝璜，中国新闻学者、新闻教育家。1912年毕业于北京大学，后公费留美，于密歇根大学攻读经济学、新闻学。徐宝璜在美国密苏里大学受过系统的新闻学教育。

② 任白涛，笔名冷公、一碧，河南南阳人。1911年辛亥革命后，先后担任上海《民立报》《神州日报》《新闻报》驻河南特约通讯员，参加当地反袁活动。1916年留学日本，在早稻田大学攻读政治经济学，并加入了大日本新闻学会。

③ 戈公振所著的《中国报学史》最早由上海商务印书馆出版，是研究新闻学和我国新闻事业发展史的开山之作，国内外新闻界将之誉为中国首部新闻史学权威著作。任教上海国民大学期间，戈公振开始着手《中国报学史》一书的写作。在从事新闻工作之余，戈公振致力于新闻教育事业和新闻学研究工作，曾在上海国民大学、南方大学、大夏大学、复旦大学等校新闻系和杭州暑假报学讲习所讲授新闻学方面的课程，在新闻学研究上留下了许多著述。

续表

序号	年份	书名	作者	备注
17	1930.8	中国新闻事业（上）	黄天鹏[①] 著	
18	1930.8	中国新闻事业（下）	黄天鹏 著	
19	1930.8	新闻纸研究	〔日〕后藤武男 著 俞康德 译述	
20	1930.9	浙江新闻史（上）	项士元 编	
21	1930.9	浙江新闻史（下）	项士元 编	
22	1932.7	学校新闻讲话	袁殊 著	
23	1932.8	外人在华的新闻事业	赵敏恒 著	
24	1933.4	新闻学入门	黄天鹏 著	
25	1933.10	新闻学论集	管照微 编	复旦新闻学会丛书
26	1935	实用新闻学（上）	谢六逸[②] 编	申报新闻函授学校讲义之三
27	1935	实用新闻学（下）	谢六逸 编	申报新闻函授学校讲义之三
28	1934.1	新闻学	曹用先	
29	1934.2	新闻学概要	黄天鹏 编	复旦大学讲义、上海沪江大学新闻学专修科
30	1935	上海新闻事业之史的发展	胡道静 著	
31	1936.5	新闻学讲话	刘元钊 编著	

① 黄天鹏，字天鹏，别号天庐。1927年1月，他创办了我国首个新闻学刊（1929年扩改为《报学月刊》）并任主编；他是我国新闻学术史上最早研究新闻学之产生及发展史的学者，是我国具有新闻学术史观的第一人。他于1923年就读于北京平民大学报学系，1929年留学日本,修业新研究所,旋入早稻田大学新闻系。归国后出版了《新闻文学概论》《中国新闻事业》《新闻学入门》《新闻学概要》等十余本新闻学专著。

② 谢六逸，中国现代新闻教育事业的奠基者之一。著名的作家、翻译家、教授。1917年以公费生身份赴日就读于早稻田大学。1922年毕业归国，入商务印书馆工作。后历任神州女校教务主任及暨南大学、复旦大学、大夏大学教授。1930年任复旦大学中文系主任，并创设了后来闻名海内外的复旦大学新闻系，任主任。

续表

序号	年份	书名	作者	备注
32	1936	本国新闻事业	郭步陶 编著	申报新闻函授学校讲义十一
33	1936.6	新闻之理论与现象	张友渔 著	
34	1936.11	记者道	袁殊 著	
35	1937.7	现代新闻学概论	储玉坤 著	国民党政府唯一指定大学新闻理论教科书
36	1938.7	战时新闻学	任毕明 著	
37	1938.9	中国近代之报业（上）	赵君豪 著	
38	1938.9	中国近代之报业（下）	赵君豪 著	
39	1938.10	基础新闻学	李公凡 著	
40	1939.7	中国报人之路	杜绍文 著	
41	1940.4	新闻学	戈公振 著	1932 年完稿，另有 1947 年版
42	1941	新闻学的基础知识（上）	中美日报读讯会 编	中美日报读讯会实用新闻学讲义
43	1941	新闻学的基础知识（下）	中美日报读讯会 编	中美日报读讯会实用新闻学讲义
44	1941.7	综合新闻学 1	任白涛 著	
45	1941.7	综合新闻学 2	任白涛 著	
46	1941.7	综合新闻学 3	任白涛 著	
47	1944.9	新闻学	鲁风 著	新中国自修学院约稿
48	1946.6	科学的新闻学概论	萨空了 著	另有 1945.3 出版的署名艾秋飚的版本
49	1946.11	新闻史上的新时代	胡道静 著	
50	1947.12	新闻学的理论与实际	〔英〕斯蒂德 著 王季深 吴饮冰 译	上海文化函授学校读本

浙江新聞史序言

新聞學在學術地位上，謂之社會科學也可，謂之現代史學也亦無不可。吾國古昔雖未有所謂新聞學，然對於新聞之諸種資料，掌錄各有專官。章氏實齋云：『昔者之周制，知古人之于史事，未嘗不至纖悉，司會既於郊野縣都掌其書契版圖之貳，黨正屬民讀法，書其德行道藝，閭胥比衆，書其敬敏任恤，誦訓掌道方志以詔觀事，掌道方慝以詔避忌，以知地俗，小史掌邦國之志，奠系世，辨昭穆，訓方掌導四方之政事與其上下之志，誦四方之傳道，形方掌邦國之地域而正其封疆，山師川師，各掌山林川澤之名，辨物與其利害，原師掌四方之地名，辨其邱陵墳衍原隰之名，是於鄉遂都鄙之間，山川風俗物產人倫，亦已鉅細無遺矣。』章氏又創議，「州縣設立志科，」隱聚成法，聚凡吏戶禮兵刑工各科案牘，及官長師儒文人學士暨其州人物之政績事狀撰著，與衙廨城池學廟祠宇堤堰橋梁等建鐫，賓興鄉飲讀法講書等典行，備言錄副以藏。並云：「仿鄉塾義學之意，四鄉各設采訪一人，遴紳士之公正符人望者爲之，俾搜遺文逸事，以時呈納。

」章氏之言，其旨雖在史志，實則今之新聞紙，對於上述諸項，均已囊括靡遺。惜章氏生當滿淸乾嘉之際，當時國內新聞事業猶未萌芽，見解所及，僅限於文史而已。

然新聞學之性質，固與史學發生類似之關係，但尙有時間上，空間上，與效能上之種種問題，其軌轍仍有不容不分者。緣史學者之職責，重在縱面之事實，無非爲整理過去之文化，用以備忘；其進焉者，要亦不外彰善癉惡，抉剔政治隆汚國家盛衰之故，使後人知所鑒戒；或再進而留心當代史實者，亦無非徒蒐遺帙，僅誌鱗爪，俾於稗官野史。其在時間上，多係屬於過去的，而鮮及於現在與未來；其在空間上，亦多囿于局部的，偏隅的，而鮮顧及整個的，全部的。卽推而上之，如仲尼春秋之作，自古號稱筆削謹嚴，紀載翔實之信史，斷爛之譏，尙所不免，其他不更可知矣乎？

至於新聞學者之職責，是重在橫面之事實。換言之：卽重在現代社會之事實。其工作之結晶，直接則爲新聞，News 間接則爲歷史 History 之取裁：而且記載事實以外，尤須因事指導，隨時評騭，使其事之是非得失，從違取捨，喚起民衆相當之瞭解。質言之：其使命實不但限於供給過去文化之參攷與現在社會之報知，兼須燭照於未來。昔劉子元論作史：謂須備有三長——才學識——章氏實齋以爲未足，復創爲史德之說以補充之。晚近業新聞者，對於史學，既多視爲漠不相關，僅知剽襲西諺所謂「無冕之王」以自誇炫，夫寧有當者哉？

夫新聞學在學術地位上，在國家社會上，既如是之尊嚴，若斯之重要，是則詳稽斯學之後先遞嬗與夫變化演進之新聞史 The history of news 當然更有其特殊價值之存在。吾國攻究斯學之士，屬於世界全部分的，久有周孝庵氏之作，屬於中國全部分的，己有戈公振氏之作。吾浙之在中國，夙稱文化中心，新聞事業之芽，早萌於距今七十餘年之前，在中國之新聞歷史上，實堪首屈一指。此久長之歲月中，浙東西卓具才識努力革命之士，奮其毫筆而從事斯業者；近而境內國內，遠而歐美日本，舉凡日所出入之處，莫不有其呼聲騰播。影響所及，大而轉移政局，恢揚黨光，剪除軍閥，折衝國際；次而促進地方，聲討土劣貪汚；小而保障人權，誅鋤宵小奸佞；所有成績之表演，多足爲黨國增榮，山川生色。而且間多因此飽經危難，備受艱辛，甚有因而身遭斧鑕，飲恨黃泉者。夫以如此關係重大之事業，以如此無數代價換得之邦獻。倘竟任其雲散風流，烟消霧滅，不爲標舉而出之，則此空前新興之新聞學，固將茫無蹤緒之可尋；而後之操新聞業者，恐將竟成一種丐文賣技之流，不復知有所謂新聞學，并忘新聞學者應有具其特殊生命與特殊意志之所在，此則寧不大哀乎？

余自從事新聞事業，十有餘載於茲，厠與慶仆，鍥而不舍，執筆之餘，對於富有新聞價值之資料，固不敢輕棄；而凡有關國家史料地方文獻之作，尤好爲剪報，什襲珍藏；中間兼之從征膺盾，周歷多省，各方晉接，不乏新聞先進，以及後起俊秀，因之目見以外，兼富耳聞。然初猶敝帚自珍，不暇整理叢殘；嗣因沈子承周馳書詢問浙江新聞概況，掇管之下，覺端緒紛紜，乙乙難盡；同時並感新聞記者在浙省所處之新近地位，江河日下，與廢起墜，殊難容已，于是而有「浙江新聞史」之編。蓋一以闡揚浙省過去之新聞光榮歷史，一亦所以針砭後起，詔示社會，俾知新聞事業，自有特殊生命與特殊意志

之所在，未可忽視者也

最後余對此書，尚有深自歉疚者！屬稿之時，羈於報務，原有各報，未及一一蒐討，各地記者，亦未一一造訪，此其一。稿成之後，身罹憂患，塵事紛乘，意趣阻喪，未及詳加整理，此其二。印刷之際，限於經濟，兼丁報禍，圖影既缺，校勘復疏，此其三。此外復有補訂缺謬，指誨義例，襄助採訪，惠我實多者，如秦瑾生謝介子鍾韶玉沈承周查寬之陳恤園沈雨蒼戈公振章正範邱不易樓尹庚李濟風方志行鄭佩照何兆瑞唐天冥范銘助馬良治諸君，謹附誌之，藉示不忘。而秦先生暨介子，先後逝世，未及觀成，尤滋痛也夫！

一九，九，四。項士元識

其二

報紙為文化之前驅，其所負使命，至重且大！報紙進步，文化亦隨之進步。吾人嘗考文化演進之歷史矣，則與文化有密切關係之報紙，其歷史自不容忽視也。

吾浙爲文化歷史最發達之區，故報紙之創辦，其歷史亦甚悠久。吾國政治及經濟之中心，雖不在浙省；但浙省報紙在各地地方之報紙中，據居首席，則其過去之光榮歷史，焉可任其湮沒而無記載哉？

關於浙江報紙之歷史，吾人既認爲應有記載矣。但此項繁重之工作，誰能負責完成？蓋非在浙江新聞界具有久遠歷史及有毅然執筆之決心者，不能勝任也。

項君茲園，爲吾浙新聞界先進，浙省之從事新聞事業者，殆以君之資格爲最老。今以老記者身份，著成此書，至爲適當，而於吾浙文化歷史上，貢獻極鉅。

愚離鄉數載，倦游歸來，承項君以本書見示，並囑綴一言。愚於欽佩項君之餘，爰誌數語，不敢言序。

一九，七，二五，章正範

浙江新聞史目錄

浙江新聞史

第一章 導言

新聞紙起于歐洲古代羅馬，距今已二千餘年。吾國春秋一書，編年紀事，雖並未備具新聞紙之形式，而實含有新聞之意義；其具有現代新聞紙之形式與內容者，當以八十年前之香港『唐字新聞』爲嚆矢；接踵而起者，有一八五七年之六合叢談；一八五八年之中外新報；一八六一年之香港新聞；一八六三年之中外雜誌；然皆曇花一現，倏卽停版。現今巍然尙存之吾國報紙，當推『上海之「申報」，其次則爲『新聞報』。此新聞紙肇始之一斑也。

新聞史之作，歐美各邦，數見不鮮，吾國近來新聞學者，對於此種之述作，亦後先迭起。囊括世界者，有周孝庵之「世界新聞史」；屬於國內者，有任伯濤之「中國新聞學史」，戈公振之「中國報學史」；其他各大學所有關於此種之講義，亦絡繹踵興，惟所述範圍既廣，兼之吾國新聞事業，向鮮精密之調查統計，以故諸所撰著，挂漏之弊，比比皆是。邵氏振青，號稱吾國新聞界泰斗，而調查所及之報社，僅限於北平一隅；周孝庵戈公振二氏，關於報社通訊社之調查，固由全中國而推及世界各國矣，而記載所及，亦多僅及通都鉅埠而止；若夫就一省之新聞事業，考其顛末而爲系統之紀述，編纂裒中，固罕有單行之專著也。

浙省地處中國東南，在中國之文化歷史上，素佔儁越之地位。濱海如杭甬各地，尤得風氣之先，新聞事業之萌芽，遠在咸豐四年，距今已七十餘年，從事新聞事業者，又多能本其思想言論，播爲事業，凡海內外所有國人編刊發行之新聞紙，浙省人士，鮮不參與，此誠中國新聞史之光榮；亦浙省文化之卓可稱述者也。自民十六秋，杭州市新聞界同人，組織新聞記者聯合會，予謬膺常委，每屆集議，輒有纂輯浙省新聞史之渴想，同人初多以玆事體大，而又值百廢待舉，議格未行，前歲重行提出，雖幸通過，而人事倥傯，並罕贊助，此事又忽忽如雲烟散空，迄未實現；近鑒新聞事業，日漸進展，訓政工作，次第實施，爰爲撫拾舊聞，撰成是編，用供留心新聞學者之參考。

第一節　浙江新聞紙之起原

吾國新聞最初之事業，雖萌於東周之官報；唐宋間之京報邸報；而眞正新聞紙之雛形，實始於道光末年。計自道光以迄同治，歷歲二十有餘，新聞紙陸續蔓布，當組織之初，皆係西教士爲佈道傳教及調查國情互通聲氣之計，即現今吾國號稱爲歷史最久之申報，最初亦爲外人美查氏所經營，於此可見列邦帝國主義文化侵略之野心。

浙屬甯波，開港最早，當咸豐四年，即有中外新報之組織，杭州爲浙省會，日本帝國主義者鑒於英國在甬創辦報館，因亦傾注視線於此。拱埠之租，人僅知始於馬關條約，殊不知此約未曾締訂之前，日人已在着着進行，其第一步之進行，即在利用宣傳。當光緒甲午之際，中日戰爭案懸未結，拱埠即有所謂日商杭報館。是時經理馬續輔，主筆奈璀生，王維賦，蔣菊坨等，雖皆係屬國人；而報館對外之名義，却用日人加藤能言出名；雖云當時文禁綦嚴，容有不得已之苦衷；而日人當時在杭之勢力，暨其文化侵略之野心，當亦可見一斑。

此報之組織，備有印刷機器，日出兩大張，紙用賽連，杭城三元坊亦設有分館，當時風氣錮蔽，廣告與發行，均未發達；浙人又值戰事失敗，日本強割臺灣，遼東、兼索賠兵費，租借杭州蘇州重慶沙市綏芬等埠，因之疾視日商，此報遂一蹶不振，未及期年，即告停版，印刷機器，歸股東金姓接收，改設文彙書局。

自此以後，小報月報旬報等，相繼踵興。小報當以秦瑾生之笑林報為鼻祖，瑾生名鍾瑞，固前此杭報之主筆也，彼素為德清俞曲園之弟子，擅長小品文字，笑林報之創設，即踵杭報而生，計自乙未迄丙申，出版亦未及一年。月報則始於章亦韓等之經世報，出版僅後杭報一年，意頗有排滿思想，丁未五月安徽徐錫麟事發，與蔡元培陳盛陶成章龔寶銓等，均被滿清政府嚴令購拿，此實浙省新聞事業進步之第一期。至於旬報，當以金華張恭之萃新報為嚆矢，張係主張推翻滿清政府激烈者之一，頻年奔走運動，與民衆頗多聯絡，其報創於光緒甲辰，為嚴州府知府錫綸稟請浙撫飭屬封禁，蓋浙省報館被封之第一遭也。

第二節　浙江新聞紙之演進

新聞紙之完善與否，與地方之文化，實業，政治等在在與有關係。浙省文化程度，在國內雖居優隆之地位；但浙東西未能平均。往昔處在封建勢力與軍閥勢力統治之下，言論既未取得自由；在實業與經濟方面，省內除甯波商業較稱發達，杭嘉湖諸屬，祇有絲綢之一端，所謂工業，大都仍陷手工業之程途中，機器工業殆寥如晨星，實業狀態如此，社會之經濟力量，自亦同受影響。新聞紙之收入，所恃大宗之款，是在廣告費；其次則在銷路。浙省既因文化實業政治經濟種種之缺憾，新聞紙之銷路與廣告費之收入，均連帶不能振作。雖最近新聞事業視前頗有進步，實亦仍在幼稚時期，視諸歐美日本各報，固望塵莫及，即以衡諸滬報，亦減遜殊多。玆就歷年演進之情形，略為分別述之：

一、關於形式之方面　此可分二種述之：『甲』以紙張言，最初之杭報，用賽連紙印，繼則笑林報及杭州白話報等，皆曾用過光連，及白話報改為小冊之際，始用道林紙，自此以後，各地亦有因抵制日貨及軍事發生之故，改用毛邊紙與連史紙。「乙」以印刷言，杭州白話報及著作林月報，出版之初，皆用木刻，往往因而愆期，及後始改用鉛印，各屬之無鉛印機者，大多代以石印，及民國元年，寅報始添增石印畫報，民國十四年，之江日報始採用銅版影片（前此僅月刊或雜誌等，間用石印圖畫及銅版影片）至於印報機器，前此完全是用手搖，至民國十六年，築商印刷公司始裝用馬達，此浙省新聞紙形式方面變遷之概狀也。

二、關於文字之方面　此亦可分數期述之：（一）詞章體時期：此期最早為秦瑾生主編之杭報及笑林報，直至光緒季年，陳蝶仙主編之藝林新報為止，後此則僅各小報仍沿用之。（二）白話體時期；此期最早為孫翼中主編之杭州白話報，直至宣統間之許祖謙杭辛齋等所辦之浙江白話報，白話新報為止，是時之白話，純為舊式之白話，與近今之所謂白話文者微異。（三）新文體時期：此期之文字，大多沾染梁啓超新民叢報之色彩，計自光緒壬寅葉瀾董禕鴻等之浙江潮，（按此與後來王榮所辦之浙江潮日報異）以至五四運動時之各報，綿歷十餘年，影響文學界甚鉅。（四）新語體時期：計自民十朱采眞之新浙江報，以至黨軍入浙，各報漸多效之，但鮮有純粹爲新語體者。（五）最近之流行體：此體爲最近各種宣傳文字之恆用者，自民十三宋雲彬在浙江民報，常發表此體之論評，迄至杭州民國日報及國民新聞發刊，唐公憲龍作等同時競用此體，直至今日，相承未替，雖各家均係展轉模仿而成，要亦可見浙省言論界尙能隨時推進。

三、關於編輯之方面　浙省所有之各大日報，關於編輯之方面，在昔大多分爲評論，公電，選電，本省要聞，本城新聞，各縣新聞，報餘，數欄：有時或益以專件；或更特出新裁，自標特色。歷查往跡，其特點可得而言者：一爲副刊，此當以危言報附刊之潮報爲最早；次爲畫報，商報倡始，之江日報繼之；再次，要聞兼用述評，民十三之江日報復刊，恆于本省要聞之首，冠以述評，其下分條縷述，各爲標識，而且闢『輿論一斑』一欄，以供民衆意見之發表；更次則復有若杭州報之按日摘述大事記；浙江民報之闢特約快信；大浙江報之揭重要標題，暨本晨消息；逮杭州民國日報國民新聞成立，而復另設黨務及每週大事述評等；各報體例，從此亦多變更，最近復相率注重社會新聞，此浙省各報編輯之概狀也。

四、關於主張之方面，除中外新報杭報之屬外報時期，姑置不論；其後脈絡可考，具有意義者，大約可分爲四個時期：(一)排滿勢力之勃興時期：最早者爲項藻馨孫翼中等所辦之杭州白話報，嗣後如萃新報之張恭劉琨，經世報之童學琦，浙江潮之葉瀾董鴻禕，白話新報之杭辛齋許祖謙等，皆爲排滿之具有組織者。(二)代議勢力之勃興時期：最早者爲王塋之浙江潮，相繼而興者，則有童杭時毛雲鵬等之彗星報，陳宜慈之之江日報，李乾孫童一新等之浙江民報，許祖謙任鳳岡等之良言報及杭州報，周繼濚葉亘東等之兩浙日報，張駰羣張鴻材等之台州日報，陸啓葉杏南等之浙江商報，查仲堅朱采眞等之新浙江報，朱章寶等之浙民日報，許國楨等之浙報，張楚英等之浙江晨報，上述諸人，皆以議員或省自治法會議代表而任報館經理或主筆，其勢力自民元以迄民十五，相承未替，而尤以民八至民十三盧永祥離浙之數年爲尤鼎盛。(三)青年勢力勃興時期，此種勢力始於五四運動，青年之在新聞界佔勢力者，以民八春間第一師校學生會出版之浙江新潮爲濫觴，台屬首先繼起，次年即有所謂赤城日報囘浦潮等，及至民十，朱采眞主持新浙江報筆政，民十一，朱章寶以第一師校教員介紹學生作品於浙民日報，民十三，項慈園介紹安定中學學生作品於之江日報，二氏時爲該兩報主筆，並時於報端鼓吹青年運動，之江日報而且廣徵工專，高中，七中，及女校各生與國民黨員之作，每星期分別刊載青年，微光，浪花，工學，高鐘，嚶乜，璇璣諸種週刊，同時學生會代表羅霞天樓兆蘷等，復發刊浙江日報，最後寧台各屬，青年刊物接踵繼起，而之江日報尤爲浙省青年思想之總匯。(四)本黨勢力勃興時間，本黨當十三年改組之際，杭州即組有浙江省黨部，由沈定一主持，出版有浙江不定期刊，沈氏當時並曾爲杭州報主筆，沈氏離職，該報後遂無能爲繼；其他擁護本黨者，有宋雲彬查猛濟等，惜乎時常轉移間斷，未能繼續不解；惟之江日報對於本黨深表同情，自民十三，以迄民十五三月，聯合浙省本黨純潔忠實之青年黨員，本其民主奮鬥之精神，努力宣傳，始終罔間，時小車橋頭髮巷兩派常起糾紛，該報亦恆發正論，痛加糾正；黨軍入浙以後，杭州民國日報最先成立，寧紹各屬繼之，黨的宣傳，始見擴大。然清黨以還，改組時聞，經理主筆屢易，言論精神，未能融合無間；杭州諸暨兩國民新聞，亦皆受黨費補助，但杭州時生波折，諸暨則規模殊小；此外黨員所辦之報，在杭有民聲報及之江日報，他屬亦指不勝屈，全浙省之言論機關，逐漸納入黨化，雖各報言論，有時未免齟齬，要之對黨初未稍有違反也。

第二節　浙江新聞紙之蔓布

美國一萬五千人以上之鎮市，恆有一家或數家之報館；甚或人口不滿五千之小鎮，亦有小日報發行；其在五萬人口以上之鎮市，報館之規模，大多與大都會之報紙的辦理方法相同，惟幹部人員較少。浙江全省人口之統計，已達二千一百萬，杭州市市內，亦逾四十萬人，其屬五萬人口以上之鎮市，尤爲不鮮，然新聞事業，多付缺如，甚有全屬未有報館之蹤影，即號稱浙省首區之杭州市，報館組織亦多未備，茲將全浙省所有之報館及其沿革分述如左：

一、寧屬　甯波開埠，始於一八四二年中英南京條約，一八五四年，（清咸豐四年）即設有中外新報，初爲半月刊，旋改月刊，此爲浙省有新聞紙之始。嗣後各種小報，屢與屢仆，至宣統二年，張申之始創四明日報，民國九年，金臻庠始設時事公報，民國十三年，司徒克秋始設寧波公報，次年復有所謂甯波新報，及民國十六年春，黨軍克浙，寧波縣黨部改四明日報爲甯波民國日報，旋四明日報社舊有社員，復在滬募款恢復，此實現今浙省最老之報紙也。此外月刊如新寧波農林報等，不勝縷指，因係雜誌性質，姑不具贅。

二、杭屬　就新聞紙之廣義而言，凡月刊週刊旬刊半月刊雜誌等，莫不在新聞紙範圍以內，杭州爲浙省首區，就廣義之新聞紙而言，更僕難數，茲先就狹義之新聞紙「日報」分述如下：

（甲）光宣時期之日報　杭報創於光緒二十年冬，爲浙省有日報之始，嗣後光緒二十一年，有杭州白話報及笑林報，光緒二十六年有覺民報，光緒二十八年，有浙江五日報，光緒三十年，有浙江日報（與民國十三年之浙江日報不相繼續）及西湖報。宣統元年有危言報及醒鐘報，宣統二年，有全浙公報（杭州白話報改）浙江白話新報及天目報，宣統三年，有昌言報（危言報改）浙江白話新報（浙江白話報及白話新報合併）及醒獅潮，此民國以前杭州所有之日報也。

（乙）民國以來之日報　民國元年設立者，有浙江潮，漢民日報，彗星報，寅報，二年有之江日報，五年有浙江日報，六年有良言報，八年有嘉言報，兩浙日報，十年有浙江商報，杭州報，新浙江報，十一年有浙民日報，十三年有浙報，杭州晚報，浙江日報，十四年有大浙江報，硤報，十五年有虎林報，浙江晨報，十六年有杭州民國日報，杭州國民新聞，三五日報，杭州市報，杭州晚報（與十二年晚報不同），此外海寧縣城及其所屬之硤石斜橋等鎮，均有報紙發刊，斜橋初有鋼僧之明燈，老平之平談，及民國十四年八月，始有洛社週刊，其宗旨在提倡文藝，交換智識，監督自治，輔導官治，主筆爲顧平之，（即老平）十七年有浙江民聲報，富陽日報，海寧日報，新海寧報（後改晨報）峽石商報，新峽報，十八年有大杭報，海寧民報，大硤報，餘杭報。今仍繼續出版者，僅之江日報，浙江商報，浙民日報，杭州民國日報，杭州國民新聞，浙江民聲報，海寧民報，新海寧報，硤石商報，新餘杭報等十家。而之江日報在杭州各報中歷史爲尤久。

三、金屬　清光緒三十年張恭劉琨俗俊等所辦之萃新報，爲金屬有報之始，但係旬出一冊，不久即被嚴州府錫綸稟請浙撫飭屬封禁。至民國十四年，始有闡言日報，十七年則有瀫潮週刊，皆僅一小張，民國十八年春則有金華新聞，然亦每五天發刊一次，最近該屬各縣黨部陸續有東陽黨報，新永康旬刊，浦江先導等發刊，新聞事業，方興未艾。

四、紹屬　滿清之末，有禹域春秋，主筆爲劉大白，民國元年，越鐸日報繼起，規模較大，主筆爲陳湘魂，民國三年，復有禹域新聞及笑報出版，民八則有越州公報，民十四則有紹興新聞，及民十六黨軍入浙，改越鐸爲紹興民國日報。此外諸暨有民報及國民新聞，蕭山有蕭然日報，及民國日報，餘姚亦有民國日報，除民報十四年被封，餘皆前昨兩歲出版，蕭然未久卽停。該屬各報，言論精神，雖不乏可稱述者；而編輯暨印刷各端，視杭嘉湖各報，遜色殊多。

五、台屬　清宣統三年，海門有赤霞報，民國六年，臨海有時事日刊，民九，台州日報赤城日報踵起，民十三年，復有晨光報及椒江報，此皆臨海靑年所辦之日報也。旋後溫嶺日報，興於十四年，黃岩報，興於十六年，赤城屢仆屢起，歷年尤久，今已停刊，僅有椒江民報黃岩民報溫嶺日報三家。

六、溫屬　新甌潮創於民國十年，甌海公報及新甌江，創於民國十一年，皆日出一張，內容簡陋，在浙省新聞紙中比較進步遲緩，此外又有甌海民報及平陽黨報等，皆出版未久，內容亦未充實。

七、湖屬　以平湖報爲最早，此報於民十四年時被封，次爲新湖聲，創於民國十五年，初用石印，日出一小張，自主筆吳健身被刺後，改用鉛印，日出一張半，半張爲副刊，名晨鐘，去年以來，復有湖報湖光，陸續出版，湖報注重時事記載，形式精神均佳，湖光注重社會新聞，比較稍遜。其他又有湖社出版之湖州，倡始於民十三，但係屬雜誌也。

八、嘉屬　嘉興商報創於民十五，經理爲陸初覺，民報創於民十七，經理爲顧紹鈞，均日出一大張；其屬於海鹽者，先後有秦溪月刊、澉鐘澉潮兩半月刊，海花，晶報，民報等三日刊，皆不久卽停，日報有民言，及民報，民言早停，民報市由該縣縣長李光宇等發起，今尙存；此外復有嘉善報及嘉興黨聲嘉興黨務等，皆各該縣縣黨部所辦。

九、衢縣　僅有衢民新報商言日報龍游日報三種，皆日出一小張，衢民，商言，始於民十五，社皆設衢縣，不久即停，龍游日報於十八年出版，最近復有龍游黨務週刊及江山黨部等發刊。

十、嚴屬　僅有嚴報一種，民國十六年出版，日出一小張，旋停，最近建德縣黨部又有晨鐘發刊。

十一、處屬　向乏日報，惟民十三四間，旅京處籍學生，有括蒼雜誌出版，最近始有麗水黨報發刊。

第四節　浙江新聞紙之種類

新聞紙之範圍，日報以外，兼包括有月刊半月刊旬刊週刊雜誌等，前已述及。此等刊物，雖同屬新聞紙之範圍，然而各有各的特點，除雜誌比較鮮為時間性所限，其餘大都與新聞互有連帶關係。晚刊副刊週刊等，在歐美各大日報，向多附帶發行，視為日報之補充刊物，雖週刊及晚刊，不少為單獨之發行，實則週刊尤多各日報視為記載瑣事及文藝作品之要刊，其內容精美，更足引起閱者之特別興味，每值星期休暇，人恆手執多種週刊，供作消遣賞閱。至月刊半月刊旬刊種種，雖或多爲雜誌體者，然在鄉村或小市鎭，常有因新聞資料或經費之缺乏，創爲是刊，各機關或各團體，亦常因發表一定期間之工作成績，而發行此類刊物，在新聞上之價值，實與日報相輔而成。故在世界各國新聞紙暨定期刊物調查之結果，星期刊物尤較其他刊物爲多，其次則爲月刊及日刊，再次則爲半月刊及三日刊，而季刊及兩月刊等，則比較爲最少。浙省自有新聞紙以來，此種刊物，區其類別，不下二十，茲爲分述如下。

一、日報　自清咸豐八年十一月寧波創刊中外新報，（按鍾韻玉謂始於咸豐四年，初爲半月刊，旋改月刊，茲據邵飄萍周孝庵各著改正）迄於今茲，計咸豐時一家，光緒時四家，宣統時十家，民國以來六十餘家，（各種小報不計）各報之中，副刊之較可稱述者，清季當推危言報中之潮報，民五以前當推之江日報之浙輔新語。潮報爲費埶園所編，浙輔爲王潄岩所編，二君皆號博雅，故選輯文藝，多頗精彩，嗣後任壯飛任浙江商報副刊，先後闢游藝與小民報，沈雨蒼任大浙江報副刊，先後闢西湖與小杭州，二氏久業新聞，故所甄選，非諧雜出，亦頗能盡妙。最近數年，思潮改變，章川島主編之杭州民國日報副刊，孫荊民主編之杭州國民新聞副刊「野火」，思想文字，尙均擅勝；寧波時事公報之五味架，雖未脫小報科臼，光怪典贍，却亦可喜。此外以編輯之藝術而論，樊迪民之於浙民副刊，洵有足多，惜取材未能精審也！

二、小報　新聞紙須含有多量之藝術，歐美各大報館，每聘有文藝，戲曲，音樂，圖繪，攝影等編輯，用以製作文藝小說詩歌及攝影寫眞圖畫並標題排版等之用，吾國各報對此向多疏忽，近來僅平滬各地之小報，漸多注意及之，是以小報之發達，類有突飛猛進之勢，上海一埠，最近調查，小報竟有七十七種之多，較之五年以前，增加五六倍，浙省各地，遠不及上海繁華，小報以杭州比較爲多，他處殊鮮，計日刊僅有笑林報，西湖報，醒鐘報，醒獅潮，笑報，蘭言日報等，三日刊，僅有柳絲，飛飛，海花，黃蜂及海鹽硤石兩處之晶報，此外蘭友則旬出一張，綠玉則月出一張，內僅笑報設於紹興，蘭言設於蘭溪，海花設於海鹽，（晶報已詳上）餘皆在杭。

其附刊於各日報者，容另述焉。

三、月刊　上海六合叢談，為吾國有月刊之始，旋後中外雜誌，中西聞見錄，西國近事彙編，萬國公報，中西教會報，西國近事月刊，相繼踵起，新聞權威、均操於英美教士，此實列強帝國主義文化侵略之先聲，亦吾國見輕外邦之由來也。浙省月刊，始於一八五九年項藻馨之杭州白話報，時國內新聞事業，已由外報時期，轉入勃興時期，杭州少數先覺，外鑒戰事之失敗，內憤地權之喪失，故出鼓吹新政。越一年，新昌童學琦，復在杭組織經世報，童固白話報之主筆，亦富排滿之思想者也。及一九零二年，杭州葉瀾董鴻禕等，復在日本東京發行浙江潮，葉為青年會之首領，該會亦以推翻滿清政府建立共和民國為目的，此刊擔任撰著各人，多為會員，言論亦多精采，實為浙省初期革命之重要宣傳刊物。至一九零六年。杭州陳栩，（即天虛我生）自恃文才，組織著作林月報，表示其保存國粹之頑舊思想，阻礙浙省言論界之進步，殊為非淺！民國以後，月刊漸盛，其係民衆團體組織者，計有浙江省教育會月刊，浙省農林月刊（農林協會發行）等；私人組織者，有游藝報（民國三年黃巖張故吾等）藝林報，秦溪等；其係黨政機關及學校所刊，或以雜誌名者，則更僕難數，其最著者，則有浙江民政月刊，浙江建設廳月刊，杭州市政月刊等。

四、旬刊　吾國旬刊之發行，流播最廣者，當推競業旬報（光緒壬寅癸卯間）就浙省論，則推杭州白話報。繼此而起者，則有金華之萃新報，（光緒甲辰）更後則有杭州之藝林新報，台州之救國旬刊，覺非旬刊，杭州之婦女旬刊等。藝林新報初係上海高邕之何桂笙王韜等所辦，及光緒丙午，高王二氏相繼逝世，杭州陳栩以著作林月報來稿擁擠，乃賡續前緒，遷在杭州發行，內容分社說評林叢談音樂美術小說文苑笑林雜俎社課等十類，係仿日本小雜誌體。「救國」及「覺非」皆於民國八年秋發刊，「救國」係台州救國協會項士元孫一影等組織，反對日本　國主義甚為熱烈。「覺非」由臨海旅滬學界許紹棣，何兆瑞，朱舜祖，包壽眉，暨臨海青年王亞平徐文台張慧貞等組織，言論激烈，思想亦甚澈底，為當時當局所側目，至民國十年，省議員邑入張驷犖楊毓琦等串通當局封禁，並以三百元懸賞緝拿主編者。婦女旬刊創於民國九年杭州婦女學社何慨秋，初任撰稿者，有陳蘭言張麗娟徐碧波張陶階諸等，迄今主筆屢易，婦女學社之組織，亦依然未有進展，最近主持筆政者，爲樓尹庚，婦女參加者甚鮮，然浙江旬刊歷史之久，當推此爲首屈一指，餘多停輟無常，鮮有爲長時間奮鬥者。

五、週刊　週刊始於一六一五年德國之 Frankfortriejtog 報，爲世界新聞史上最早刊物之一。其在吾浙者，當推杭州白話報(後改日報)民國以來，各地踵起，倏現倏沒，鮮可稽考。其可得稽者，民十二則有周心帆之星期報，專評政治，民十三則有郁延祚之迦音週刊，專揚佛學，隨後復有杭州基督教青年會之杭州青年，蘭溪之瀫潮，海鹽之霹靂，以及最近各縣縣黨部之黨務刊物，星期報不半年即停，迦音則閱兩年亦停，其他附刊於各日報，及各學校所發行者，更僕難數。除校刊另述；日報附載週刊，實始於之江日報，所謂佛學週刊衛生週刊是也，佛學係陳宜慈主編，衛生係裘吉生主編，皆於民十三秋停止。嗣後項慈園力加刷新，每週輪載青年，微光，嚶嚶，浪花，璇璣，工學，高鐘等七種週刊，青年旨在鼓吹青年運動，微光旨在提倡婦女運動，工學與高鐘則重科學研究，嚶嚶浪花璇璣等則專介紹新文學，各刊擔任撰著者，多爲革命青年及高級專科之學生，此實浙省青年思想勃發之時期，亦實之江日報被封之一種隱因也。當時杭州其他各報，附有週刊者，僅有浙民日報，其內容係注重小學教育，兼採學生成績，他報則概缺如。民十六以後，日報之附週刊，漸趨一致，杭州民國日報則有新婦女，農民，民俗，杭州國民新聞則有青年世界，荒原，杭州市報則有星光，狂風，微波，浙民日報則有教育，體育，生路，浙江商報則有女軍，曉風，之江日報則有浪吼，民聲報則有「第三種」。此外甬紹各報，亦漸仿行，最近杭州民國日報復於星期日改出「良辰」，浙江民聲報則改出每週畫報，浙民日報則改出「克密勒」，克密勒爲樊迪民主編，體仿上海晶報，原爲單行之小報，因創辦伊始，特附浙民日報分送耳。

六、三日刊　杭州白話報由週刊改爲日刊時，中間亦曾經一度爲三日刊，迄民十四，沈兩蒼發刊「飛飛」，任壯飛發刊「柳絲」，民十五，海鹽硤石兩處，陸續發刊晶報，民國十六年，杭州影戲院，聘樊迪民吳經伯編刊「影戲世界」，皆不久停刊，旋張靜廬等，創刊「雷峯塔」，徐葆琁創刊「上虞聲」，「雷峯塔」亦曇花一現，條即中輟。

七、五日刊　清光緒壬寅，有浙江五日報，最近有金華新聞等。

八、雜誌　光緒中葉，有商務報，工藝報，農學報，蒙學報，算學報，內容大多出自譯述。宣統之際，史久衡周錫經等在杭創刊商業雜誌。（時在宣統二年一月）漸重視商業新聞，民國以還，體漸明備。其較有價値者，當推兵事雜誌，實業叢報，道路雜誌，警察雜誌，廣濟醫刊等；其下焉者，則有浙江法學研究會之「法燈」，甬江屠哲隱編之新寗波，紹興裘吉生編之醫藥學報，倪錫恩編之醒華報，奉化勤牛場之農林報等。

九、校刊　此種刊物，淵源甚古，在書院制度盛行時，卽有所謂某某書院文集或課藝，及改學堂，因循如故，稍後始改稱某某學堂成績錄，民國以後，漸多改爲雜誌或某某刊等名義，然大多則用學校或他種典雅之名詞。其出版之期，初猶或爲年刊紀念刊或校友會刊，繼則進爲季刊或月刊，最近漸有進爲旬刊或週刊者，玆爲分別述之如下：

甲、專門學校校刊　大都起於民十以後，如公立法校則有季刊，醫藥專校則有醫報，工專學校則有工聲及工專學生。民十六後，學制變更，浙大工學院則有浙大週刊及工學院月刊，（前者係該院學生會編後者係該院編輯股倪微庸編）浙大農學院則有農學週刊，國立藝大則有「泡羅」半月刊及藝大週刊，其他關於整個之浙大者，則有畢業紀念刊，此浙省專門學校定期刊物之一斑也。

乙、中等學校校刊　以第一師範之「青年團」與「浙江新潮」，及第一中學之「友聲」爲最早，五四運動以後，各校後先踵起，計民八創刊者，有省立女師校雜誌，民十一創刊者，有安定中學月刊，民十三創刊者，有鹽務中學之「碧社旬刊」及女職學校之「天孫」，同時第一中學。復有「高鐘」之編，奉化初中：有「錦溪」之編。至民十四，作者尤盛，省立蠶校則有「蠶業學生」及蠶校月刊，紹興女師校則有「紹女師」，省立商校則有「校友雜誌」，春暉中學則有「春暉」，最近省立各中學，刊物視前益多，省立一中則有「一中週刊」與「一中二部」，蕙蘭中學則有「蕙蘭」，刊物之多，指難勝屈，惜名稱屢變，缺少持久之計劃，是則不無可憾也。

丙、各小學校刊　除省立中學附小各校從略，其他臨海回浦高等小學，當民八時有回浦潮出版，杭州木業學校，當民十四時有鐸音出版，璇璣小學，當民十四時有璇璣週刊出版，近來此類刊物，繼起益多。

十、官報與公報　新聞紙之起原，無論東西各國，皆始於官報，吾國東周之官報，唐宋間之京報邸報，是其實例。浙省官報，始於光緒季年之浙江官報，其書用光連線裝，週出一册，及光復之際，始改爲浙江軍政府公報，改用厚紙並裝，旋復改爲浙江公報。其屬教育方面，在光緒末葉，學務公所有浙江教育官報之刊，年凡十册，亦用光連線裝，入民國後，教育廳成立，改爲浙江教育月刊，繼更有實業廳之實業月刊，財政廳之財政月刊，（民九改爲彙刊，每半年一册）民十六改隸黨治之後，上述各刊，概行停版，初僅有浙江政治分會月刊，後則省政府民政廳有民政月刊，財政廳有財政月刊，建設廳有建設月刊，市政府亦有市政月刊，最近民政廳於民政月刊之外，兼發行旬刊及日刊，此浙省官報與公報經過之概狀也。

十一、半月刊　一八五四年甯波中外新報，實導吾國半月刊之先河。至民國八年，杭州凌獨見發行獨見報，甫半年即停，旋後海鹽有「激鐘」「激潮」不久亦停，近有「一中二部」，及國立藝大之「泡羅」數種。

十二、二日刊　此僅見之於諸暨，所謂諸暨民報與一鳴報是也，兩報均創於民國九年，彼此挨輪發行。諸暨民報於民國十四年十二月被封。

十三、會刊　浙省自民九發生省憲狂熱，嗣後關於地域主義之宣傳，因之益熾，除「新甯波」之作，已述如上，其他某某地同鄉會同學會之定期刊物，陸續湧現，如民十則有甯海旅杭學會之「甯海月刊」民十四則有湖社之「湖州」，新昌學會之「新昌」處屬旅京同鄉會之「括蒼」，其係全省性質者，則有旅滬全浙公會之月報，此外不定期刊暨單張零種刊物，尙難數計。

十四、黨刊　浙省關於本黨之宣傳刊物，始於民十四之浙江不定期刊。逮民十六，本黨正式公開，刊物日盛，（日報另詳）浙江省黨部首先發行青白週刊，及改組委員會時，改爲浙江省黨部週刊，至臨時執行委員會時，靑年部復創靑年週刊，十七年以後，靑年部取消，靑年週刊遂停，省黨部週刊，改名浙江黨務，自十七年五月份起，杭州民國日報復發行務力彙刊，最近省宣傳部又有每週評論發行，各縣縣黨部亦多發行黨務週刊或彙刊，此浙省黨務方面宣傳刊物之一斑也。

十五、晚報　世界各國之晚報，當以美國紐約晚報爲最著，吾國則以北平上海兩處爲多，杭州當民十三民十六兩年，皆曾有杭州晚報出版，前者主編爲周心萬。後者主筆爲杜師業，皆不久即停。

十六、畫報　吾國畫報，始於上海畫報，繼起者有張光宇主幹之三日畫報，韓嘯虎主幹之太平洋畫報。吾浙初僅實報與之江日報附有石印之畫報，單獨組織者，僅有民十五之杭州畫報，及紫羅蘭畫報　杭州畫報係徐君畏曹西崖舒瘦鶴汪仲毅等組織，月餘即停，紫羅蘭主幹爲陳近仁，亦瞬即消滅。最近安定中學張鹿山蔡振華孫功炎等復有金牛漫畫，體仿上海漫畫，但精采不及；日報之附星期畫報者，去歲有浙江民聲報及杭州民國日報，今僅甯波民國日報一家。

十七、季刊　季刊始於清光緒間傳蘭雅之格致彙編，浙省各機關亦時有此種刊物。可考者有公立法校季刊，及甯海季刊。

十八、年刊　以浙江圖書館年報爲最著，此報始於民國四年，迄後繼續發刊，相承罔替，最近浙江大學復有一二兩屆畢業紀念刊之編，亦按年發行。此外多爲簿錄式之報告，姑從略焉。

第二章　清季浙省之新聞狀況

浙省文化，在中國素佔優越之地位，兼之毗鄰蘇滬，交通頻繁，甯波溫州杭州各關，經中英南京條約，烟台條約，中日馬關條約，英日帝國主義者相繼租佔要埠；杭州乍浦等處駐防滿虜，又肆威作福，橫無忌憚，浙人鑒於封建勢力和帝國主義之重重壓迫，因之發憤興起，相率組織報社，雖辦理諸多幼稚；而估計已往歷史之價値，可述亦多。茲爲揭述崖略如下：

一、國內日報之創始　東周之官報，唐宋之京報邸報，雖爲吾國新聞紙之濫觴，而未具有現代的新聞紙之形式與內容；一八一五年馬六甲發行之每月統紀傳，東西洋考雖謂爲國內報紙發刊之創始，而每月統紀傳係屬月刊，馬六甲一八一四年已屬於英；姚公鶴上海報紙小史，引海國圖志及林則徐奏疏，謂中國報紙，當以澳門爲最早，然其報亦係用西文；一八四九年香港唐字新聞雖用華字，但香港亦於一八四二年屬英，唐字新聞又係香港英文報中之附張；其爲華文獨立發行之國內日報，當以一八五八年之甯波中外新報爲嚆矢，是報當一八五四年時已有半月刊發行，此實吾國發刊日報之始，亦吾國正式有報之始，非僅浙省新聞紙之導源而已。

二、浙人辦報之肇始　戊戌以前，國內各報，多爲英美教士所創辦，報紙實質，多注重於佈道傳教及偵查國情。浙省於一八九五年，即有項藻馨之杭州白話報，秦鍾瑞之笑林報，次年則有錢塘夏曾佑汪康年等在滬創辦時務報，「後改昌年報」再次年則有童學琦之經世報，此皆浙省新聞界之之先進。

三、鼓吹革命之先聲　一八九八年左右，國內新聞界人士，僅有少數附和康有爲梁啓超之輩，鼓吹變法維新，鮮有明目張胆敢爲推翻滿清政府之議，至一九零一年，陳少白，黃世仲，陳思仲，始在香港創中國報，高談革命，惟浙人汪康年章炳麟等，當戊戌政變之前，即在上海昌言報常爲抨擊康梁之說，並醜詆清廷，旋汪被清吏下令逮捕，章亦自危，皆以出走得免，未幾，章赴台灣充台北日報記者，復薦文忠告康梁，勸其脫離清室，並以中山先生辨別種族高談革命相規，此實浙省新聞記者鼓吹革命之先聲。

四、政治宣傳之領導　自庚子義和團事敗，八國聯軍入京，國人對於帝國主義，漸得明白之認識。因此革命黨與保皇黨，相繼在國外設立機關報，革命黨以東京民報為宣傳機關，保皇黨以橫濱新民叢報為宣傳機關。浙人章炳麟汪精衛，（汪籍山陰長於番禺）並為民報之編輯主幹；新民叢報之參加，則有諸暨蔣智由，丙午丁未之間，吳興褚民誼，復在法國發刊新世紀報，提倡無政府主義，張人傑佐以經濟，此浙人努力政治宣傳之一斑也。

上述各節，均為滿清時代浙省新聞界之特殊榮譽，其詳當於以下分別述之。

第二節　外力掌握中之浙省報社

自一八四二年中英締訂南京條約，寧波始為中英通商之港，一八七六年中英締訂烟台條約，溫州商埠又開，至一八九五年，杭州拱埠又因中日馬關條約，闢為日本租借地，因之東西帝國主義，先後挾其經濟侵略文化侵略之辣手，向浙省進攻。新聞機關爲社會宣傳之樞機，海禁解放伊始，歐美教士幾視爲惟一傳佈調查聯絡之要着，吾國新聞史家，均以此爲外報時期。浙省於此外潮侵逼之際，新聞事業亦未能擺脫而爲例外，洵足慨嘆！玆爲分別誌之如下：

一、中外新報　設於甯波，美國教士應思理創辦，（或作華人，有誤）發刊於一八五四年，（卽清咸豐四年）初爲半月刊，旋改月刊，後改爲日報，有彙刊本凡十三卷，仰飄萍謂係清咸豐八年十一月起積四年所發行者而成。

二、杭報　總館設杭州拱宸橋，分館設杭城三元坊，名曰商杭報館，發刊於一八九五年，（卽清光緒二十年）經理爲馬績輔，主筆爲秦鍾瑞，王純賦，蔣菊坨，立案負責者爲日人加藤能言，創辦之初，並曾由日人小田切向日領事速水一孔經數度之接洽，始得准用日商名義，此報自一八九五年冬發刊至次年秋停版，嗣後專營印刷，改設文彙書局於三元坊，是爲杭州有印刷局之始。

三、各屬之教會報　清光緒間，西教士紛來浙省，遍布於浙東西各屬，教會林立，各教會之規模較大者，類多兼任路透電社通訊，並備有印字機，對於印刷聖書之外，恆將內外重要消息印成小種刊物，雖未備具新聞社之正式組織，實含有新聞社之作用，入民國後，各屬報社先後設立，教會勢亦衰落，此種之教會報，漸多停輟。

（附述）　按上海申報創於一八七二年，初爲英人美查氏經營，至民國初元後，始由史量才收回自辦，在光緒初元時，固亦外人勢力下之新聞紙也。時浙人在該報任論撰者，先後有山陰何桂笙（一作命桂笙茲從申報小史）錢塘袁翔甫，桂笙別署高昌寒食生，與錢昕伯同時在申報社論撰　初，申報所載多限於里巷瑣聞及商場市價，與一二大人物之起居注、鮮爲社會取重，自二氏出任筆政，人始稍稍重之。翔甫別署楊柳樓台主，亦於光緒初元時任申報論撰，寓居上海福州路西，後兼辦游戲報，實開上海小報之先河。浙人在外省從事新聞事業，二氏實爲之導，爰附誌之。

第二節　新政醞釀時期之浙省報社及記者

自甲午中日戰役以後，吾國創鉅痛深，變法維新之議，漸漸萌起，至戊戌政變發生，六君子同遭誅戮，康有爲梁啓超輩又相率遠遁，思潮激盪，所謂革命黨與保皇黨兩黨之論戰，遂展鮮明之旗幟。浙省當此時期，含有政治意義之新聞記者及新聞社，在省內者，有項藻馨等之杭州白話報與童學琦之經世報，在省外者，有夏曾佑汪康年章炳麟等之時務報及昌言報，言論主張，多介於革命黨與保皇黨之間，茲爲分述如左：

一、杭州白話報　此報創於項藻馨，發刊於光緒二十一年，旨在鼓吹新政，初每月出一冊，旋改旬刊週刊三日刊，（後改日刊另述）館址初設銀洞橋杭州教育會，尋遷至萬安橋，主筆爲鍾寅汪欽童學琦，編輯爲邵章汪希袁毓麐陳敬第程光甫韓靖庵，發起者爲王沛泉王利生。是報執筆人員，雖皆一時俊秀，然多惑於科名，相率獵取高科他去，程光甫雖始終任事，但鮮發揚蹈厲之精神，惟癸卯以後，孫翼中出任經理，始放異彩。

（附館員略史）項藻馨字蘭生，杭縣人，後曾任杭州私立安定中學堂監督及杭州中國銀行分行長。鍾寅字寅賓，汪嶔字曼鋒，皆杭州舉人，寅賓後曾任杭州教育會會長高等小學校長縣議會議長及統捐局局長，曼鋒精究史學，後亦出任杭縣高等小學校長及浙江兩級師範學堂教員，辛亥杭州光復時，公推任杭縣民政長，旋辭去，任北京大學教授，卒後，杭人在西湖曲院設立汪祠為留紀念，著有詩文及中國歷史等書。邵章字伯絅，陳敬第字叔通，亦皆杭縣人，後同登進士，入翰林，並曾派送日本，畢業法政大學，伯絅先後曾任杭州藏書樓監理，浙江蠶學館館正，湖北法政學堂監督，杭州府中學堂監督，浙江學務公所議紳，浙江兩級師範學堂監督。平政院第一庭庭長，平政院院長，叔通曾任浙江法政學堂教員，浙江學務公所議紳，參政院議員，汪希字叔明，後亦登進士，曾任國會議員，浙江提法使，浙江實業廳長。金華道尹，袁毓麐字文藪，杭縣舉人，後曾任浙江省視學，國會議員。（孫翼中童學琦程光甫等另詳）

二、經世報　此報創於章炳麟童學琦等，發刊於光緒二十三年，月出一冊，宗旨亦在鼓吹新政。按黄字亦韓，新昌人，曾任杭州白話報主筆，言論思想，視鍾寅汪欽等比較激進，丁未安徽徐錫麟事發，黄與蔡元培陳盛陶成章龔寶銓等，均被清政府下令購拿，以逃避得免，民國以後，曾爲浙江參議會議員，督軍省長公署諮議顧問。

三、平湖白話報　光緒二十三年，平湖陳惟儉，蔡伯華，張季助，張冕哉等創辦，以鼓吹革命爲宗旨，旋以土劣見忌，控於清吏，報館被燬。惟儉字廉齋，任平湖黨部先進，與鈕永建等從事革命多年，夏超及馮得伯任杭州警察廳長時，連任該廳督察長，對於民衆運動，頗多擁護，旋派赴歐美考察警務，年餘回國，任富陽縣知事，黨軍入浙後，以土劣被控去職，嗣任江蘇省政府民政廳科長，浙江內河水警局第三區區長。張季助張冕哉皆清附生，冕哉後卒業北大，今任浙江省立第二中學教員。

四、夏曾佑汪康年在滬創辦時務報（後改昌言報）　夏曾佑汪康年均杭縣人，夏字穗卿，出身進士，研究史學，汪出身舉人，通達中外政治，光緒丙申，適中日訂立馬關條約之後，割地賠款，舉國恥憤，二氏偕梁啓超等在滬發起此報，禮聘章炳麟爲記者，時梁氏篤守其師康有爲之說，主張變法維新之外，兼提倡尊孔，章與不合，轉入鄂督張之洞幕中。（按浙案紀略謂戊戌春張之洞聘往湖北辦理時務報），旋復以斥清帝載湉，與兩湖書院山長梁鼎芬齟齬，離鄂返滬，適汪康年與梁又不合，擯梁出館，改時務報爲昌言報，章因之再被聘爲主筆，戊戌八月，北京發生政變，黨獄大起，汪康年至江甯，被清吏下令逮捕，狼狽至滬，章亦他適，此爲浙省新聞記者遭禍之第一幕。

五、章炳麟在台灣主持台北日報　章自汪康年被緝消息傳到，即托日人山根虎雄介紹，赴台灣充台北日報記者，時嘗著一文忠告康梁，勸其脫離清室，謂孫文尚知辨別種族，高談革命，君等乃不辨順逆，甘事虜朝，殊爲可惜云云，已亥夏間，梁在日本辦清議報，作書約章赴日，章遂應其請，離台灣，梁並介紹章識孫中山先生於橫濱旅次（按浙案紀略謂壬寅由湖南秦力山介紹見中山先生於日本對陽館）孫先生與談排滿方略，極爲相得。

按此期之浙省新聞記者，大多仍爲科舉迷惑，汪巖夏曾佑雖富有史學研究，要亦未曾十分認識革命，章太炎國學湛深，兼力倡排滿，並曾親炙中山先生之革命言論，而亦誤認國民革命爲共產革命，致有勾結軍閥之嫌。

第三節　革命思潮勃興時之浙省報社

自一千九百年，（卽光緒庚子）北京義和團，爲反抗列邦帝國主義事敗，吾華民族之奮鬥，自此更得一嚴重之教訓，國內志士，前此主張變法維新者，至此亦多變而主張推翻滿清政府，所謂保皇黨之宣傳報紙如新民叢報等，不過一般習舉業者視爲掇拾巍科之制藝範本，計是期自光緒庚子以迄戊申，革命事役迭發，浙省新聞界，尤多與之息息相關，茲先就省內之報社，述之如下。

一、孫翼中接辦杭州白話報　杭州白話報，初由項藻馨經理，詳情已述如上，癸卯夏，孫翼中自日本返，項以安定中學校務膺身，無暇兼顧，著孫自代，孫字耦耕，別號江東，杭縣人，求是書院成立之初，曾任國文講席，暑假時，院內四五兩班學生，合組文會，孫出一題，名曰，「罪辮文」，（按浙江革命記亦謂袁文藪出罪辮題，袁係杭州白話報編輯，已詳上，茲從浙案紀略）內有一篇，中有本朝字樣，翼中改爲賊清，旋爲揚州人施行澤之姪某所得，行澤原爲浙江未入流之候補者，在求是內院當差，某遂以告行澤，行澤告之皮市巷劣紳金某，金某交於求是書院新聘總理桐鄉勞乃宣，行澤一面又告駐防滿學生申權，申權告諸瓜爾佳金梁，金梁虛張聲勢，謂此文已在我手，以嚇衆學生，又進稟浙撫，控告陳漢第孫翼中輕蔑朝廷，浙撫不得已，下令訪辦，漢第旋探得實情，知金梁未得實證，乃轉控旗人宗陷，於是遂得無事，然翼中已爲旗人所忌，不能居杭，始避紹興，就東湖通藝學堂堂長陶濬宣之聘，繼續鼓吹革命，壬寅，赴日本留學，入青年會，次年夏返浙，主持杭州白話報，革命黨人陶成章蘇曼殊龔寶銓魏蘭等，往來各地運動革命，恆下榻於此。前此該報原爲旬刊，至此則由週刊三日刊而改日刊，又前此該報最著之成績，僅鼓吹放足，促成杭州放足會之設立，（時在光緒二十八年，主持會務者，爲鍾寅之母顧文郁及高雲麟之妻金氏，厥後爲杭州女學堂堂長，爲杭州有女校長之始），孫氏接任以後，并繼續提倡女子教育，杭州女學堂，曾因以促成，（即後之杭州女子師範學校），浙省之有女學，實自此始。時光緒三十年也。孫氏除對於報務前後改進外，一面又聯絡革命同志，秘密向各方活動，紹興陶成章，雲和魏蘭，皆爲浙省奔走革命之尤熱烈者，孫曾介伊等及濮振聲於仁和監署，濮固白布會首領，以起義嚴州事敗被逮，陶等晤濮之後，得其介紹函片多份，遂得聯絡衢嚴等屬各秘密會，浙省革命勢力，因以擴大。迨後孫氏以任杭州縣立高等小學校長，辭去杭州白話報經理，由葡子安魏深吾相繼承之。光緒丁未，翼中聯絡紳商學界，歡迎二標徵兵，爲一標統帶李益所忌，廣延欲運動該標士兵殺之，未果，旋秋案發生，果爲怨家所乘，誣孫以雞姦學生趙某事，滿人貴翰香等更乘之，組織知恥會，逞肆攻訐，孫遂憤而出走，偏游南洋各島，光復後歸國，越數年，卒於上海醫院。

二、萃新報　金颱張恭劉琨盛俊等組織，發刊於一九〇四年。劉琨字治襄，壬寅浙江鄉試第一，旋登進士，入翰林，曾任浙江省議會議長，浙江巡按使署及山東省長公署秘書長，擢長公牘，盛俊著有海關稅務及日本收回關稅權之經過等書，張恭一名臨，字伯謙，一字同伯，金華人，光緒癸卯舉人，為龍華會首領，初肄業杭州紫陽書院時，曾於唐才常之自立會中受富有票，才常漢口事敗死難，遂匿不發，及蘇報案起，遂與劉琨偕俊卿在金華創辦此報，蓋旬刊也。後有嚴州學生某，偶攜此報至嚴州府學堂，為知府錫綸所聞，遂電浙撫謂該報出語狂悖，請封禁以正士習，事為杭友魏蘭得悉，遂函告張，逮浙撫令飭金華知府封禁，報館之門面早已改易，遂獲免。張旋又以湖南陳天華（字星台）所著之猛回頭，廣加宣傳，事為金華知府嵩連所聞，遂被查禁。有曹阿狗者，因攜帶此書被捕獲，亦為嵩連所殺，此丙午六月事也。此外張之革命機關。尚有金姓茶店及永康戲班，迨安徽徐錫麟事發，滿清政府大捕黨人，張亦被令歸案，以逃避獲免，宣統初元，劉光漢汪公權相繼為兩江總督端方利誘，探知張所在，據實報告，遂被拿，光復後，由南京出獄，即返里組織金華軍政分府，并設立民團，任民團長。

三、紹興白話報　創辦於光緒二十九年，以喚起民衆愛國，開通地方風氣爲宗旨，創辦人爲陳公俠黃子餘蔡同卿等，旬出一張，閱年餘，改爲紹興公報，加入何毗瞻胡鍾生等，胡氏後以秋瑾案嫌疑被害，至宣統三年，復加入劉大白，民國元年，宣告停版。

此外在此時期發刊者，一千九百年則有覺民報，一九零二年則有浙江五日報，一九零六年則有著作林月報及藝林新報，一九零八年則有浙江日報及西湖報。覺民報社設杭州拱埠，陳蝶仙瓜山新詠有「零賣雙張六七文，十年前事當新聞，申蘇以外添奇報，俗語連篇號覺民」一詩，餘無考，著作林月報爲杭州陳栩蝶仙主編，注重詩古文詞筆記，月出一册，自第一期至十六期，皆係木版，社設杭州城內，嗣後改爲鉛印，編輯部移設上海跑馬廳後面盧花蕩德福里，初，該報均由蝶仙選編，旋以事繁每多愆期，自十二期後添聘潘少文等（按潘別署署雙吟樓主，此外尚有留月山人暨訥盦居士等）同操選政，凡關近世名人逸事佚績之稿，須納刊資二元。寫眞半頁，須納報費五元，附刊專集，每字收刊資洋二厘，此新聞紙之特例也。十六期之後，除蝶仙仍任總撰輯外，復有義務撰輯楊古醞，潘蘭史，沈孝耕，許伏民，吳眉孫，何頌花，華痴石，徐冠羣，孫芸伯，周子炎，戚飯牛等，並改定附刊專集每頁收洋一元，此外復有社課之徵集，錄取之課，各有相當報酬，此該報先後之概狀也。藝林新報初爲高邕之何梓生王紫詮等創辦，爲海內講風雅者所稱，旋何王二氏相繼逝世，報遂中輟，蝶仙以著作林來稿過多，乃爲恢復，其宗旨是在昌明新樂，改良文藝，內容分社說，評林，叢談，音樂，美術，小說，文苑，笑林，雜俎，社課十類，月出三册。浙江日報經理爲貴翰香，主筆爲胡晴波孫佑臣，皆爲知恥社社員，知恥社者，因孫翼中長杭州高等小學，學生家族趙某以爲翼中有雞姦其子情事，控於官，貴翰香本在杭滿州駐防，名林，出身舉人，能文通時事，爲杭州駐防之優秀分子，翼中向主排滿，翰香陰嘲之，自雞姦案發生，以爲有機可乘，遂組織此社，並以翼中握有杭州白話報之言論機關，得藉報辯護，因之創設浙江日報，後翼中果被

攻訐引退，該報日出二張半，至光復始停，管香亦於杭州光復時被民軍鎗殺。西湖報係許祖謙創辦，日出一小張、未及二年而停，

（附陳蝶仙略史）　陳栩，字蝶仙，號栩園，初署天虛我生，又號惜紅生，錢唐人，工詩能文，尤好為小說家言，十三歲即以詩名，弱冠所作，尤多閨房之什，哀艷不傷，人多詫為奇才，年二十四，著書已達十餘種，尤以所著淚珠緣傳奇，為最膾炙人口，小說家之名，即由此噪，光緒丙午，（時二十八歲）在杭發刊著作林月報，旋復恢復藝林新報，以廣天南遯叟及高昌寒食生之餘緒。一時海內風雅，咸趨慕焉，二報出版數年，耗去數千金，其所設清河坊之萃利公司，亦虧蝕不貲，旋赴滬，任申報自由談編輯，各雜誌及小報，常亦刊其作品，於是海內人士，無不知有天虛我生，及民八，國人高唱抵制日貨，蝶仙在滬設廠製造無敵牌牙粉，未幾，全國暢銷，日本在華盛行之金剛石牙粉，遂爾衰落，十年以來　贏利已達數十萬，所著有一粟園叢書，總不下百種，子小蝶，亦有父風。

第四節　革命思潮勃興時之浙省新聞記者

浙省毗連蘇滬，復因甯波溫州各口，開港頗早，故有志之士，相率囊筆遠游，庚子義和團之役，浙省徐用儀，許景澄，袁昶諸，同時以極諫挪拉氏受誅，浙人因此知列邦帝國主義與滿清封建勢力，均非徹底剷除，莫救危亡，故各出其智能，分赴中外各市埠為革命之宣傳，除蔣智由冥頑不靈，甘為保皇黨之羽翼，餘皆共同努力，以推翻滿清政府為職志，雖間有如章炳麟等，晚節少懈，而對於滿虜，固未嘗稍假也，茲就庚子以迄戊申，舉所有浙省新聞記者之散在省外者，分述如次：

一、杭辛齋在北京創設京話報及中華報　杭辛齋名鳳元，海甯人，童年習賈臨平某雜貨肆，旋以體弱不勝勞役，負笈至杭，肄業正蒙義塾，發憤讀書，年二十一，補本州博士弟子員（時光緒己丑）次年游北京，先肄業總理衙門之同文館，習歷算及法國文學，繼從會稽李蒓客上虞陳書玉兩先生游，漸通經史及朝章國故，甲午中日戰後，上書清帝識滔條陳變法自強，授中書，戊戌政變，浪跡津門，與同鄉王苑生夏穗卿兩先生創辦國聞報，庚子義和團亂作，避跡德州，以行醫自活，旋因程家檉（後受清肅王善耆運動變節）介紹，更名姓入同盟會，密謀革命，迨和議成，直督袁世凱聘爲北洋官報主任，旋以官報無發言餘地，在北京創辦京話報，首革文言，繼又組織中華報，時發表革新政見，並以那拉氏擅權攬政，恆盡情揭載，兼復痛詆親貴，卒因之下刑部獄，旋遞解回籍禁錮，于右任嘗以「指導輿倫是眞民黨」稱之。

二、章炳麟在滬任亞東時報主筆　庚子六月，唐才常邀請旅滬名流開國會於張園，時章炳麟初自日本返，在亞東時報任筆政，亦前往列席，旋以唐於革命保皇二途趨向不明，且國會所撰對外宣言，既主張創造新國，復宣示勤王端難，前後矛盾，尤爲不合，乃再三勸告，令唐勿爲康黨所用，唐不能從，章乃憤然剪除辮髮，以示決絕，拂袖歸鄉，未幾，唐失敗於漢口，死之，清吏對於列名國會者，一律懸賞通緝，章名亦在列。

三、蘇報案與章炳麟蔡元培　蘇報初爲日本人所創辦，後湖南衡山人陳範號夢坡者，以江西知縣因教案落職，移居上海，憤政治之腐敗，思以清議救天下，遂承辦是報，主持四載，其主張日追潮流推進，由變法而保皇，由保皇而革命，所聘記者章行嚴汪文溥吳敬恆諸人，均有聲於時，壬寅之冬，增入學界風潮一門，益爲東南學界所注目，時適山陰蔡元培，餘杭章炳麟，諸暨蔣智由，鎮海鍾觀光，（字憲鬯）及僧宗仰（號烏目山僧）等，創辦中國教育會於上海，南洋公學學生以不勝教員之虐待，求濟於教育會，蔡章等允爲設法，旋得羅迦陵女士，（卽哈同夫人）等募捐巨款，遂設愛國學社，由章炳麟任主講，繼復容納南京陸師學堂退學生，力主放任，社內師生常議論時政，高談革命，蘇報以與該社各當事人有關，恆爲宣傳，癸卯五月，愛國學社忽因微小意見，向教育會宣告分立，初由社員以『敬謝教育會』之意見書登諸二十四日蘇報，至閏五月初一日，宗仰復以教育會會長名義，揭『愛國學社之獨立』一文於蘇報以答之，教育會會員任教職者遂多謝去，同時章炳麟復爲鄒容作『革命軍』序，五月十四日，蘇報復作「讀革命軍」一文以闡揚之，鄒容者，字尉丹，四川巴縣人，壬寅留學日本東京同文學校，因俄人強迫改約，清政府甘心賣國，發憤草『革命軍』一書，內容對於革命教育及種族，獨立，種種意義，言之綦詳，此外章復有「駁康有為政見書」之作，與「革命軍」同受社會之熱烈歡迎，故大爲清吏所嫉視，閏五月初六日，遂發生封報捕人之事。章任愛國學社被捕，鄒自往租界捕房投到，均入獄，惟蔡適未在校，得走避青島轉柏林，其他陳範黃宗仰汪文溥走日本，吳敬恆走英倫，於是蘇報社被封禁，愛國學社亦解散。又有一說謂是案發動之原因，由於桂撫王之春歸恨滬人在張園開會反對其借法兵法款，特密託商約大臣呂海寰函告蘇撫恩壽，當時蘇撫即飭上海道向各國領事照會拿人，旋以工部局不贊成而罷，事聞清廷，遂傳旨着兩江總督魏光濤與上海各國領事交涉（一云着蘇撫飭拿）章鄒被捕後數日，英租界會審公廨即提往審訊，承審員爲清知府孫建臣，上海縣汪瑤庭，及英國副領事迪比南，清政府所延律師爲古柏及哈華托二人，章鄒等親友亦延律師博易及瓊司二人代爲抗辯先由古律師聲稱章炳麟代革命軍作序，又駁康有爲政見書，詆毀清帝聖諱，呼爲小醜，立心犯上，罪無可逭，續由清英讞員一一向各人問供，章供杭州人，先曾讀書，後在報館充主筆，戊戌後赴台灣，後由日本赴上海，在亞東報任筆政，復至誠正學堂當漢文教習，未及數月，又至蘇州東吳大學堂，前年再赴日本，去年回國，今年二月在愛國學社任教習，因見康有爲著書，反對革命，袒護滿人，故我作書駁之，此書係託廣東人沙耳公帶往香港轉寄新加坡，未得其回信，所指書中載湉小醜觸犯清帝聖諱一語，我祇知清帝乃滿人，不知所謂聖諱，小醜兩字本作類字或作小孩子解云云。清官因章爲名士，以爲必曾中式，問得自何科？章顧鄒微笑曰：「我本滿天飛，何窠之有」，蓋故意訛科名爲鳥窠也。此案研訊多次，經雙方律師種種辯駁，遷延數月，中西讞員均以關係重大，不敢判決，因將一切案由移交北京，由外務部與各國公使直接辦理。更經許久，外部始採納英使館意見，判決章監禁西牢三年，鄒監禁二年，由上海會審公廨宣告結束，鄒於出獄前一月病死，章至丙午年年期滿出獄，在獄時並常爲香港中國日報撰著論文，學亦日進焉。

四、葉瀾董鴻禕等在東京編刊浙江潮　浙江潮月刊，一九零二年（時當光緒壬寅）在日本東京發刊，葉瀾董鴻禕孫翼中蔣方震蔣尊簋等，均與撰著之列，視杭州白話報爲更精采。葉字清漪，董字詢士，皆仁和人，方震字百里，海甯人，尊簋字百器，諸暨人，皆爲浙省求是書院之高材生，派送日本留學，二蔣習軍事，百里學尤精博，後復留歐多年，軍事學以外，兼究歐西文史，譯著有歐洲文藝復興史裁兵計劃書及職分論等書，歐洲文藝復興史一書，尤爲世所稱。百器亦工書能文，一九零五年，一即光緒三十一年）中國同盟會在日本東京開籌備會，百器與焉，光緒末葉，浙省當局，接受王夑陽等建議，電請二蔣回浙練兵，百里未果來，百器返浙，曾任浙江都督，百里歷任參議院議員及浙江省議會議員浙江省自治法會議代表，尤爲吳佩孚所禮重。清漪詢士，均富排滿精神，在日本嘗組織青年會，並常往來東京橫濱間，與孫中山先生，密商革命，浙江潮即該會之宣傳刊物也。時嘉興吳振麟烏程章宗祥等組織立憲黨，與之勢成對壘，蓋立憲黨主和平，此主激烈也。癸卯春，俄人迫清政府訂立滿洲條約，松江鈕永建在日組織義勇隊，青年會會員均入隊爲監視員，旋因日本政府干涉，改爲軍國民教育會，青年會遂解散，詢士後游爪哇，從事教育事業，袁世凱當國，任教育總長，清瀚亦曾於民十時任國務院印鑄局簽事。

五、蔡元培在滬倡辦警鐘日報　警鐘日報初名俄事警聞，發刊於一九零四年，時日俄戰事方酣，張繼等所辦國民日報以內部發生問題停刊，蔡元培時甫自德國返滬，因發起此報，繼蘇報與國民日報之後。主筆政者爲劉師培，(光漢)金少甫，經理爲李春波，光緒三十一年三月，遭被清吏封禁，主筆皆被票拘，結果發行戴晉鶴監禁一年半，校對胡少卿監禁半年，印報之機器充公。按蔡字子民，一字民友，號鶴廎，山陰人，清翰林院編修，戊戌間主張變法，爲掌院學士徐桐等所忌，遂南歸，壬寅夏，在滬與蔣智由等創中國教育會，旋復與章炳麟等設立愛國學社，(已詳上)次年，被推爲光復會會長，蘇報案發，走柏林，此報即甲辰冬由柏林返滬時創辦，封禁之後，復赴柏林習哲學，辛亥武漢事作，還國，任教育總長，未幾，下野，二次革命作，曾偕章炳麟電促浙督朱瑞獨立，未果納，旋復遊歐洲，袁死，出任北京大學校長，提倡學生運動，不遺餘力，五四運動，頗爲有功革命，旋復偕其繼室周俊女士遊法國，十四年返國，與湯爾和等計劃在杭州設立自然科學研究院，嗣以國民革命軍興中止，南京國民政府成立，出任大學院長，繼改教育部長兼代理司法部長，去年五院成立，辭去教育司法二長，專任監察院長，三次全國代表大會，仍被選爲中央監察委員，著有中國倫理學史，哲學大綱，石頭記索隱，美育實施的方法等書，譯有哲學要領，倫理學原理，妖怪學講義，及元良勇次郎倫理學等書。

六、汪兆銘章炳麟在東京辦民報　民報發刊於一九零五年十一月二十六日，在日本東京牛込區新小川町二丁目八番地出版，爲革命黨主要之宣傳刊物，香港中國報，檀香山民生日報，舊金山大同報，不能及也。（此數報皆爲革命黨報，出版皆在民報之前）自陳天華以日本文部省頒布取締留學生規則，憤投大森海灣自殺，即由汪兆銘出而主持筆政，汪字精衛，原籍浙江山陰，長於粤之番禺，十六歲東渡留學，入法政學堂肄業，即加入同盟會，追隨孫中山先生，取締學生事起，同盟會員易本羲秋瑾田桐胡瑛等均主全體回滬辦學，惟汪與胡漢民朱執信等力持忍辱負重，不可輕率廢學歸國，故民報延期一月仍繼續出版。及至次年（清光緒三十二年）六月二十九日，章炳麟在滬期滿出獄，同盟會預派代表龔鍊百時功玖等到滬歡迎赴日，七月十五日，留學界在神田錦輝館開會歡迎，到者二千餘人，民報遂於第六號起，改推章担任編輯，十月十二日（陽曆十二月二日）民報一週紀念，在錦輝館開會，到者六千人，黃克強主席，章撰祝詞，內有「自茲以後，不懈益厲，爲民斗杓，以起征胡之鐃吹，流大漢之天聲，……我四百兆昆弟同心戮力，以底虜酋愛親覺羅氏之命，掃除腥羶，建立民國，」等語，讀時，人人感動，中山先生亦在會演講民生主義及五權憲法，相繼演說者，有宮崎寅藏，平山周，萱野長知，田桐，喬義生，覃振，劉揆一等，散會時，各贈送民報紀念特刊「天討」券一枚，（按天討特刊附有清帝破頭插畫，香港華民政務司謂爲煽動暗殺，旋即訂取締專律）梁啓超因此在新民叢報對民生主義大加非難，民報與之筆戰經年，至十九號而止，逮至二十四號時，以攻擊中美聯盟專使唐紹儀，清使館向日本政府交涉，遂遭封禁，旋章與黃克強宋教仁謀，擬遷往美國出版，未果，停刊後二年，汪精衛自新嘉坡中興報辭職返日本，以法國巴黎濮侶街四號總發行所名義繼續出版，（時清宣統元年十二月二十二日）實則仍在日本印刷，至二十六號又告停版，此民報之始末也。

七、秋瑾陳伯平在上海辦女報　上海之有女報，始於一九零三年時（清光緒癸卯）陳擷芬女士之女學報，女士爲蘇報經理陳夢坡之女，社設派克路第七百另二號，自蘇報案發生，該報旋亦停版，及丙午，紹興秋瑾復在滬設立中國女報，聘同邑陳伯平主筆，女士就義後，由「新女子世界」主任陳以益加入，改爲神洲女報。

秋瑾，字璿卿，號漩雄，又稱鑑湖女俠，會稽人，籍隸山陰，適湖南王延鈞（捐班部郎）在北京生有子女，旋以不睦離去，甲辰三月游日本，入中國留學生會館日語講習會習日語，及冬，陶成章告以運動革命事，即返國，經陶介紹，識蔡元培於上海，見徐錫麟於紹興熱誠小學，旋復經徐介紹入光復會，時乙巳六月也，未幾，復東渡入青山實踐女校，適日本文部省頒布取締留學生規則，瑾逕與易本義等主張全體學生歸國，另在上海辦學，以洗日人取締之恥辱，汪精衛等力持不可，瑾逕與易等結敢死隊歸國，經成章介紹於敖嘉熊，得轉薦爲潯溪女學教員，旣復辭去至滬，襄辦中國公學，丙午夏，陳華自瓜哇返，勸瑾前往興女學，瑾許之，以告成章及龔味生，被力阻，遂不果行，因在滬組織女報，邀陳伯平爲主筆，兼與陳等租屋虹口祥慶里，密製炸藥，爆發傷手，是歲冬，萍鄉革命事起，光復會會員集議上海，欲起兵爲援，瑾以浙事自任，乃還紹興，入居大通學校，旋被舉爲督辦，間仍往來金紹杭滬各地，祕密運動，分光復會職員爲十六級，制各洪門部下爲八軍，定期舉事，丁未五月，安徽徐錫麟事發，瑾與王金發及杭紹各地學生謀響應，事爲紹興知府貴福得悉，即飭兵至大通學堂捕瑾，次晨遂殉於紹興軒亭口，時陰歷六月初五日也，年三十有一，有詩文遺稿一卷。

陳伯平，名淵，別字墨峯，會計人，少長福州，囘里後，肄業大通師範學校，勤學寡言笑，兼能詩，善方言，甚爲徐錫麟所契重，徐挈游日本，欲學陸軍不得，轉習警察，旋棄歸，專習劍擊，丙午秋，瑾在上海開設女報館，聘爲主筆，暇輒踞小閣私自出爆藥試驗，一日迸發，身傷如魚鱗，及少平復，又渡日本從藥師習製炸藥，業成歸國，卽擬北上刺鐵良，錫麟止之，伯平曰：革命之事萬端，能以一人任者，獨有作刺客，因刻實行委員一印以自勵，丁未五月，與徐錫麟馬宗漢同在皖起事，遂刺恩銘，破軍械局，後以彈盡被虜兵當場擊死，年二十有六。

八、汪康年在京滬創辦中外日報京報　中外日報係時務日報改組，發刊於一八九八年七月，時務日報記載中外大事，評論時政得失，分欄編輯，用報紙兩面印刷，實開吾國日報改進之機。出版僅三月餘，卽改名中外日報，一九零八年，以經濟不充邀滬道蔡乃煌資助，是爲吾國報界受政界津貼之始。旋蔡派其鄉人沈仲赫至館監督，編輯者咸感不便，紛紛他去，汪遂以報館全部售於蔡，未久以銷數大落停刊。汪氏當一九○六年時，（光緒三十一年）又曾在北京創辦京報，譏刺慶親王及其私人備至，外間以汪為軍機大臣瞿鴻禨之門人，因之瞿亦為權貴所側目，光緒三十三年五月某日，瞿入值軍機，清后慈禧偶與談及慶親王，頗致不滿，有擬令其退出軍機之說，瞿歸告其夫人，其夫人又告汪之夫人，汪又以告曾敬貽，初不過閒談而已；詎曾竟告之倫敦時報駐北京訪員馬利孫，馬即據以為確在消息，電告報館發表，時駐京英使因未前聞，乃向外部詢問，事為慈禧所知，甚責瞿之漏言，旋言官惲毓鼎又起參劾瞿氏以暗通報館陰結外援各節，瞿即因之免職，至宣統元年，京報亦以論楊翠喜案被封。按汪康年，字穰卿，錢塘人，光緒間進士，初幕游鄂省，丙申秋，憤甲午戰役失敗，謀溝通中外，指陳利病，以強學會餘款及各方捐募所得，設時務報於上海，（汪極力主辦日報，因黃公度梁啟超堅主辦旬報）鄂督張之洞以捐款較多，嫌其論說太新，頻加干涉，閱年餘，主筆梁啟超亦以待遇不合去職，光緒二十四年夏，清廷以御史宋伯魯之請，改爲官報，命康有爲督辦，准以原有之款，係公共糾集，不肯移交，因自行改爲昌言報，因是年六月初八日清廷有據實昌言之諭，故名。但所請總董梁鼎芬，思想頑舊，體例亦未稍異於時務報，嗣以移 問題，遂即大開筆戰，並攻擊康梁，其倔強精神，于此可見。至戊戌事起，昌言報亦旋停。及時務日報起，更銳意革新，改名中外日報後，視前益有生氣，而京報之譏刺親貴，尤能言人所不敢言，康梁之罪，實不能望其項背也。

九、褚民誼在法辦新世紀報　丙午丁未間，留法學生褚民誼，與李石曾吳敬恆等，有新世紀報之發刊，提倡無政府主義，奇談快論，震動一時，此報經濟上之惟一供給，則爲巴黎清使館商務隨員張人傑，同時報館內並附設華文印刷所，出版品有世界大事，世界六十名人，鳴不平，夜未央，新世紀叢書等，均屬開發民智提倡人道之作，六十名人之印刷，尤極精美。按褚民誼吳興人，留學法德各國多年，善蹴踘技擊，以兔陰期變論，得醫學博士學位，在歐與李石曾吳敬恆同入同盟會，二次全國代表開會廣州，被選爲第二屆中央執行委員，民十六，國府任爲浙江省政府委員兼民政廳長，旋赴歐考察衛生行政，去歲回國，任國府衛生部部長。

十、龐青城在滬辦神洲日報　龐青城字清澄，吳興人，同盟會會員，光緒三十三年，與汪瘦岑汪秉忠等，在上海創辦神洲日報，聘于右任爲主筆，民氣爲之一振，今海上最有盛名之晶報，即當時該報之附刊也，迨後民立報出版，該報遂一蹶不振，晶報後亦單獨發刊。

此外是時浙省人之在省外從事新聞事業者，有蔣智由陳黻宸馬一浮馬叙倫等，蔣字惺齋，號觀雲，諸暨人，光緒間舉人，能詩善書法，兼治宋儒性理之學，壬寅夏，嘗與蔡元培等在滬組織中國教育會，然赴日之後，與保皇黨梁啓超等沆瀣一氣，同任新民叢報撰著，鼓吹君主立憲，丁未，復組織政聞社，揭樹旗幟與同盟會抗，是年六月初八日（陽曆七月十七日）該社又號召黨徒多人，在錦輝館舉行成立大會，幸得革命黨員張繼陶成章金剛夏重民馬伯援等四百餘人，到場驅散，此實吾國思想界中宣告決戰之第一幕。然其十餘篇，固亦加入同盟會也。陳黻宸，字介石，瑞安人，光緒間進士，博通書史，兼諳中外政治，丁酉，杭守林迪臣聘充養正書塾主講，馬敘倫湯爾和，皆其高材生，旋赴滬創辦「教育世界」雜誌，爲吾國教育有雜誌之始。後歷任京師大學堂教習，兩廣方言學堂監督，浙江省諮議局局長，浙江省教育會會長。馬一浮，原名浮，別署湛翁，紹興人，多識古文奇字，童年卽入郡庠，湯壽潛蟄仙妻以女，光緒末葉，在滬編刊「翻譯世界」，嗣隨湯老徙居杭州，益致力於學，舉凡漢學，宋學，史學，以及周秦諸子，魏晉六朝文學，印度哲學等，靡不精究，旁兼及音律書畫賞鑒諸學，所作書翰題詠，亦駸駸入古，居恆杜門謝絕塵事，有現代讀書種子之目，著作甚多，均祕不示人。馬敘倫字彝初，杭縣人，精究小學，兼及老莊諸子，養正肄業未期滿，卽赴上海與鄧秋枚（實）等創國學保存會，發行國粹學報，此報創刊於一九零四年二月，月出一冊，內分政篇史篇學篇文篇等，雖注重舊學，實寓有種族革命思想，凡出八十二期而止，後任北大教授，提倡學生運動，頗有領導之功，民十二，任浙江省立第一師範學校校長，旋升教育廳長，嗣以發生門戶意見，復返北京，任教育部次長，民十五，「三一八」之案，亦以維護學生稱，是年秋，廣州興師北伐，赴粵介紹浙省長夏超，歸順國軍，民十六，任浙江省政府委員兼民政廳長，後改任教育部次長。

附蔣智由略史王清耀云：蔣氏以文學著聞於世，當梁任公戊戌變政敗後，亡命日本，創刊新民叢報於橫濱，氏著「中國興亡問題論」，「極東問題之滿洲問題」「中國人種考，」及「華嚴閣物語」等篇，皆為時所重；而以沈博絕麗之筆，作因時立論之鵠的，以詔國人，故當時梁之辦報，謂其文有麻醉閱者之心理，不知氏實與有力焉。厥後復著，「熱的文章與冷的文章」一篇，抉千古文豪之祕鑰，而分析其與世並存之性質，至於極深微妙之際，發人所未發，亦不可謂非氏於文界有一大貢獻也。乃吳稚暉見之而訛曰：「觀其痞作矣，宜服白藥，可愈，」蓋謂其文太濃，非以白話文藥之，讀者不特不得其益，且易走入魔道，故為此此言以戲之，賓家與文家之不同如此。追梁發行「政論」，距新民叢報僅三四年，而氏之論著，已一變矣，其所謂「政論序，」「政黨論，」「變法後中國立國之大政策論」，「社會國家相關進化論」則皆由奔放而歸於收斂，令人驟視之，幾不復知為氏之作品，亦可見文問與年而異，不可以概一生也。嗣項城稱帝，曹錕賄選，氏馳電力爭，措詞嚴正，以簡鍊短峭之筆，伸其罰罪誅奸之恉，距時人目之為「八股派的電文，」謂其文實近於周犢山，而脫胎於科場墨卷之化身，其言雖近似，然其文亦不可沒也。

第五節　君權崩潰時之浙省報社與記者

此期為滿清壽命告終之期！亦為中國數千年來君權制度崩潰之期！浙省新聞記者，當時目擊連年萃新報案蘇報案秋案京話報案等連興大獄，大多避入上海南洋各地，為革命熱烈之鼓吹：而在杭城者，漸成仗馬寒蟬，奄然不振。幸甯紹等屬，新聞事業相繼萌苗，浙省新聞領域，於焉擴大，此亦一可喜也。玆為分別述之如下。

一，杭州之報社　此期杭州之報社，變化較多，除醒鐘報天目報醒獅潮三種刊物，不久相繼就停；此外如一九一〇年（宣統二年）則有杭州白話報之改組全浙公報；一九一一年，則有危言報之改組昌言報；浙江白話報與白話新報之改組浙江白話新報。查危言報與醒鐘報，皆發刊於一九零九年，（宣統元年）社址設三元坊，危言經理兼主筆為何志蒼。日出二張半，半張為附刊，名曰「潮報」，由費有容主編，此為浙省報紙有附刊之始。何字企岳，顧子才贈詩，有「敷行論說蕉成綠滿紙精神筆吐紅」句。費字恕皆，號熱園，湖州人，光緒壬寅，中式浙江鄉試，文名震一時，著有詩文筆記等，上海愛儷園主，嘗招致入廣倉學會。昌言報，以提倡工商業為宗旨，工商新聞記載獨多，對於當時政界，亦不憚指摘，社址仍用昌言報三元坊舊址，主筆仍為費恕皆，編輯則范銘勛邱培蓀也，每日附有畫報一大張，二閱月後，復添刊閑閑報一小張，專載拱埠與江干花界情形，謬托風雅，貽害社會，殊非淺鮮！浙江白話報，係許嘯讓所辦，白話新報，係杭辛齋所辦，天目報，係王朗月所辦，皆發刊於一九一〇年秋，白話新報發刊，僅後浙江白話報五日，一時稱鼎盛焉。辛齋初為京話報事遞解在籍禁錮，光緒戊申秋，浙路拒款風潮起，浙省各屬代表開拒款大會於浙江兩級師範學堂，浙省大吏亦多到席，路事議畢，衢州代表張讓三，台州代表王爕陽項士元等提議請釋辛齋，全體一致通過，除當場發起籲請外，復推　文部相國等領銜上書當道，力白其冤，遂由浙撫增韞奏請留辦實業，任農工研究會長，發行農工雜誌，旋復被舉爲浙江農會正會長，更出餘力，創辦白話新報，蓋意在喚起一般民衆也。及次年四月由穆詩樵介紹，合組浙江白話報白話新報爲浙江白話報，以杭辛齋爲經理，許祖謙爲主筆，杭許原同籍海甯，故自此頗爲敦篤。（按辛齋遺墨有和行彬及詩樵詩）干朗月仙居人，出身警界，後連任浙江省議會議員。全浙公報原名杭州白話報，係宣統二年一月改組，由沈新三周湘船鄭在常胡藻青等分任經費，改爲文言體日刊，於二年元旦出版，館址設回回堂，葉仲裕鍾甯吳復齋徐偉人等先後任經理，景韜伯程光甫屈緒卿等先後任主筆，此外編輯有汪蹕玉魏在田章學謙張月舟等。復齋名敖，後任浙江兩級師範學堂齋務長，偉人名核，韜伯名本白，皆杭縣人，籀伯精究鹽政，曾任北京鹽務署鹽務彙報主筆，杭州鹽務中學教員，著有膠州灣鹽業調查錄。光甫緒卿，在該報任事最久，杭州各報記者，未見有如此之堅忍耐苦；惟思想迄無進步，是其所短耳。（另詳後）計自宣統元年至於光復，杭州日報先後凡九家，惟醒獅潮設於拱埠，為日出一小張之小報，成立亦較後；（宣統三年）餘皆設於杭城，日出二大張。（危言報日出三張已詳上）然至光復，除全浙公報以外，均相繼停閉或改組，亦可見當時各報基礎之未鞏固矣。

二、外屬之報社　浙省新聞紙以甯波中外新報為最早，已詳前述，但其初為半月刊，每期僅四頁，所載多宗教科學文學之屬；出版後二年，（即清咸豐六年西歷一八五六年）又改為月刊；先後主持者又為英人瑪高溫，應思理，報權皆非操自國人。自一八六〇年該報停刊後，久遂無聞。迄清宣統間，始有四明日報及甬報，四明創於宣統二年（一九一〇年）為現今浙江全省最老之報！最初經理為張申之，繼為李霞城等，先後任主筆者有陳布雷王槃等多人，社址設甯波江北岸，民十六春，黨軍克甬，改為甯波民國日報、嗣由汪北平等奔走上海甯波同鄉會，募集款項，重行恢復。布雷原名訓正號畏壘，浙江高等學堂畢業，曾歷任上海國大教授及國聞周報時事新報主筆，上海特別市黨部委員，今任浙江教育廳長兼浙江省黨部監委，頗以善作長篇社評名。王燊字卓夫，仙居人，後爲浙江潮日報經理兼主筆。（另詳）兩屬以外，惟紹屬有紹興白話報，社評一欄，亦富有革新之精神，但不久即停。

，、旅居省外之新聞記者　京滬方面浙人所經營之新聞事業，素稱興盛，光緒以前，已如前述；此期爲時甚暫，計自宣統元年以至鼎革，各報前仆後繼，再接再厲，尤以在滬爲最盛；其在北京者，宣統二年有汪康年之芻言報，蓋繼其被封之京報而設也，此報側重評議，每三日出版一次，宣統三年，汪氏逝世，此報亦停刊。其在上海者，江浙滙報及麗青城之民呼報以外，當以戴傳賢氏爲最著。民呼報創於宣統元年春，專以揭發官場罪惡爲事，出版三閱月，以主筆于右任被訴而閉。戴字季陶，別號天仇，吳興人，長於四川，十五歲東渡留學，即入同盟會，弱冠，卒業日本法政大學歸國，滯留滬濱，賃居橫濱橋某里，以撰小說爲活，有時輒以稿費易書，夫人鈕有恆女士，時任湖州旅滬女學教職，常加接濟，旋入中外日報爲編輯，繼爲民權報天鐸報主筆，鼓吹革命，不遺餘力，時人有「豎三民橫三民」之稱：豎三民者，謂民呼民吁民立；橫三民者，卽民權及國民新聞中華民報是也。氏生平著述頗富，對三民主義闡發尤多，國民革命軍行軍歌，卽其手筆，十三年任第一屆中央執委，十五年連任中央執委，廣東大學改組爲中山大學，氏任校長，十七年四中全會以後，兼中央常委及中央宣傳部長，總司令部政治訓練部長，中政會委員，現任國府委員兼考試院長及三屆中央執委。

第三章　民國以來浙省之新聞狀況

自滿清覆亡，民國肇建，共和政體雖曾確立；而先後十五年之間，始而袁氏稱帝，繼以張勛復辟，旋後段氏組織安福，曹錕恣意賄選，奉直皆各系軍閥，爭奪地盤，黷武殃民，國政腐敗，實種曩昔！前此迫於滿清政府淫威，新聞記者尙多努力向前奮鬪；而此期則除少數覺悟青年暨富有革命性之報，仍不斷的繼續挺進；其餘大多勾結軍閥政閥藉報紙以張目。浙省此期之從事新聞事業者，緣此種之影響，視前亦呈一顯著特殊之現象。所謂報館經理或主筆，類多戴有省議員之頭銜；其在省外各屬者，雖多非由省議員經辦，而多數亦在省議員勢力支配之下。此雖或由軍閥政閥高力壓迫有以使然，而新聞記者之意志薄弱，玩視天職，亦斷可知。

此期浙省之新聞事業，就其發達之痕跡言之，當以民元及民十民十一間爲最盛。民元之際，滿清政府方當推翻，懷才之士，以爲言論枷鎖已告解除，政治建設，須有代表民衆之喉舌機關，爲之督促，故是時新聞旗鼓爲之一振。杭州地當省會，報館林立，王犖之浙江潮，杭辛齋邵振青之漢民日報，童杭時毛雲鵬之彗星報，蘇景由等之大公報，趙鼎華等之寅報，皆一時並起，之江日報，亦在積極籌備；省外如紹台各屬，光復戰役，參加甚盛，故風聲所被，亦相繼有越鐸日報禹域春秋赤城日報之設立。其次則爲民九民十時期，因是時省憲之爭，甚囂塵上，盧（永祥）夏（超）兩雄，醞釀暗鬭，故擁盧擁夏之輩，紛出組織報館，藉作民衆之宣傳，計民九發刊者，在杭有嘉言報，兩浙日報，在會稽道屬有甯波之時事公報，臨海之台州日報，赤城日報，紹興之越州公報，諸暨之一鳴日報及民報；民十發刊者，在杭有杭州報，浙江商報，新浙江報，在溫屬有甌海公報及新甌潮，在金屬有金華報及蘭谿日報；此種爭潮，雖或未可一概而論，要之凡有政治頭腦之各報，鮮能擺脫於斯二者。民國十三年，省內繼起之報，亦繁有徒，然皆倏即就滅，視之前此時期之組織，不及多多矣。

此期浙省之報界，猶有一節令吾人忍痛不禁者，厥為軍閥政閥惡勢力之摧殘！而邵氏飄萍，尤為此期報界始終之當事人。蓋民國二年邵氏在漢民日報以攻擊軍政執法處長許畏三被逮，民國十五年四月邵氏在京報以觸張學良之忌被殺。漢民日報以後，浙屬被封之報館，為民國六年七月之台州時事日刊，京報案以前，為民十五三月二十四日之之江日報，作者又適為該兩報之當事人，誠可謂無獨有偶者矣。其他浙省報獄，民十二年則有新浙江報浙報杭州晚報之被封，民十四則有浙江日報諸暨民報之被封，而杭州報之封，(時在民十五三月二十二)經理許謙繫獄之久，尤為民國以來浙省新聞界得未曾有者也！其詳容後分別述焉。

第一節　光復初期之浙省報社與記者

浙省光復之前，報社之設，僅限於杭甬紹三屬，新聞記者，亦類多產自杭紹兩屬；自清廷顛覆，上江及濱海之士，忽如春雷起蟄，踵接飈興。其原因雖由政治勢力之轉移；而前此之際，經濟力量之未充實，革命思潮之未高漲，亦其一因。計此期自民元以迄袁逆殞亡，前後五年之間，省內外浙人所辦之報，不下十家，主持筆政者，浙東漸臻多數，除杭氏辛齋爲新聞界之先進，蹶而復起；餘皆初出幽谷，新試鳴聲。詎飄萍一鳴，即遭逮捕，又借一鳴，北京要津，又傳封禁警告，大白伸筆反袁，雖未被難，亦因此而遁日本；此外默君國黎，先後以巾幗中人，出而從事新聞事業，璘卿以後，堪推繼軌，而杭氏辛齋，以辦報累次纍絏，騰驤而入國會，仍能不爲利誘，不爲威嚇，力抗洪憲，重罹囚獄，更可謂始終不變者矣！其詳分別述下。

一、杭州之報社　全浙公報以外，皆係新創，計民元創立者四，民二民五創立者各一。

述如後。

甲、漢民日報　民國元年由浙江白話新報改組，社址設杭城焦棋杆，經理杭辛齋，主筆邵振青，次年二次革命事起，邵氏著論攻擊軍政執法處長許提三甚力，遂被逮，氏報亦停閉。按邵號飄萍，金華人，畢業浙江兩級師範學堂，負才跅弛，漢民日報為入新聞界之始，自釋獄後，即去而之滬，任時報主筆兼申報編緝，旋走北京，改任大阪朝日新聞駐京記者，洪憲事起，始組京報，蓋繼辛齋之緒也。（餘詳後）辛齋辦理京報及浙江白話新報，前已述及，杭州光復時，駐防旗營抗命，氏入營勸導，立即解決，事定，衆推長民事，不就，仍以報務為生活，兼及革命事業，時省中團體五十有三，由氏主持者居半，二年春，被舉為衆議院議員，轉入都，漢民報交由飄萍主持，及飄萍被逮，報即停版。旋袁氏將圖帝制，首餌以閣員，繼誘以十萬金及大耳胡同華厦，均拒絕，洪憲發生，以詆毀被捕下獄，某叟授以易學，遂在獄精研易理，迨袁歿出獄，先後三四年，搜得易著六百餘種，襆被南歸，護法赴粵，議政之暇，輒講易不倦，成易藏叢書二十卷，辛酉，在滬創研幾學社及新聞學會，十二年參衆兩院開會上海，僞府力請迴車不允，及臘，卒於滬寓，年五十有五。綜氏一生奔走國事之外，關於新聞事業，先後有國聞報，）初爲嚴復等發起，於光緒二十三年十初一日出版於天津，次月增出旬報，名國聞彙報，首譯外論，次譯俄英法德美日各報中之各國紀聞，戈公振氏推爲北方報紙之最佳者，辛齋接辦，事在次年，已詳前），京話報，中華報，白話新報，漢民日報，動輒不避權貴，其不屈之精神可想。然戊戌政變之際，以兩次承清德宗密召，著殊恩記兩篇，其時彼之思想，尚不出康梁者近耳；幸而矯然自拔，始終不爲浮榮所羈，以是新聞界多贊嘆之！

乙、浙江潮　亦發刊於民國元年，經理兼主筆爲王瑩，歷二年而停，瑩字卓夫，號天台山樵，仙居人，清廩生，詩文下筆清妙，兼能草書，性剛愎，偶有乖忤，輒當面斥爭無少顧忌，以故恆爲人所惡。清宣統初，曾任台州府中學堂教員，光復後，任浙江臨時省議會議員，此報即是時所辦。日出一張半，半張爲副刊，名銀濤雪浪，所採詩文小說雜記，光怪陸離。頗爲社會所喜。次年，創辦體育學校，以任校長事忙，鮮克兼顧，報務漸廢弛，及夏遂停。後復被選爲浙江省教育會評議，杭州所有各種會議，無不有其蹤跡，兼好發言，間或逞弄口技，及民十二，體育學生風潮興，學校遂閉。離杭歲餘，復返浙任實業廳秘書，黨軍入浙後，侘傺如故，旋與樓桐孫洪陸東盧仲英黃維時許蟠雲等發起組織救黨運動大會，反對中央特別委員會，經中央密令浙省府拿辦，復離杭他適。

丙、彗星報　民國元年發刊，社設焦棋杆，馬叙倫等創辦，經理黃杭時，主筆毛雲鵬，年餘即停。黃字萱夫，嵊縣人，曾任浙江法政學校校長及國會議員，曹錕賄選，偕彭養光南下，通電聲討　嗣赴廣州各地聯絡，曹去位後、任浙江實業廳長，主張實行紙幣政策，謂欲貫徹民生主義，必須紙幣革命，當時曾刊布所著實業計劃一書，後復被選爲浙江省自治法會議代表，與褚輔成等組織浙省自治同志會。毛字酉峯，江山人，國學頗具根底，兼喜學書，後曾任浙江巡按使署秘書，國會議員。

丁、宣報　亦民元發刊，不久即停，經理爲趙鼎華，紹興人，浙江武備學堂畢業，性儉樸，思想拘迂，曾入同善社，二年，出任水警區長，盧永祥督浙時，所辦機關報曰嘉言報，亦以趙爲經理，民十六年春黨軍入浙，趙在杭州總商會襄助辦理兵伕，適國民革命軍第一軍第一師師長薛岳，以初至浙境，嘉興方面，乏熟悉地方情形者相助，囑杭總商會物色，該會倉猝以趙應，因得委爲嘉興縣長，後調任海鹽。

戊、之江日報　民國二年二月張樹屏等集資創辦，每日附有畫報，印刷機器亦自備，杭州除全浙公報外，報館自備印刷者，厥推此報。經理李乾孫，主筆徐文蔚，皆任事未久即去，嗣由陳宜慈任經理，曾士瀛任主筆，民五曾去，徐文藻繼任。乾孫文蔚宜慈文藻皆海鹽人，文蔚字蔚如，清進士，擅長國學，兼究心財政，任事未久，北京政府任爲財政部會計司長。宜慈字讓旃，日本早稻田大學畢業，清季與嘉興龔寶銓等同主張排滿，精究印度哲學，兼攻生物學，爲人廉介樸訥，初任浙江省立第二中學校長，旋因浙江省立圖書館館長龔寶銓之請，來杭任圖書館監理，民國三年，張樹屏尙於龔，改任該報經理，計前後任事逾十年，雖中間曾被選第二屆浙江省議會議員，而對於報務，仍始終罔懈，從未挾恃報館與省議員之地位，與各方要津往來，以故費漸不支，規模後亦漸次縮小。氏雖任經理，每遇時局或地方發生要事，常本其公正之態度，撰著評論，該報所有「復」字論著，即皆出自伊手也。士瀛字蓀洲，號又僧，臨海人，淸副貢，博通經史，兼留心政治，性孤峭，鄙棄功利，先曾任台州府中學堂教員及監督，任該報主筆後，益究心中外政治經濟諸學，民國三年，淸遺老桐鄉勞乃宣著共和正續解，附會君主，王闓運宋育仁諸人，群相附和，宏請淸廢帝復辟，又僧爲著駁議，長二萬餘言，揭諸報端，項城帝制議起，更竭力抨擊，旋後北京緝安當局，深爲憤忌，貽書浙督，有「此報不變言論，卽行封禁」之語，以是未幾卽辭職去，後歷任杭州警察廳祕書及之江大學教授。其所著書頗多，梅石軒經說，俞氏卦氣匡謬，墨子弟子記，淮南子許注輯佚，皆未入新聞界以前所作；春秋國際法，三代生計考，周秦社會主義，整理國故之我見，則任筆政以後作也；又嘗彙其在報館時所作論著爲國言集，彙其所作詩古文駢文爲茱石軒集，稿多未刊。文藻字冕百，亦日本早稻田大學畢業，曾任浙江省視學及浙江省立第二中學校長。此外尚有楊士猷任書報、王志澄任浙轄新語，亦均深得社會歡迎。

己、浙江民報　發刊於民國五年，社址設羊壩頭，經理李乾孫，主筆許菩孫，乾孫名開福，海鹽人，民國二年，曾任之江日報經理，未及一年，即去職，此報自出版後，以善迎合社會心理，銷數頗廣。

庚、新浙江報　亦發刊於民國十五年，社設洋壩頭，係王文慶出資創辦，主筆羅騷，編輯孫綸襲等，出版僅半年即停。文慶初名軍，字文卿，臨海人，光緒乙巳游日本，結納志士，從事革命運動，丙午冬，江西萍鄉革命軍起，赴滬與秋瑾等密議響應，十二月十九日，遂偕瑾赴金華蘭谿見蔣樂山，尋至紹興衢處各屬，多方運動，與陶成章等謀襲取南京，未幾事洩，返日與成章及龔寶銓等謀再舉，旋復在上海創辦起東學校，專課軍用測繪之學，並組織報社，從事宣傳，丁未夏，皖案起，清吏捕之急，偕陶驤及沈鈞業等走南洋羣島，分頭服務教育新聞各機關，鼓吹革命，宣統三年春，約同志多人至廣州，黃花崗起事，以船遇霧遲一日抵粵，得免於難，旋逋回上海，與其弟醉卿(鏊)謀，約吳祿貞再圖大舉，未幾祿貞被刺，事遂輟，是歲秋，朱瑞出師南京，親率光復軍會師馬羣，身先士卒，張勛遂棄城遁，旋偕同志多人組織臨時政府，迎孫中山爲總統，後袁氏出任總統，任爲南洋宣慰使，辭不就，勉允就臨時參議院議員，後袁氏逆謀稱帝，浙督朱瑞等依阿苟合，遂秘密運動滬杭同志驅除之，經公推任浙江政務廳長，此報即當時所辦，曰新浙江者，殆欲刷新前此浙省之舊污也。後任浙民政長，不一年又去浙，民七，督軍團倡亂，黎元洪被逐，民黨起而反抗，浙督楊善德，驅浙軍第一師童保暄假道出閩援粵邊，文慶卒以義折服令退，旋由粵政府授爲援閩副司令，尋補非常國會參議院議員，及黎氏復職，以病退休滬濱，未幾遂卒。羅騷字秀南，黃岩人，(詳下兩浙日報)孫綸襄字倫湘，臨海人，浙江私立法政學校畢業，性聰慧，詩文有奇氣，兼諳西文，並喜閱說部書，曾任浙江省立第十一師範及第六中學教長，著有少年夢客舍柳及教育考察記等書。

二、外屬之報社　嘉屬二，紹屬二，台屬一，分述如下：

甲、禾報　創於民國元年，用寫眞版印，此爲嘉興有日報之始。

乙、善報　繼禾報而興，由唐天眞與天畏禪眞等合辦，日出一大張，至一百二十四號，爲袁洪憲逆徒所摧。

丙、禹域新聞　劉大白任友之廿潤生王子餘等組織，民國元年發刊，社設紹興城內，約二年而停。大白，會稽平水人，原姓金，攻小學，善詩詞，爲人跅弛不羈，旋以懸愛事涉訟，離籍改姓名，嗣復以反對袁氏走日本，繼轉往南洋，袁亡返國，間嘗爲杭州之江日報浙江民報杭州報撰論評，所作喜用語體，是爲杭州新聞界採用新文學之始。民國十三年秋，任上海復旦大學教授，繼爲復旦中國文學科主任，十六年任復旦實驗中學主任，後改任浙江大學秘書長，兼文理學院國文副教授及第一中學一部教員，現任教部次長，著有「舊夢」，「郵吻」及「白屋詩話」等書。

丁、越鐸日報　亦發刊於民國元年，社設紹興大路，張越銘王鐸中等發起，故名越鐸。經理孫秉彝，主筆陳瘦崖，陳號湘魂，從事新聞界頗久，紹屬報社，多缺乏經費，未能持久，惟此報綿延多載，未曾中斷，民十六春，黨軍復浙，始由紹興縣黨部改爲民國日報。

戊、民覺日報及一得報　皆民國初年出版，社設紹興城內，僅數月而停。

己、赤僊報　民國元年夏間發刊，社設台屬海門，由趙見微吳全清蔣雄志許祥椿柯則等發起，推柳金山爲經理，王輔仁爲副經理，日出一張，出版二年餘而停，趙原名洲，別號斗胆，臨海人，畢業浙江法政學校，後來歷任兩浙日報主筆，鄞縣縣黨部宣傳部長，現任浙江反省院訓育部主任。吳別署牛，原籍黃岩，僑寓臨海，光復時，曾在滬加入學生軍，後轉入杭州學生志願軍畢業，曾任定海縣黨部指導委員。是報爲台屬新聞事業之創始，亦爲臨海青年勢力發軔之初步。在台屬青年之領導，在光緒癸卯時，臨海即有朱幣周繼潔等組織自任學院，黃岩旋亦有教育社之組織，朱字崇齋，號悉庵，先緒丁酉拔貢，旋以事被清吏奏請斥革，始努力革命，每歲出鉅資徧購滬杭各種新出書報，日俄戰事興，常另裁滬報重要新聞揭於自任學院，並擬發刊院報，此實台屬提倡新聞事業之元祖，特未幾逝世，所志未克實現，姑附識於此。

三、省外浙人所辦之報社

甲、大漢報　紹興邵元冲夫人張默君所辦，社設漢口，發刊於民國元年，默君名昭漢，究心教育，兼工書能文，嘗任上海時報婦女週刊編輯，蘇州女中校長，杭州教育局長。

乙、神洲女報　自秋瑾女士就義後，其在滬所辦之中國女報，勢將停刊，新女子世界主任陳以益，遂合兩報改組爲神洲女報。光復後，此報編輯除談社英楊季英二女士外，張默君與章太炎夫人湯國黎亦出共襄筆政。

丙、京報　袁項城稱帝時，邵飄萍在北京組織，邵每在報端，爲文刺袁，但隱曲不露痕跡，袁氏雖屢使陸建章偵察，終無可如何。時黃遠生游美遭狙擊，郡下治新聞者，無敢言時政，邵獨慷慨不少折，後段祺瑞組織安福黨，益憤怒不平，譏評備至，段派緹騎四出偵捕，逃而獲免，此報亦暫停。

第二節　代議勢力全盛時之浙省報社

新聞記者之職務與人格，原來至爲純潔高尚，自政黨林立，新聞紙始多變爲代表一派一系之工具。吾國向鮮正式之政黨組織，在清季時雖有所謂革命黨與保皇黨，但皆非爲公開之黨，不得謂爲政黨。民國之初，雖從事政黨活動者，先後有國民黨社會黨自由黨共和黨進步黨之組織，然未幾類皆遭被解散或自然息滅。及後袁亡段興，復有所謂安福派，研究系，聯治派，政學系種種：其旗幟視前愈益鮮明，風聲所播，遂因之流被各省。以浙省言之，計自民六以迄民十三，國省兩會議員，加入上項所述各種組織者，頗不乏人，因之省內亦派別支分，互相標榜攻訐，此在省議會中之各個局部，固可瞭然；即在各個議員所經營之新聞事業，亦可顯見一斑。計是期浙省新設之報社，不下二十餘家，經理主筆之屬省議員者，幾逾半數，省城各報，則尤所在多是，雖間亦有持正不阿，超然物外者，然究不得謂之純粹無疵。戈公振氏有言：「民國以來之報紙，舍一部分之雜誌外，其精神遠遜於清末，有爲之記者，非進而爲官，即退而爲營業所化」其言洵足痛矣！茲爲劃分數個時期述之：

（一）民六時期　此期國內之大事，爲張勛復辟，省內之大事，爲楊善德齊耀珊入浙，故浙省是時之報館言論，要亦不出於此。台屬時事日刊，即以反對復辟涉及段系武人而被封，之江日報即以反對楊氏督浙而宣告停刊，良言報即以不滿齊氏長浙而起反抗，其詳分述如下。

甲、時事日刊之封禁　台屬自赤霞報停刊之後，新聞事業，久乏繼起，民國六年夏，臨海回浦學校校長陸翰文，第六中學教員項士元等，鑒於北京府院間意見日甚，段派武人益見驕橫，本省駿駿亦入北洋軍閥勢力統治之下，特組織時事日刊，社設於回浦學校，由陸氏任社長，項氏任主筆，鉛印機器亦由陸氏購置，日出一大張，未幾，張勛復辟事起，項氏著論痛斥，並涉及皖督倪嗣冲浙督楊善德，以爲此派軍閥不除，共和斷難實現，次日，海門寧台鎮守使閱報，即密電臨海縣長汪瑩查封，幸汪與陸項二氏素有友誼，即據以密告，於是時事日刊社雖即停閉，而二氏均得免於難。按陸原名濟達，號海石，亦號雙七，臨海人，日本大森體操音樂學校畢業，與王文慶等同奔走革命，辛亥之役，曾偕光復軍攻南京，事定回里，項士元邀其出任回浦學校校務，頻年積極擴充，經費多由私人負担，袁氏稱帝，浙督朱瑞附和，赴滬邀集革命同志王文慶項仲霖李惠人陳去病鄭文德等入杭驅之，復以浙巡按使屈映光態度曖昧，未幾亦諷令退職，事成，僅就臨時參議員，旋即返里，仍主回浦校務，近來該校已由高小進爲中學，先後畢業者逾千人，其他關於新聞事業，復有赤城日報及覺非週刊回浦潮雜誌等。

乙、之江日報之停刊　之江日報經理陳宜慈，對於北洋軍閥，素所痛惡，民國六年，北京政府，能免浙督呂公望浙民政長王文慶，繼以北洋系楊善德齊耀珊，浙人得悉，羣起反對，該報亦頻著論痛拒，旋以無可如何，該報遂自動宣告停刊，蓋一以顧全人格，一以防其摧殘也。後閱數月，空氣和緩，始行復刊。

丙、良言報之發刊　此報發刊於民國六年，社設杭城保佑橋，經理及主筆，由許祖謙任鳳岡担任，編輯爲李望之等，出版年餘即停。望之富陽人，工古文辭，曾任浙江省立第六中學教員。任字茂梧，海甯人，年十七入邑庠，光緒己酉，考入北京法政專門學校，宣統辛亥秋畢業歸浙，被選省議會議員，與許祖謙同以強項稱，贛寧事起，反對袁政府甚力，及省議會閉會，遂以浙江宣告獨立爲請，旋袁得悉，密諭浙督朱瑞察辦，與祖謙先後同被逮，經四閱月而釋，即走桂林，任陳炳焜鎮守使署書記官長，嗣調充陸裕光第一師師部執法處長，袁亡，祖謙電催返里，組織政治商榷會，連選爲二三兩屆省議會議員，每會議，輒侃侃力爭，人多畏之，民國六年，北京政府令楊善德齊耀珊入浙分長軍民，浙人羣起反對，遂偕祖謙組織良言報，對齊氏指摘頗多，次年良言報以費絀停刊，另組良社繼續前緒，浙西省議員多附之，是爲浙江省議員有小組織之始。民國十年，復偕許創設杭州報，其篤志新聞事業，於此可概見矣。

丁、椒江日報之封禁　此報係趙見微吳全清許祥椿柯瀛魂等組織，經理許祥椿，（後改名祥和），主筆柯瀛魂，趙見微吳全清等任編輯，民國六年三月發刊，對於地方烟禁，提倡頗力，至七月，臨海縣知事汪瑩以亂黨機關目之，呈請浙督楊善德封禁。

（二）民八暨民九時期　自民六迄此，國內事變，錯出不窮，其尤犖犖大者，如督軍團倡亂，廣東護法政府之組織，「五四」學生運動之發生，在歷史上皆有特殊紀念之價值。浙省於此中間，除「五四」運動教育界有許多臨時刊物；（如台州救國協會旬刊等），新創之日報，在民八時僅有越州報及諸暨民報，逮民九省憲議定，杭州及甯紹台各屬，始有多數日報踵起，此亦可見政治勢力之一斑也。茲爲分別述之：

甲、杭屬新設之日報　（一）嘉言報，係浙江內河水上警察廳長徐則恂出資創辦，社設保佑坊，日出一張，經理爲趙鼎華，兼營印刷業，名武林印書局，其印刷機器係購自彗星報，中國十二年春不戒於火，遂停刊，印書局亦停閉，其焚餘機件，由藥商及崇文二印書局分購，當時保險公司以其保有火險五千兩，疑爲縱火，不肯賠償，後經杭辛齋調停得解。按徐字允中，青田人，清庠生，畢業浙江武備學堂。性喜聚書，構東海樓於杭城雄鎮樓，庋藏逾十萬卷，刊有東海樓書目，又與杜左園思預章閭巨摩於家，編其鄉先哲遺著爲括蒼叢書。(二)兩浙日報，浙江省議會議長周繼瀠出資創辦，旨在鼓吹省憲，經理葉旦東，主筆爲羅騷及趙見微，社設保佑坊，未及一年即停。按周字萍洲，臨海人，光緒癸卯舉人，曾赴日本習法政，未卒業而返，初任台州府中學堂監督，入民國後，被選爲衆議院議員，王文慶長浙民政時，任秘書未久即去，民國八年，湖南實行省自治，此時任浙江省議會議長，因亦倡省憲之議，浙督盧永祥，首表示贊同，當時省議會多數議員，靡然向風，嗣以浙警務處長夏超力持反對，遂中止。然省憲法固已制成通過，即所謂「九九憲法」是也。旦東玉環人，亦省議會議員。羅騷，字秀南，黃岩人，曾任浙江法政學校教員。

乙、嘉屬新設之日報　嘉屬新聞事業，以平湖發起爲最先，自光緒間平湖白話報遭清吏摧燬，終清之季，迄乏繼起，民國初元，嘉興雖有禾報等報之發刊，但自洪憲挫厄，亦無繼者，至民國九年，湯宥三等始組織平湖日報，此實嘉屬新聞事業復興之推動者。

丙、寧屬新設之日報　僅時事公報一種，發刊於民國九年六月一日，社設寧波同興街，經理爲金臻庠，主筆爲烏一蝶周心萬姜伯喈莊禹梅等，時因抵制日貨熱度漸退，寧波救國十人團特組織此報，冀作永久之奮鬭，嗣後積極奮進，報務日益發展，二大張以外，復附刊「五味架」一小張，所載諸小品文字，多簡潔雋趣。按一蝶名統遠，甬人，畢業浙江法政專校，嗜酒豪放，愛才如命，愛友亦如命，遇家境貧苦者，雖身無分文，亦必代設法，故人多稱道之。文字亦得民衆歡迎，必飲酒之時始肯下筆，飲畢千言卽就，因有眼病，甬人多名之爲白眼才子，平日手不釋卷，凡冊頁爲其見到者，必讀一過始罷。在甬嘗創辦「乙丑編譯社」、出版「蒼蠅」月刊一種，舉凡甬地之青年文藝家作品，爲之搜羅殆盡；又撰「寧波評論之評論」一文，與名記者謝傳茂君辯難，歷時百餘日而不輟。近有雜感集「水泡」由上海光華書局出版，服務該報仍如舊焉。

丁、紹屬新設之日報　民國八年，紹興俞微民倡辦越州日報，孫仲卿任經理，翁大寥任主筆，日出二張，約三年而停。同時諸暨徐麟書等，組織諸暨民報，以革新社會及打倒貪污土劣爲主旨（十四年十二月被封），次年，紹興復有越州公報（與清季之越州公異報）及天覺日報繼起，越州公報由陳瘦崖主編，日出一張，不久即停，天覺日報由章天覺主持，逾年改爲工商日報。嗣後諸暨有一鳴日報，與民報對壘，初均隔日發刊，蓋一日爲民報，一日爲一鳴報也，後皆改爲日刊。

戊、台屬新設之日報　（一）台州日報，陳鹿芝許祥椿嚴樂蔣謙等發起，經理先後有嚴樂張鴻材等，許祥椿蔣雄志溱雅牲等任編輯，社設臨海城內，石印一小張。張字子芳，一字知返，臨海人，浙江高等學堂畢業，曾任省議員，與同邑杜棣華張駟舉梁成等友善。杜字韞藏，清庠生，浙江法政學堂畢業，曾任象山縣知事，衆議院議員、浙江省議會三屆副議長。駟羣字作舟，成字耦香，皆邑庠生，北京法政學堂畢業，同為省議會議員。嚴樂及陳鹿芝、亦均臨海人，皆畢業於浙江法政專校。蔣字子元，杭州甲種農業學校畢業，書學顏眞卿，兼擅篆刻，圖繪，音樂，暨手工藝術，嘗任中小各校教員。雅牲畢業浙江省立第六中校，頗究心文學，嘗任臨海女師回浦等校教員。此報與赤城日報互相對壘，又與周繼潔一派積不相能，故其言論主張，以反對省憲為最著，出版約五年而停，（二一）赤城日報，出版較台州日報稍後、社長陸翰文李惠人，主筆曾又僧項士元，蓋繼時事日刊而設也，以改良舊社會提倡新文化為主，為台屬富有革命性之報紙，鉛印初每日一大張，後擴至一張半，副刊名霞光，所載多新文藝作品，社址初設臨海獅猩橋，後遷海門，屢停屢復，民十七始實行停刊。曾項以外，相繼任筆政者，有趙見微吳全清金曾熾孫一影等多人，惠人名砥，臨海人，初遊學日本，努力革命運動，辛亥秋，隨光復軍攻金陵，事定，以浙省官費與王任化王綱許陳琦毛毅等同赴德國遊學，習農業數年而回，被選為臨海縣議會議長，民十二，偕屈映光王夢王桂林等在寧波興師獨立，組織自治政府，被推為鄞縣縣長，未幾事敗逝滬，民十四，被選為浙江省自治法會議代表，旋復走粵任籌餉事，及國民革命軍克南昌，秘密回滬運動內應，民十六春，國民革命軍第六軍第十九師師長余鑑文任為該師政治部主任，未幾辭職，近由第一軍軍長蔣鼎文任為該軍軍法處處長。曾煥字棒灰、初畢業六中，繼畢業黃埔軍事政治學校，曾任杭州報暨杭州國民通訊社編輯、革命軍師政治部宣傳科長，杭縣縣黨部執行委員。一影名冰，別署參花僧，亦或簡稱參花，臨海私立初級師範學校畢業，工詩能篆刻，書學板橋，曾任臨海公立圖書館館員，臨海縣黨部執行委員，著有參花室詩稿及一影公立樓印譜。

(三)民十暨民十一時期　此期浙省之新聞事業，蓬勃興盛、杭州舊有之報，除全浙公報之江日報浙江民報嘉言報以外，同時繼起者有杭州報浙江商報新浙江報(與民五不生關係)浙民日報等，溫州則有甌海公報新甌潮新甌江等，金華則有金華報蘭谿日報等，類多後來居上；因『五四』運動以還，國內思潮發生劇烈變化，舊有各報，鮮能隨時推進，杭州之舊報，如全浙之馬緒卿程光甫，之江之嚴伯華王緇塵，嘉言之趙守禮等，皆乏勇猛奮進之精神，對於社會又鮮相當之接近，浙江民報雖較發達，不過新聞上之一部分，比較他報爲稍靈捷，（經理李開福係省議員）其言論思想，固亦相去無幾也。新起各報，多數爲社會活動之人物，抒擴政治手腕，故此期產生之各新聞紙，發達比較迅速，生命亦較永久；而大部之原因，議會勢力實濟成之也。茲爲分述如下。

（甲）杭屬

一，杭州報，許祖謙任鳳岡合辦，發刊於民國十年，社設太平坊，筆政除由許任二氏兼任外，劉大白洪緒卿亦間爲論評，任氏卒後，沈定一顧萍之皆曾任主筆，許氏則自任每日國內及省內大事記一欄，此爲浙省各報之特色。許字行彬，海寧人，浙江兩級師範學堂畢業，崛強敢言，民國以來，與任茂梧同選任浙江省議會議員，省政當局多提之，三屆期滿以後，以爲已逾法定任期，即不出席，並聲明不支公費，時論韙之。（餘詳後　顧萍之，號老平，亦海寧人，初遊幕省外，爲文好敍往事，人多厭之。沈定一，初名宗華，字叔言，一字劍侯，別號玄廬，蕭山人，父任梅，福建順昌知縣，玄廬蔭於任所，年十九，入蕭山縣學，以助賑捐獎，選爲雲南楚雄府廣通縣知縣，剪髮易服，單騎就任，閱三年，雲貴總督錫良，調升武定州知州，毀關廟爲學校，爲蕃司沈炳堃得悉，密告於錫良，未匝月調省，適河口革命事興，奉派前往偵查，暗助革命進行，一面飾詞回報錫良，旋任省會巡警總辦，未幾，以見忌假歸，辛亥光復，捐貲數萬元，編練學生軍，自任團長，及學生軍解散，組織公民急進黨，旋被選浙江省議會議員，後袁氏以其不滿於己，下令通緝，並解散公民急進黨，沈即避往日本東京，適二十一條提出，沈召集華僑反對，被推爲總幹事，並議決留日學生全體回國，實行對日絕交，日當局遂監視綦嚴，沈知不可留，避往南洋新加坡，轉荷屬蘇門答臘克里棉蘭，擔任華僑所辦蘇門答臘報主筆，及雲南起義回籍，被舉爲省議會議長，後因反對浙督楊善德及浙省長齊耀珊，避往上海，適「五四」運動起，即與戴季陶孫棣三等組織星期評論，於一九一九年六月八日出版，計共出五十三期，爲新思想刊物中之一有力者，後該刊停版，與陳獨秀李漢俊等別組團體，此爲中國共產黨之雛形。嗣以對於農民問題與陳齟齬，遂離滬回蕭山衙前，創辦農村小學，一九二一年，復當選三屆浙省議會議員，兼努力農民運動，主張減租，各業主紛起反對，事遂停頓，一九二二年，加入國民黨，曾一度赴俄考察，閱數年回國，國民黨改組，被選爲第一屆中央候補執委，奉命回浙組織中國國民黨浙江省臨時執行委員會，並暫任杭州報評論撰著。及總理逝後，以共黨陰謀漸著，邀戴季陶葉楚傖張繼謝持林森等，集會於北京西山碧雲寺總理靈前，此即西山會議之所由名也。民國十六年七月，中央任爲浙省清黨委員，兼浙江省黨部改組委員，十月，改爲中央黨部農民運動委員會委員，兼浙江省黨部特派員及浙江反省院院長，旋即辭去，返蕭辦理地方自治。十八年八月二十八日，在蕭山衙前汽車站，被暴徒狙擊傷重逝世，年四十有八，所作稿多散佚。氏於新舊文學均頗擅長，下筆奔放恣肆，極爲動人，書學米南宮，而加以變化，其天才實迥出尋常。

二，浙江商報　陸啓組織，發刊於民國十年，社設保佑坊，經理兼主筆，皆由啓自兼，初則總編輯爲葉杏南，後由任北飛擔任。啓字佑之，杭縣人，光緒癸卯舉人，初曾任杭縣高等小學校長，江西雩都縣知事，民十時，氏任杭州總商會文牘，鑒於商業乏人提倡，杭州各新聞紙，多偏於政治，時全浙公報，雖爲一般商民所愛閱，特編輯印刷，諸多簡陋，該報主筆馬緒卿桂光甫等，又未諳商業情形，因商於杭州總商會正副會長金百順潤泉王祖耀竹齋及會中各董事，發起此報，以爲提倡商業及聯絡商情之機關，當由該會贊同，並允撥給開辦費及經常費。杭州總商會素爲浙省金融之中心，軍政當局，極爲倚重，兼之佑之文筆雋峭，手腕機警，又曾身任浙江省自治法會議代表，以故各種消息比較靈通，銷數亦比舊有各報發達爲速。杏南字荆門，建德人，與佑之爲贛省同官，文亦流暢，曾任江西縣知事及紹興縣縣長。壯飛海寧人，工剪裁，在杭州小報編輯中，亦堪樹一幟，特皆囿於社會舊習，缺乏革命精神，是則不無可議也。

三，新浙江報　亦民國十年發刊，經理查人偉，主筆朱釆真，編輯查猛濟，社設三元坊，頗新穎有生氣。先是杭州各報，雖杭州白話報等早已採用白話文，然純爲舊式之白話，劉大白在之江杭州各報，雖間曾著撰新語體之論評，但亦僅見。釆真所作，完全採用新語體，實爲杭州報界言論刷新之先導。人偉字仲堅，海寧人，日本法學士，精究法律，在杭執行律師事務多年，其任浙江省議會三屆議員，與許祖謙任鳳岡同以強項稱。嘗建議減輕浙西田賦，爲浙東議員所反對，又嘗在杭縣律師公會，建議舉行全國司法會議，通電全國，民十一開會滬上，被舉爲與會代表，提案頗多，民十四，復被選爲浙江省自治法會議代表，於自治方案，亦多建議，民十六春，國民革命軍入浙，被任爲浙江省政府委員，及清黨事起，以共黨嫌疑入獄，經年載始保釋，今在上海執行律師事務。釆真杭縣人，浙江法政學校畢業，攻究新文藝，亦曾被選浙江省自治法會議代表。猛濟字寬之，海寧人，於文史及周秦諸子，俱有研究，民九以來，曾與阮毅成徐白民俞大同陳德徵蔣伯潛等，洪辦「浙江新潮」「悟社」「杭州學生聯合會週刊」「新學生」「平話旬刊」等刊物，清黨時，以共黨嫌疑被令通緝，遁跡日本，畢業速成師範學校，嗣得白，取消通緝回國，在上海任滬江大學建國中學各校教員，著有諸子研究等書。

四，浙民日報　民國十一年十月十日發刊，社設保佑橋，經理胡義芳，主筆初爲朱章寶，民十二以後，童一心繼任，童卒，許倬雲繼。胡字芷香，建德人，曾爲縣議會議員，浙江省長公署諮議。朱字隱青，義烏人，日本中大法科及帝大選科畢業，擅有辨才，曾任浙江省立第十中學校長，廈門大學教授，上海商務印書館編譯，浙江省立第一師範及省立第一中學教員，浙江省議會第三屆議員，浙江省自治法會議代表，今任上海東吳法科大學教授，著有「德國富強之由來」一書。童字冰庵，嵊縣人，日本明治大學政治經濟科畢業，文字華贍，言論穩健；回國以後，曾任北京亞洲文明協會總編輯，杭州嘉言報總編輯，浙江省立法政學校教員，浙江實業廳秘書，（一靑杭時任內）嘗著「政治革命與社會革命」一篇，歷述西哲柏拉圖與馬克思之學說，謂革新與改造，決不可少，時代推移，思想變遷，不能繩以尺度，可見氏亦非無革命思想也。許字漢章，淳安人，浙江初級師範學堂畢業，曾任浙江省教育會幹事，國民革命軍第一軍政治部總務科科長，靖江縣縣長。

乙、紹屬

諸暨新聞事業　始於民報，一鳴繼之，已述如上，一鳴日報創自許國楨，不久即被地方反對而停，旋許氏復組織曁陽日報，以繼前緒。按許字文甫，曾習法學，與張槐堂駱寮庵宣再臣等一氣，張曾任四川某縣知事，宣曾任縣議員及警所長，駱名瀛，與文甫同爲浙江省議會第三屆議員，居鄉頗逞恃武斷，此報之設，殆有近於聲張旗鼓。

丙、金屬

金華自張伯謙萃新報案發生之後，久之嗣響，中間惟民七時有黃維時及葉瑞芝女士等之新金華旬刊，至此，始有金華報蘭谿日報踵起，金華報係連史紙石印，由震東石印公司代印，蘭谿日報規模窄小，亦日出一小張，蘭谿不半年即停，金華報則比較稍久。

丁、溫屬

溫州自一八七六年中英烟台條約締訂後，旋即開爲通商港埠，其地商業居民均盛，但以距滬較遠，輪航未盛，所以消息遲滯，新聞事業不如杭甬發達之早且盛。民國十年，甌海公報及新甌潮始同時創刊，次年復有新甌江踵起，皆僅日出一張，完全用四號字印，甌海頗注重舊文學，迎合當地舊社會心理，故銷數稍廣，出版亦較久，新甌潮與新甌江頗趨時尚，營業稍衰，於此可覘該地好尚之一斑矣。

戊、湖屬

民國十年，有平湖報及鵡湖公報踵起，十二年，復有新平湖報及民聲報發刊。平湖日報主筆為徐倘彼、編輯為陳愉園俞允言陸公我等。平湖新報主筆為沈明，經理初為朱岐候，後由陳愉園繼任。鶴湖公報係平社程度等組織。新平湖始為週刊，繼改三日刊，後改為日報，係丁眉孫陳恂如許季玉高曉嵐等組織，為中國國民黨秘密黨團刊物之一。民聲報創於張柱中俞允言，與新平湖頗立反對地位。眉孫名濟美，杭州安定中學畢業，民國十三年即加入中國國民黨，時黨部設於杭城頭髮巷，革命青年多歸之；同時沈肅文等亦設黨部於杭城小車橋，與沈定一等為一派，兩方勢成對壘。蓋丁等代表左派，沈等代表右派也。民國十五年九月，眉孫曾與宣中華代表浙江省黨部出席廣州二屆二中全會。十六年清黨後，以共黨嫌疑入獄，越年始准保釋。

第三節　軍政暴力壓迫下之浙省報社

浙省當盧永祥督浙之時，盧善於政治手腕；軍事善後之遷延，又利用浙省民衆團體為工具，兼之浙江省長張載陽，又方迷信同善社，度其逍遙省長之生活；浙省警務處長兼杭州警察廳長夏超，復以浙省高椅之癮未達，乃思拉攏各地豪紳，資為羽翼；以故當時浙省之報社，類能安全度過，而且與之多有較好之感情。迨至民十三秋，盧氏去位，孫傳芳入浙，軍閥威棱大振，夏氏亦償夙願，一躍而爲浙江省長，北京政府，亦倒行逆施，厲行其迴光返照之餘威，以故革命潮流，日益進展，覺悟分子，競出奮鬥。此期之間，浙省報紙，除少數與孫夏兩方與有歷史關係或碌碌無主張者以外，多數均不能擺脫其暴力之摧殘與壓迫。茲爲分別述之；

（一）民十三時之浙省報社

（甲）被封及停版　（一）浙報　創刊十三年三月，經理許國楨，主筆周心萬戴敦勳，社設杭州羊血弄，國楨敦勳皆浙江省議會三屆議員，國楨已詳上節，心萬敦勳皆鄞縣人，心萬曾任甯波市黨部執委，敦勳頗注意交通及教育等事業，在省議會時嘗提議增加小學教員俸金及添設甯波省道支線，又以衆議院議員延長任期，倡議通電反對，孫傳芳入浙，浙人多敢怒不敢言，該報始終表同情於盧子嘉，對孫多所攻擊，故是年九月，即被孫勒令停版。（二）杭州晚報　創刊於十三年五月，經理俞定，主筆周心萬，社設杭州太平坊巷，日出一大張，俞號松笠，諸暨人，浙江高等學堂畢業，曾任浙江省立第十一中學，第九師範，甲種農業，第一中學各校教員，浙江教育廳祕書，亦以反對孫傳芳於是年九月遭被勒令停版。(三)之江日報　該報經理陳宜慈，主筆王緇塵，向不滿夏超之行爲，自夏氏勾引孫傳芳入浙之消息傳出，陳王二氏，卽在報端著論拒孫，態度極爲嚴厲，及孫軍將至，陳卽宣告停刊，閱月餘，陳氏商於項士元，項允爲之助，至十一月遂告復刊，由項任主筆。緇塵一名志澄，號塵客，紹興人，嗜飲工書，好爲小說家言，爲人頹放自喜，泊視名利，少時與蔡子民劉大白友善，且爲同學同里，蔡等旣貴，從未有所干謁，所著說部書，達數十種，以新水滸爲最著，士元初名元勛，字慈園，號石樵，臨海人，童年從朱崇齋拔萃習業自任學院，鄙視科舉，弱冠遊學杭州，考入浙江武備學堂，以總辦三多籍蒙旂，棄而轉入杭州府中學堂，戊申秋，滬杭甬鐵路借款事起，與浙屬各界發起組織拒款會，是爲浙省學生參加政治運動之始。畢業後，台州府中學堂及臨海農業學堂，聘任講席，復以餘力與邑人卓華李超瓊等創辦回浦高等小學及初級師範學校，並聯地方士劣恣意橫行，組織青年團，以革新社會自任。民國初元，浙民政長屈映光等，議定派送革命青年赴東西各國留學，氏與孫綸襄余國輝等均保送赴日本，旋以日政府取締中國留學生事起，復因浙江省立圖書館長龔寶銓之招，遂入襄圖書館務。龔爲浙省革命先進，與章大炎徐錫麟陶煥卿王文慶沈鈞業等歷年奔走日本南洋及浙東西各屬，屢冒艱險、氏之應招，殆「革命不忘讀書，讀書不忘革命」之意，綴館館內四年，研究文史以外，兼有清代兩浙耆獻傳杭州府志台州經籍志之纂。（後二書已皆刊行）民國六年，以浙江省立第六中學校長張所之邀、出任該校教員，並與陸翰文等創辦時事日刊，（已詳上）并出私藏圖書數萬卷，設立臨海圖書館。民八，「五四」運動發生，倡議抵制日貨，組織台州救國協會，各界公推爲會長，閱年，各奸商勾結劣紳朱之章等誣爲過激黨，向浙省軍民教育各長電控，六中校長毛雲鵠陰亦忌之，遂被浙教育廳長夏敬觀明令停止六中教職，並通令省立各學校永不錄用，於是遂一意提倡社會教育，在台慕建圖書館，并與陸翰文等創辦赤城日報。「已詳上」，次年春，浙江省立第十一師範校長華國，禮聘爲國文教員，鼓吹革命，仍不少怠，十一年三月，倡議教育經濟公開，組織學校經濟委員會，被選爲審查委員，發覺校長視宏猷挪移校款事，全校學生大譁，視擯免項氏審查員之職，衆學生不納，於是遂釀驅長風潮。視離校後，以煽動學潮控項於浙省長沈金鑑及教育廳長馬叙倫，並向旅杭處屬要人夏超等挑撥，及夏，遂由沈金鑑電令麗水縣知事李鍾嶽勒令項出境，該校學生被斥除者亦達三十八。初，處屬學生鮮出外遊學，亦不知所謂革命教育，自此相率負笈廣州北京上海杭州各地，並秘密加入中國國民黨，此實處屬學生覺醒之始。項離括後，直走上海，以其同鄉章禮介紹，任倉聖明智大學國文教授，兼主持台屬水災籌振事宜。該校教育主張，素含極濃厚之封建與宗教色彩，氏入校，鼓吹新教育，及冬，學生全體議決提出十三條件，請求學校當局孫仲約改革，孫商於院長姬覺彌，堅拒不納，並乘夜驅逐學生代表十餘人，學生憤激，遂宣告全體退學，該校因之停閉。民十二春，杭州安定中學校長陳純，聘為該校教員，兼任美術專校教務，時在杭復組織公民大會，反對參議員賄選，及曹錕賄選案發生，復組織杭州公團聯合會，通電反曹，次年又兼任浙江省立蠶業學校教員，及十月，始兼任之江日報主筆。

『附之江日報二次復刊宣言』　數月以來，江浙奉直，烽火蔽天，甲仆乙起，以致白骨徧野，流亡載道，此孰使之然哉？豈非軍閥互爭地盤之故歟？本報自誕生迄今，夙持正義，十餘稔來，凡遇變故，從未肯苟且依違，妄贊一詞；此次江浙變起，猶希野心軍閥覺悟，得一正當之解決；詎戰局愈演愈幻，曲江怒濤，一倒千丈，風鶴之警，浸及臥榻。本報悲天憫人，誅討乏術，不得已投筆棄硯，杜門暫息，相斫之書，輟而不作。茲雖人心悔禍，干戈用戢，曹吳退避，中樞變易；然欲撥陰霾而見青天，拯水火而登袵席，尚還有待。用是勢而復起，不辭枯管禿筆，再圖鐵門，所有略旨、述於下方：（以下僅錄大綱，餘文從略），一，主持公正，二，消弭軍閥，三，發揚民治，四，刷新教育，五，注重實業，六，提倡博愛，七，斥除惡習，八，推翻秕政，九，尊重女權，十，灌輸常識。

甲、新浙江報　此報於民國十三年夏間被浙省警務處處長兼杭州警察廳長夏超封禁。查當時杭州道路除新市場外，其餘尚未改建馬路，廣濟醫院院長英人梅藤更，於是時購備汽車，任意到處行駛，行人深苦不便！該報記者朱眞撰著社評，對於梅氏，頗多抨擊，梅訴諸夏，要求嚴懲，夏遂勒令封閉，朱眞以逃得免。按梅藤更僑寓杭州近四十年，估買西湖寶石山紫雲洞及城內外各產甚多，公私屢起交涉，杭人曾著有梅藤更侵略實錄一書；又民國七年梅氏曾以全浙公報登載文通和何致梅函，上文僅敍一段，「西人梅藤更在浙多年，浙人無不知之，此次為西湖雲石山地皮與紫雲洞和尚文通，稍有齟齬，該和尚於本年三月間，呈請警察廳及杭縣公署請求保護後，無論如何，不允讓渡，近聞梅氏欲施強硬態度，該和尚函告梅氏」云云，梅氏卽延律師高易訴文通及全浙公報編輯於上海會審公堂，謂該報懷挾惡意，並違法損害，毀謗名譽，使在公衆之間，大受羞辱。英帝國主義者之箝制言論，卽此可見一斑，今附誌之。

乙、新報之創辦　一，杭國　民十三時杭州新創之報，除浙報與杭州晨報，已述如上。此外尚有浙江日報，該報經理為樓兆鑑，主筆為羅霞天，編輯為周監般，社設太平坊巷。兆鑑諸暨人，浙江省立醫藥專校畢業，曾為杭州學生會代表，杭各界反對參議員及曹錕賄選，彼亦參加，「五卅」滬案起，抵制英日貨，與李允希等奔走頗力；然信仰未孚，反對紛起，該報閱年遂卽被封。『另詳』民十五秋，奔赴廣州，快七未有所遇。霞天亦醫藥專校畢業，先是曾辦杭州晚報，未幾卽停，出任醫藥專校及黃埔軍事政治學校職員，浙江省黨部秘書，今任蘇州公安局祕書。監般浙江省立水產學校畢業，亦諸暨人，曾任浙江農業專校教員紹興縣黨部指導委員。

二、嘉屬　任壯飛袁樵子談天風沈劍濡等曾組織嘉興日報，日出一小張，厥後壯飛脫離，由沈西資任經理，擴爲一大張，旋受盧齊戰爭影響暫停；後由顧紹鈞出資接收，仍行復刊　社長及主筆，均由顧氏担任，并延居天眞等任編輯，擴充至兩大張，銷數近二千，爲當時嘉屬各報之冠。

三、甯屬　司徒克秋有甯波公報之組織，社設寧波江北岸，不久卽停。

四、台屬　(1)晨光報，王作孚等組織，社設臨海城內育嬰堂，石印每日一小張，閱二年卽停，作孚畢業浙江省立第六中學，後亦加入中國國民黨。(2)公言報，王中興許祥彪謝紹枋等組織，年餘而停，師枋字舜琴，一字曄今，原籍黃岩，居臨海，清附生，畢業杭州初級師範，文筆敏捷，爲人跅弛不羈，曾任臨海農業學堂教員，警察所長，浙江省議會第三屆議員。(3)椒江民報，柯湘等組織，社設海門，初爲石印，繼改鉛印，日出一大張，先後襄助者，有孫一影倪亞旅等，今尚繼續出版。柯原名則，字滄魂，臨海人，台州府中學堂畢業，好爲小說家言，民國元年，曾與吳念清等創辦赤旗報，旋任杭州浙江潮日報編輯，民國四年，偕黃岩陳鐵少在滬發刊醒鐘報，約二月而停，著有情天恨史及雷殛案少年鞭箠等小說，後又返台參加赤城日報報務，在台屬新聞界中，任事堪稱最久。

（二）、民十四時之浙省報社

甲、被封及停版

一、浙江日報　此報於民國十四年十月被聯軍浙守備司令孟昭月封禁。查浙軍自楊善德督浙以還，帝保障周鳳岐各部隊，迭被派遣省外，本省軍事勢力，幾乎完全操於北洋軍閥之手，民國十四年十月，傳浙軍周鳳岐部有自徐州開回浙省消息，浙江日報記者周監殷著論表示歡迎，對於客軍，并加貶抑，聯軍浙守備司令孟昭月覽閱之下，遂傳令省會警察廳長馮晉伯將該報封禁，並逮捕樓兆鎏周監殷，樓旋即訊釋，監般以文責關係，繫獄月餘，至十一月十八日，杭總商會長王祖耀，力請孟昭月開釋，孟始允保釋，及二十三日，省會警察廳接到司令部指令，周氏始得出獄，有入獄記一卷。

二、浙江民報　此報言論記載，向極和平，民國十四年十月二十九日，該報因登載墾放局長李傑壓迫農民新聞一則，被浙江省長夏超諭令省會警察廳查封，該報經理張楚英，為當時浙江省議會議員，極力向夏疏通，停版三天，即行啓封。查李字俊夫，龍泉人，浙江兩級師範學堂畢業，時兼任浙江省教育會會長，與夏甚接近，故其鋒未可稍犯。楚英平湖人，曾為浙江省立森林學校職員，接辦浙江民報，前後計三年，民十五春，仍歸李開福自辦。李傑壓迫農民新聞，則係該報編輯陳恤園手草，恤園與楚英係同鄉，初肄業浙江省立甲種工校，「五四」運動發生後退學，先後任平湖日報編輯，平湖新報經理，上海新世界報記者，新申報特約通訊員，及大浙江報記者，現任日日新聞杭州社記者兼杭州記聯會監察委員。

三、之江日報　此報於民國十四年十二月，（陽曆一月十三日）以登載「全浙學生大聯合」新聞，被浙省長夏超飭省會警察廳勒令停版，旋以浙警備隊司令部課長應聽濤疏通，僅停版兩日，即行復刊。按此報是時經理兼主筆爲項慈園，分任筆政者爲程佩照陳克楚何午丁潘志堅程醉春陳志超等，皆爲吾國之革命青年，（另詳）與中國國民黨杭州秘密黨團互通聲氣，所載附刊多爲該黨團之宣傳刊物，慈園對於革命尤極力提倡，克楚志超志堅醉春等皆籍隸處屬，與夏超係同鄉，深知夏之內幕，以故諸所評論，常有針砭夏氏處。慈園所作社評如「民意」「官迷」「自治」諸篇，對於省政，指摘備至，夏氏因其左右不時走白，早欲實行封禁，此時勒令停版，雖藉詞「全浙學生大聯合」之新聞，實際則由該報當日慈園所作社評，內有「將來政治潮流之趨勢，其重心當在三民主義，今工商界處在軍閥統治之下，所感受之苦痛，非可言喻，保護工人條例，既未曾實行，苛捐雜稅，亦未稍免除，而且匪盜未能弭戢，軍閥未能悔禍，………今後工商各界，如欲自救，宜急起疾追，奮發精神，努力政治革命，俾軍閥及野心政客，不得假冒民意，自便私圖」等詞，此據應氏當日向夏疏通所得之報告，卽夏氏認爲狂謬者也。詎該報復刊，又揭「近感」一篇，內說：「大璞非經琢磨，無以成器，良材非經斧斤，不能應用，今後毛錐猶存，此志未懈，自當兼程並進，彌補遺憾」，夏氏閱報，又囑應氏加以警告，然該報固未嘗有所畏縮也。

四、平湖日報　此報於民國十四年冬，因轉載「中國共產主義青年團對於最近時局宣言」被平湖縣知事飭警封禁，並捕主筆徐柯彼入獄，後經各方疏通，始啓封，黨軍入浙後，改歸縣黨部接辦，未幾卽停，徐氏在獄未久亦釋出，旋走南洋任華南日報主筆，民十六回滬，任上海民國日報編輯。

五、諸暨民報　此報於民國十四年十二月二十四日，被諸暨縣知事飭警封禁，當時該社曾將封閉之經過情形，刊發宣言，其詞云：「本報自開創以來，時逾六載，此六載中，一秉革新社會之志，與貪官惡吏戰，與土豪劣紳戰，與大憝巨惡戰，與魑魅魍魎戰，抨擊攻難，唯力是圖，大義當前，何顧一切？惟太剛則折，理有固然。故自發刊以來，凡不便於己者，無不設法中傷，百端摧殘，以逞其一朝之忿，民九滕警佐之於徐君麟書，民十鄒知事之於何君景輝，前年汪專員之搗毀本報，駐軍之橫加騷擾，暴力惡勢，陰謀詭計，無所不用其極！而本報仍本其嚴正之態度，終不稍屈，氣不稍餒，口誅筆伐，一如從前。所以然者，內迫於良心之難已，外鑒於邑事之日非，苟無人焉為之摘奸發伏，主持正義，則惟相與陸沈而已，砥礪之愚，良非得已，豈真如反對者所云為好事哉？民八中校改革之風潮，趙慈華支解繼父之逆案，歷次賄選之穢行，以及今夏中校改革之役，本報均於羣吠紛譁荊天棘地之中，用其素志，主張公論，或以正義足畏而易行，或以輿論激昂而如律；此外如吳匪之崛起，壬戌之水災，亦皆畢力以赴之，盡瘁以事之。凡此所為，固非得已，豈好事哉？邇來世變驟亟，建國之方，一人一義，諸暨雖褊小，亦中國之一部，興亡之責，萬姓同之。報紙為社會之先驅，為誘發民智，勿入歧途計，有所論列，亦其宜矣。故於國家社會諸問題，屢有片段之討論，然亦討論而已，蓋淺學不敢有主張也。

又以報稱「諸曁」，對邑事自當盡力，縣署爲全邑事業之中心，一顰一笑，影響綦大，故對之更無恕詞，此旨本自來之態度，而不始於今日者也。不圖今之當軸，以其不便於己，屢揭其短，乃橫加誣陷，藉詞呈請軍民兩署，於十二月二十四日上午十時，實施封閉。夫直書取禍，自來已然，本報創刊之日，即知守此不渝，必遇今日。民呼，民吁，民立諸報之一再被封，其先例也。嗚呼！謇謇者折，咎有攸歸，隆隆者絕，則吾豈敢，總之前仆後繼，全視邑人之奮鬥耳。」

四，滬報杭州分館　民十四秋冬間，滬報杭州分館被浙江省長夏超封閉者，先後計有三家：新申報及時事新報杭州分館被封較久，上海商報館則久不啓封。新申報分館之被封，緣該報曾載「一人五反」小評，時事新報及上海商報分館則因該二報均載有「浙省長夏超行將更動」之北京電訊，夏氏以該報等有意譏笑，揭載失實，遂取斷然之嚴厲對付，後由各該館派員來杭再三疏通，始得分別啓封，新申報交涉累月，時事新報亦達月餘。新申在杭銷數原有八百餘份，自此遂一蹶不振焉。

乙、停閉之報社　全浙公報於是年陰歷十二月終停閉。此報爲浙省最老最久之報，大略已詳上述，民國以來，筆政純由馬緒卿程光甫二氏主持，營業部分則由葉品三主持，其堅忍有恆，殊爲浙省新聞記者所罕及；惟思想落後，不求精進　報務因以弛廢。馬氏海寧人，文筆敏捷，行爲潦倒，癖好杯中物，筆硯時藏衣袋中，每於茶樓酒肆中且飲且啖且爲文，白髮飄蕭，常蹀躞市上，婦孺老幼，鮮不知其爲報館主筆，簞瓢屢空，晏如也。性好辯，時與他報起筆戰，全浙以外，並兼任杭州報開評。此報存報向極整齊，爲杭州各報社所不及，自停閉後，全份存報，以廢報廉價出售於徐竹齋，徐分別另賣於各商店，作爲包物之用，可慨也矣！

丙、新創之報社

一、大浙江報　創刊於民國十四年五月九日，經理周商甫，社設杭州羊壩頭，先後任筆政者，有張蘊隱查猛濟陳恤園嚴滄粟韓楚原等，爲孫傳芳之機關報。商甫名起予，紹興人，初習錢業，嗣任全浙公報錢市新聞，繼充訪員，以善奔走接洽，漸熟悉杭州社會情形，光復以後，杭州各報新聞及滬報之杭訊，大多取給於此，惟杭州報詐祖謀則擯而不用。此報之創辦、經費皆出於孫傳芳，常費亦由督辦署月給三百元，初期主筆張籛隱，原爲孫部參謀，爲孫鼓吹甚烈，查猛濟以下，則鮮若何顯著之色彩，蓋勾結孫氏　全係商市一人爲之也。滄粟名柏梁，吳興人，淸附生，近任江蘇省政府民政廳科員。此報尚有一種可哂者，出版未及半年，報端竟刊第二千幾百幾十號，當時杭州報起而譏詐，該報因之改減若干，未幾又陡增號數，誠報界之創聞也。

二、硤報　社設海寧硤石，繼之而起者，有新硤報。

三、嘉聲報　吳仰峯程覺僧等創辦，社設嘉興，旋以經濟不能維持，停刊。

四、寧波新報　創刊於民國十四年，社設寧波，日出三張，不久卽停。

五、紹興新聞　民國十四年五月十六日發刊，經理李安，經費由紹興縣商會補助。

今存。

六、蘭言日報　民國十四年發刊，社設蘭溪，日出一小張，今存。

（三）民十五時之浙省報社

甲、被封之報社。

（一）杭州報　此報於民國十五年三月二十三日被浙軍總司令盧香亭封禁，並逮捕該報經理兼主筆許祖謙，編輯朱厚存石立中，據封禁之布告，謂其捏造黑白，挑撥是非，詞甚籠統。許等被捕後，即押陸軍看守所，及旬，朱厚存石立中，均經軍法課審訊，准予交保，由保佑坊朱順裕綢莊出具保結保釋。許氏對于孫傳芳盧香亭等軍閥，碰擊素烈，孫盧早恨入骨；加之前任浙江烟酒事務局長杜友樵乘機控其毀壞名譽，因之愈滋糾紛。事發後，迭由王竹齋顧子才王湘泉俞潤泉徐清甫等先後向盧氏請釋，復經章炳麟祝紹箕等向孫傳芳盧香亭等電籲，迄久未決，盧氏謂許雖爲杭報經理兼主筆，但本人絕不承認其爲代表輿論之新聞記者，祇承認爲省議員，嗣後遂以「

顛倒是非淆亂治安」判處徒刑十四年零六個月，發交陸軍監獄署執行，及後，紳商王竹齋等以許父年已七十有五，且係獨子乏嗣，再三力請開釋，始由盧氏商准孫傳芳准予保釋，由葉伯周居益庸等出名具結，其中最要條件，內有「許氏以後不准再入報界，如違仍須送監執行」等語。旋後該報社房屋，則由房主文成線莊呈請啓封，營業部什物，則由該部徐竹齋呈請發還，此案遂告終結。附祝紹箕致孫傳芳盧香亭夏超等電如下：敝會許議員祖謙，間因兼辦杭州報，記載失實，被憲兵逮捕，拘押逾旬，各方呼籲，並非阿私，緣其平日言論或涉偏頗，心地尙屬無他，而父邁待養，子殤無嗣，尤堪憫惻，箕同議席八年，相知有素，用敢懇摯陳詞，望略迹原情，迅予開釋，無任銘感，祝紹箕叩冬。

（二）之江日報　此報於民國十五年三月二十四日，被浙江省長夏超諭令省會警察廳長馮魯伯封禁，並逮捕該報經理主筆項慈園，編輯程醉春，當初並未有佈告說明封禁之理由，及警廳司法科長鄭廉傳項程二氏審訊，始出示夏超手諭及封禁之理由。緣該報因杭州報被盧香亭查封，各界傳言盧仇恨杭州報為夏超之機關報，冀藉封禁以遏夏方之攻擊，該報慈園記者以大浙江報明明為孫盧等軍閥機關報，特在報端揭載兩方利用報館之內幕，並撰「杭州報封禁感言」社評，內有一段云：「查杭州報之封禁，據官廳之布告，謂其捏造黑白，挑撥是非，該報誠咎有自得矣！應知所以如此者，其因則別有在。杭城之報，蹈該報之弊，與夫抱該報同一之苦衷者，夫豈無之？如必欲正本清源，辦報者自身人格，固當自重，而官廳方面，亦不應偏面贊助，致失輿論之平衡」。詎夏超以杭州報被封，既傷體面，該報復不稍隱徇，侈肆批評；而其左右更從旁為種種之挑撥，因之夏氏大發雷霆。當時並以該報登載「杭州報被封之詳情」新聞，兼指摘大浙江報為孫傳芳之機關報，向浙司令部參謀長宋梅村挑撥，欲以軍民兩署名義會銜封禁，適實業廳長郭曉東得訊，即用電話向宋阻止，故軍署方面未為所動，夏亦無可如何，蓋郭與項係同鄉也。警廳審訊後，即將項程二氏發押，先後經郭曉東陳惟儉廖聲甫陳宜慈徐聘耕等多方設法請釋，不允，嗣由王蘇香向夏之夫人熊氏疏通，鄭廉等亦向夏解釋，經三日始允保釋。嗣後項氏力謀啓封，經鄭文易徐聘耕陳惟儉等屢次與夏婉商，上海全浙公會亦電夏等主持公道。（原電略謂近聞省中有發封館逮捕記者之舉，竊以報館爲輿論之機關，記者有聞必錄，職責使然，如果所錄有不實不盡，亦應照現行法令辦理，方符手續）。夏堅持須變更報館名稱，項氏以報可不辦，名稱斷不肯變更，遂擱置之。項程等未幾相率赴廣州，項由國民革命軍第二十一師師長嚴重任爲該師司令部秘書，程由葉楚傖介紹任上海民國日報編輯。

按之江日之被封，夏超以外，并有其左右多人從中挑撥所致，因該報主筆項慈園平日所發之言論，對於軍閥官僚土豪劣紳，進攻不遺餘力，（詳其所著慈園評論集）夏氏以其多所譏刺，早欲封禁（已詳上）時適滬上發現一種刊物「賣省求榮之夏超」夏疑爲項所作，因此書所述內有夏與台人發生之秘密關係各節，多爲外人所不知，而且郵示此書於夏者，亦係台人，夏以台屬旅杭人士，多收入彀中，惟項素未往來，且杭州新聞界人物，未有身任經理主筆，與省長不相通問，而項獨悠然自外，彙之左右各人，平日撫拾項氏所作報紙言論，巧為羅織，因之益深信不疑。實則項氏素殫心學問，痛惡軍閥官僚，不特未與夏氏周旋，即其他向有友誼之達官貴人，亦罕所往還，「賣省求榮之夏超」一書，實旅滬浙人姚式訓等所作也。夏氏封報之前二日（三月二十二），慈園在報端又揭載有「段佛歟段賊歟」之評論，對於北京「三一八」案痛罵合肥備至，夏與合肥固因包辦浙省國民代表會議議員事發生深切之關係，聞自閱悉此評之後，即欲加以嚴重處分，特以全國對此輿論激昂，無可如何，僅諭警廳傳知各報慎重登載，而慈園則偏再三言之，而且對于學生運動益加鼓吹，反段呼聲益高，此亦封禁之一因也。

附錄之江日報封禁前二日慈園所作「段佛歟段賊歟」社評如下云：『段氏自安徽敗後，杜門數載，究心內典，固自號佛門弟子，皈依淨土，一若誠有覺悟矣。及曹三下台，毅然再起，泉水出山，國人已轉而懷疑。然當時或以韜晦有年，猶冀懺悔前非，徐觀後效；不圖荏苒二年，始而廢約法，擅開善後會議，繼而烹分金佛郎，勾結帝國主義走狗之軍閥，最後又欲收買國民會議，纂襲大位，近自聯奉國奉接踵宣戰，模棱兩可，苟活戀棧，其一種假惺惺之態度，固已盡人而知矣。誰知此次大沽案發生，既恬不知恥，完全屈服；復敢縱令衛隊，屠殺抗爭外侮之愛國民衆，爲數逾五十餘人。陽假崇信佛陀之面具，陰行大盜竊國之伎倆，奸詐險惡，萃於一身，國人其尚能靦顏相從乎？抑更有進者，段氏此次之慘殺，非直賊民，其意尤在媚外，此而可忍？彼帝國主義之列邦，行且得寸進尺，肆無忌憚，吾民頭顱有盡，而彼侵掠無厭，民族前途，甯有噍類乎？嗟嗟！殺氣騰天，陰霾蔽野，民賊不去，國終不國，所望愛國民衆，猶百折不撓之精神，一方務爲澈底討賊之預備，更一方則共同聲罪致討，俾褫賊魄而戢賊焰，斯五十餘鬼雄，不致無謂犧牲矣。」

按此報於十四年秋由陳宜慈讓歸項慈園接辦，由何午丁周容之何葆仁等任財務，由程佩照陳克楚潘志堅程醉春陳志超等任編輯，氣象爲之一新。克楚等均早入中國國民黨，深明黨義。二何皆建德人，千丁畢業北京法政專校，工書畫，兼長滑稽文字、卒於該報任內，其夫人曉蕙殉焉。磨之慶元人，克楚志超皆青田人，醉春遂昌人並畢業浙江法政專校　克楚後曾任杭州國民新聞編輯，國民革命軍第六軍第十九師政治訓練處宣傳科科長，在江北軍次得疾歸，未幾卒於杭州。志超曾任虎門要塞司令部十九師司令部及杭州總工會秘書。志堅名超，宣平人，肄業上海大學未期滿即赴廣州，深欲對於革命有所盡力，旋以所任工作非其所長，遂返浙任該報編輯，亦卒於該報編輯任內。佩照名雋，原籍休寧，生長杭縣，初畢業安定中學，嗣畢業浙江財務員人養成所，資性穎異，新舊文學，均擅長，尤精算數，曾服務國民革命軍第二十一師師黨部，徧歷淮海各地，解甲歸來，任該報編輯如故。

乙、受停版處分之報社　民國十五年九月二十二日，浙江民報因登載「南昌被粵軍攻陷，豫軍反戈獨立，吳佩孚退保定」新聞，被省會警察廳封禁，該報經理李開福向虞香亭夏超馮光宇諸軍政警當局極力疏通，停版數日，即行復刊。該報自民五李氏創辦以來，先後任筆政者，計有許菩僧陸佑之韓楚原朱雲彬祝晴園等多人，經理一職，民十二迄民十四三年之間，由張楚英擔任。菩僧擅長文學，爲有名之評劇家，民五時，名伶李吉瑞在杭州第一舞台獻藝，演獨木關，誤唱一字，氏在報端指摘，旋李邀敍於第一樓，許面折之，李卒翕服。雲彬居海甯硤石，曾任海甯縣議會議員，早入國民黨，主張聯俄容共，民國十三年四月，蒙古聯俄議起，各報多起反對，氏著蒙古問題之索隱一篇，長數千言，揭於報端，詳陳聯俄之必要，其他攻擊軍閥帝國主義之言論，不一而足，民十四冬，浙軍總司令盧香亭忌之，諭令該報經理勒令退職，並責令登載啓事離開境內，旋赴廣州，任黃埔軍事政治學校職員，民十六清黨時，以牽涉共黨被令通緝。該報經費，在李氏任經理時期，夏超月出津貼百。元張楚英任經理時，則由孫傳芳盧香亭予以每月津貼百元，因其皆爲浙江省議會議員，也。

丙、停閉之報社　赤城日報自省憲運動失敗後，外受軍閥土劣之壓迫，內感經濟之困難，無時不在風雨飄搖之中。十二年春社友朱　蓀等，與海門當地人士，曾有進德社之組織，並有由該社撥款一部補助赤城日報之議，因此該報遂有移椒之舉；不料該報正在籌備續版之時，而該社忽食前言，謂非更變反對土劣宣傳文化之宗旨，不能如議補助，社中同人咸謂更變宗旨，不如無報，兩方堅執，續版之事，幾致擱淺，斯時適陸翰文過椒，亦覺宗旨不能改變，遂決定仍自行續版，付社務於郭靜垞金曾煥林哲僧。十三年春，金郭二氏，相繼以事他適，不能擔任厥責，遂由王亞平，夏樹榮，（夏氏於民國十五年，曾任廣州黃埔軍事政治學校黃埔潮編輯，是年九月積勞成疾卒於粵），孫一影，陳永文，何兆瑞等負責，並於是年四月三日在該社祕密成立中國國民黨海門區分部，從此該報遂爲舊台屬國民黨之宣傳機關，並改用鉛印。困苦奮鬥，歷時三載，及至民國十五年春，革命空氣緊張，該報遂爲軍閥及土劣所側目，備受壓迫，不得已遂決暫時停版。

丁、新創之報社　一、虎林報　民國十五年春發刊，經理俞箓香，主筆方雪芝，社址後遷保佑坊，未終歲卽停。俞曾任浙江警備司令部副官，及浙江省道局，內河水警廳科長等職。方字季蓉，溫嶺人，曾任營長，耽好風雅，喜作小品文字。此報經費，以周恭先鳳岐贊助爲多，因社員多出身軍旅，對於新聞學初鮮研究，並未諳社會情形，故在杭州新聞紙中，比較爲尤遜色。（二）浙江晨報　民國十五年五月十日發刊，經理張楚英，主筆朱采眞，社設杭城青年路，及年終卽停。楚英曾任浙江民報經理，於民國十四年年終解職。采眞曾任新浙江報主筆，至此易名怒潮，所作論評，對吳佩孚常示不滿，對國民革命軍頗表同情，自之江日報封閉之後，肯於軍政暴力壓迫下擁護國民革命者，當推此報。（三）嘉興商報　民國十五年發刊，經理陸初覺，主筆袁樵子，袁氏逝世，由富我恢繼任，社設嘉興下塘丁家橋，日出一大張，今尙繼續出版。陸氏嘉興人，袁項城當國時，嘗率領商團至吳江，與鈕惕生沈嘉祿等謀獨立，失敗後，赴日本游學，回國後，在邑組織商聯會，縣知事危道豐忌之，欲實行封閉。淸黨後，以共黨嫌疑被控解省，嘉興商會及各界紛起代爲辨白，卒以鈕永建錢大鈞等營救，得保釋。(四)商言日報，衢民新報 皆民國十五年發刊，衢民新報社設衢縣鈔庫前，羅碧霞羅天放等創辦。商言日報，社設衢縣太白井，主筆王漢清，字鈍鐵，經費由衢縣商會負担。黨軍入衢時，兩報同時宣告停版。(五)上虞聲 民國十五年旅滬上虞吳覺農胡愈之等在滬發刊，係三日刊，次年停版，旋由朱雲樓等出而恢復，移設上虞城內等慈寺，由周曉樓任主筆，現又遷回上海。

戊、被害之記者 民國十五年四月二十六日，京報社長兼主筆東陽邵振青，被張學良以宣傳赤化罪，提赴天橋鎗斃。邵氏辦理京報以前之事蹟，前曾略已述及，直隸戰爭後，段祺瑞敗走，邵氏返北京，京報復活，詎自是僉倖並進，朝政愈紊，中樞行政，視軍閥爲轉移，氏議論益奮激，未嘗略有迴護。甲子以降，關內外再搆兵，直晉豫鄂之郊，兵燹洊遭，田廬蕩然，近畿飢民數十萬，駢死者日以百計，氏目擊糜爛，如鯁在喉，往往於文字間致其抨擊，及奉軍入京，氏恐遭未便，預避德國醫院，一面託人四處緩頰，迄二十四日晚，變裝回報館，事畢，轉回家中探視，遂被偵緝隊捕送警廳，並搜法館中各項照片書函，此訊傳出，京內外紛紛營救：京報界推劉煌等十三人謁見張學良，請予寬釋，張云：「邵宣傳赤化，流毒社會，貽誤青年，死不足以蔽辜，」劉等請保其生命，張不允；黃報薛大可等上書當局營救，亦無結果；最後王士珍請移法庭，亦無效；二十六日晨一時，由警廳提至督戰執法處，嚴刑訊問，脛骨爲斷，即被判處死刑，於四時押赴天橋執行槍決。其罪狀爲宣傳赤化四字，邵於臨刑時，猶向監刑官一笑，死後，屍移永定門郊外叢葬處，其妻湯秀慧從友人探於邢入處得之，遂殯於地藏庵之右廡，年纔四十餘。秀慧畢業杭州女子師範學校，蓋曾從邵受業者也，係由戀愛結合，邵氏在新聞界之所建樹，獲助於秀慧亦不少。氏所著有新聞學總論，實際應用新聞學，（亦名新聞材料探集法）新聞編輯法，廣告及發行，總名新聞學叢書：此外又有各國社會思潮，實用一家經濟法等書。京報內容注重外交經濟政治社會，爲北京最進步之日報，其附刊「北大經濟半月刊」，爲討論經濟之重要刊物。又氏初在京曾辦新聞編譯社，消息靈通，爲北京有名之通訊社。

按自飄萍捕殺之信傳出後，國內外各界，多憤激不平！如上海公團聯合會，各省旅滬公民協會，滬杭各報館，均有電代爲呼籲；江蘇省黨部並發表宣言喚醒民衆，謂此非邵氏一人之問題；北京日本記者協會亦發表宣言，謂此種暴戾之行爲，在人道上既難默許，亦爲法治國之大汚點，各報並多撰文哀悼。旋後北平及各省幷爲其開會追悼，北平係合林白水（萬里）在內，記馮玉祥聯云：「二人直筆擬麟經，發伏摘奸，南史高風堪繼武；百戰關山犁虎穴，秉公旌直，北邙宿草亦增光。」方振武聯云：「書傳萬口神猶奕，氣懾元兇死亦豪。」何其鞏聯云：「兩公直筆秉春秋，嚴貶榮褒，狀首神姦甯玉碎；千古大名垂竹帛，英風正氣，招魂息壤有靈來。」又時事新報哀飄萍一段云：「嚮者吾國新聞界之噤若寒蟬，吞聲忍氣，不敢稍稍拂逆權貴之意者，滔滔者皆是。此種畏葸偷安之墮落習性，苟長此不除，不至舉全國新聞記者之精神而盡死之不止也。今以軍閥之死邵君之軀體，而生氣不絕如縷之新聞界之精神轉有復甦之望，社會羣衆固曉然於新聞界之未盡無人；而吾新聞界自身亦因邵君之死而瞿然覺悟新聞記者天職之所在，而擔起仔肩，肩任新聞記者應負之天職，則是邵君之死其軀體不死其精神，且生吾全新聞界垂死之精神也。」餘從略。

第四節　民國以來浙人所經營之雜誌

戈公振云：「民國以來，出版事業日盛，以時期言：則可分爲歐戰以前與歐戰以後；以性質言：則可分爲學術與政論與改革文學思想及批評社會之三大類。歐戰以前，各雜誌之所討論，皆注意於政治方面，其着眼在治標；歐戰以後，其着眼將在盤根錯節之複雜事件，加以澈底之判斷，如國家政治，家族制度，婚姻迷信等等思想上之問題，舉其積習而推翻之。」浙省爲東南文化中心，雜誌事業之興盛，京滬以外，鮮有倫比。然在省內所發刊之雜誌，尙不及在省外者爲較精采；歐戰以前，尤不及歐戰以後爲盛。茲擇內容比較完美，出版比較永久，或在社會留有深刻影響者，分別述下：（其餘大略已詳前）

一、兵事雜誌　民國三年四月浙江兵事雜誌社發刊，其宗旨專在研究軍事，凡溢出軍事範圍以外者，除詩詞小說外，概不採錄，每期附有世界名人風景戰地等寫眞及我國著名軍人肖像，所載論說學術戰史等，文字均明白淺顯。休寧汪瑩笙生云：都督朱瑞，愛才篤舊，部下多魁儒宿將，兵事稍暇，乃組兵事雜誌社，蒐羅萃言，區爲八門，徵諸將士各獻所長，限期投稿，月出一版，藉以育成完全之學識，鼓吹尙武之精神。

二、科學雜誌　民國四年發刊，社設上海，爲留美學生所組織之科學社之言論機關，以傳播世界最新科學知識爲旨，每月一册，主任編輯爲黃岩王璡。按璡字季梁，其父吉人，曾爲清知縣，以經學名。氏於清宣統二年，以北京清華學校官費留學美國，入里海大學專攻化學，得化學工程師學位，民四返國，應湖南高等工業學校之聘，任教職二年，繼任南京高師化學教授，迨南高改爲東大，即任化學系主任，兼分析化學教授，十四年夏，赴杭州工專主任化學講座半載，期滿仍返東大，國民政府奠都金陵，被任爲中央大學化學系主任，兼分析化學及科學教育教授，並充大學院科學教育委員會委員之職。氏在東大時，嘗分析古錢，闡明中國瓦鈼之起源，其論文曾刊於中外學報，名傳一時，編譯有科學大綱等多種。

三、廣濟醫報　民國五年，杭州廣濟醫校畢業同學會組織，爲中國醫學月刊最老之一種，其宗旨在聯絡同學、交相研究學術，一方又在灌輸社會醫學常識，闡揚衛生要道。最近杭州醫藥師會又有衛生週刊發行。

四、星期評論　民國八年發刊於上海，主任編輯戴季陶，沈玄廬孫棣三等助之，旨在提倡經濟改革。

五、新教育　民國八年二月，發刊於上海，爲新教育共進社之言論機關，由蔣夢等麟編輯，其主旨在以教育爲方法，養成健全之個人，使國人能思能言能行，能擔重大之責任，創造進化的社會，現歸中華教育改進社主持。夢麟曾任北大教授校長及浙大校長，現任教育部長，著有英文中國教育原理，譯有威爾遜參戰演說等書。

六、浙江實業叢報　民國八年九月發刊，總經理胡耀章，總編輯鄂慕寅，（兼著）以振興實業推行國貨普及農工商知識爲宗旨，內容分社論文牘專論要錄調查農林礦務來件十門，社設杭城保安橋南首，月出一册，嘗呈准浙江省會警察廳廳長夏超，浙江實業廳廳長雲詔，給發布告並通令七十五縣知事及實業各機關保護提倡，此爲雜誌之刱例。

附錄『緣起』略謂：際玆歐戰告終，世界潮流，趨重商戰，而商戰勝利，端視工戰之良窳。值此時機，正我國戮力自致富強之日，欲達富強，非注重民生，無以起凋殘，非提倡實業，無以培國本。民國以還，兵甲遞乘，民無甯日，軍書旣亟，則轉運彌艱，戰事逾多，則投資遂寡，貨源不繼，工作因而怠荒，財用未舒，銷售因而減少。推厥其原，實以國內社會事業，不能發舒，國民生計，不自贍潤；獨至生活程度，踵事增華，地產所出，旣以供無謂之取求，人力所造，又偏重於淫巧之物品，凡純正之興業，寶貴之工作，轉克不完其效用；於是盡驅優良之才，肆談政論，以獵官爲致富之梯，始肇奔競之因，終收紛拏之果。用知矯移習尚，永息覺爭，必須提倡實業，羅納才能，匪曰濟窮，良爲治本，是則我國所亟宜振興實業，不容再緩者也。第其緒至繁，必非一席之談，所能罄盡，隱括大旨，其要有二：端在政府啓迪在先，志士匡濟於後，乘歐戰方終之會，政府以保衛爲務，國民以企業爲心，壹意進行，力求實踐，東隅雖失，桑榆未晚，十年以往，我中華民國之經濟力，必能瀚新猛進，可爲斷言；若不乘時奮追，後且無及，此本報同人之所以發起也。（下略）

七、教育潮　民國八年四月浙江省教育會發刊，每月一冊，蓋教育週報之改稱也。「按教育週報出至二百二十五期止」，出至第六期後，因事停頓，至次年十月，改由何紹韓主編。其主旨以研究爲體，指導爲用，言文並採，新舊兼容，內容分論著譯述選錄講壇紀聞務文藝等數門：至十期以後，復因經費支絀停頓。按紹韓字競明，東陽人，浙江兩級師範學堂畢業，曾任浙江省教育會評議員及浙江省議會議員，其對教育主張，重在闡揚國粹，發揮國性，平日尤服膺於富陽夏震武，思想頗嫌落伍，近從事礦業，僑居上海。

八、杭州學生聯合會週刊　創刊於民國九年，主編者先後有速瑞祺徐白民陳德徵查猛濟等。查與黃人望蔣伯潛等嗣後復有「平話」之編，當時杭州教界，互築壁壘，與何炳松一派，幾成敵對，黃等卒以省政當局見忌去職。

九、「浙江新聞」「浙人」「浙人與世界」「新種子」　「五四」運動發生時，浙江省立第一師範校校長經亨頤，以所作「非孝」一篇，遭被攻擊去職，同時所發刊之「浙江新潮」亦遭封禁（出版僅二期）旋俞大同查猛濟等復組織悟社，發刊「浙人」至二期又改為「浙人與世界」詎甫出版，又告封禁，後查與阮毅成等復改組新語學會，發刊「新種子」至民國十三年停刊。

十、錢江評論　高鉄郎等主編，不久即停。

十、婦女旬刊　民國九年杭州婦女學社何慨秋，陳蘭言、張麗娟，徐雲波，張陶階諳等發起，為浙省婦女界最早之刊物。近歲改由樓尹庚主編，慨秋自任總務部主任，內容爲之一新。尹庚義烏人，中華藝大畢業，曾服務南京中央軍事政治學校政治部，龍潭戰役以後，解職南下，任杭州市報副刊編輯主任，茲將該刊前後之情形，分別摘述於下；

「民十六以前之情形」其主旨是在希望改良婦女的地位，創造婦女的新環境和新生命，該刊宣言曾云：『我們編輯本刊的目的，使一般的女性曉得解放的需要，……即使矛盾的言論，也一樣的容納，我們要把這小小的園地，貢獻於每個熱情的人們，……』

「樓尹庚接任編輯之宣言」上略，男子爲了和婦女們的太隔膜，容易發生一種誤解，他們關於婦女的討論，就此竟不曾捉到這問題的核心，無論他們的初意是非笑抑是嚴正，另一方面，婦女們是彷彿全都安於沉默了！好像冬天的蟄虫，坐待春天到來，種種應享的權利損失也不起來鬥爭，種種應盡之義務擱下也懶得担起自己的責任。現在，國內重婦女問題的雜誌，仍是寥若晨星，婦女們又更少能夠或者願意出來說說切身的話。簡直可以說：爲婦女們說話的多是或者全是男子，這實在婦女們急需刷洗的羞恥！因爲這樣，我所以極期望婦女問題由女性們自已來講，讓婦女旬刊的地盤於婦女們，就是「婦女解放，是要靠婦女自身的勢力」

十一、創造季刊　民國十一年六月發刊於上海，主編爲郁達夫，郭沫若等，志在提倡國語文學，次年五月，又創週刊，後均停止。達夫富陽人，具有文學天才，關於詩歌小說等新文學作品，撰作甚富，其最著者，有戲劇論，文學概說，迷羊，拜金藝術等，一九二八年六月，又與魯迅合組奔流月刊。

十二、華國　餘杭章炳麟主編，民國十二年十月發刊於上海，旨在甄明學術，發揚國光，每月一册，分通論學術文苑記事諸欄。

十三、語絲　民國十四年一月發刊於北京，由周作人等編輯，每週一册，注重於新思想之宣傳，其評論政治社會各方面之事實，雋永有味。作人紹興人，曾任北大教授，譯著有歐洲文學史，歧路，黃薔薇，聖經與文學，日本的詩歌，日本小說集，武爲小路實篤集、波蘭文學一斑等書。

十四、自然界　民國十五年一月發刊於上海，爲杜亞泉周建人等編輯，每年十冊，志在提倡中國的科學化，而以考訂名詞，調查，納非科學的環境於科學中三者爲工具。按亞泉山陰人，精究博物理化諸學，在上海商務印書館任編輯多年，所編除動物植物礦物生理衛生等教科用書多種外，尚有中外度量衡幣比較表，化學工藝寶鑑、博物示教等書，清光緒間，曾在滬編刊中外算報。有光紙石印，月出一小冊（每冊二十餘頁）。建人亦紹興人，曾任北大教授，著有棱羅大勃，在酒樓上，遺傳論，世界的火災、社戲，愛羅先珂童話集，近代美術思潮論等書。

十五、新青年　民國四年九月發刊於上海，陳獨秀周樹人等編輯，月出一冊，初提倡文學革命，後轉入共產，樹人分任撰著時，則在初期也。樹人號魯迅，紹興人，爲周豈明之兄，一名魯迅，因其母姓魯也。畢業日本東京預備學校，轉入仙台醫學專校，未卒業回國，先後曾任浙江兩級師範學堂教員，浙江省立第五師範學校校長，教育部僉事，及北京大學，北京師範大學、女子師大，廣州中山大學教授，在粵時曾以共產嫌疑，被李濟深通緝，現任中央大學教授。譯著有吶喊，彷徨，野草，熱風，中國小說史略，小說舊聞鈔，華蓋集，桃色的雲，一個青年的夢，工人綏惠略夫，苦悶的象徵，唐宋傳奇集，（有稗邊小說一卷考証頗精），謝承後漢書輯本，古小說鈎沈，及思想山水人物，日本鶴見祐輔原著，等書。又嘗任莽原半月刊及北京國民新報副刊文藝部編輯。國民新報為中國國民黨左派北京的黨刊，其副刊為全國稱美，此報向分中英文二部，中文部後因奉軍入京停刊。

「附魯迅自敘傳略」我於一八八一年生在浙江省紹興府城裏的一家周姓的家裏，父親是讀書的，母親姓魯，鄉下人，她以自修得到能夠看書的學力，聽人說：在我幼小的時候，家裏還有四五十畝的田，並不很愁生計，但到我十三歲時，我家忽而遭了一場很大的變故，幾乎什麼也沒有了，我寄住在一個親戚家，有時還被稱為乞食者，我於是決心回家，而我的父親又生了重病，約有三年多，死去了，我漸至於連極少的學費也無法可想．我的母親便給我籌辦了一點旅費，教我去尋無需學費的學校去，因爲我總不肯學做幕友或商人，這是我鄉人衰落了讀書人家子弟所常走的兩條路。其時我是十八歲，便旅行到南京，考入水師學堂了，分在機關科，大約過了半年，我又走出，改進路礦學堂去學開礦，畢業之後，即被派往日本去留學，但待到在東京的預備學校畢業，我已經決意要學醫了，原因之一，是因爲我確知道了新的醫學對於日本維新有很大的助力，我於是進了仙台(Sendai)醫學專門學校，學了兩年，這時正值俄日戰爭，我偶然在電影上看見一個中國人因做偵探而將被斬，因此又覺得在中國還應該先提倡新文藝，我便棄了學籍，再到東京，和幾個朋友立了些小計劃，但都陸續失敗了，我又想往德國去，也失敗了。終於因爲我的母親和幾個別的人很希望我有經濟上的幫助，我便回到中國來，這時我是二十九歲，我一回國，就在浙江杭州的兩級師範學堂做化學和生理學教員，第二年就走出，到紹興中學堂去做教務長，第三年又走出，沒有地方可去，想在一個書店去做編譯員，到底被拒絕了。但革命也就發生，紹興光復後，我做了師範學校的校長，革命政府在南京成立，教育部長招我去做部員，移入北京一直到現在。（按此傳作於一九一五年六月）近幾年，我還兼做北京大學，師範大學，女子師範大學的國文系講師。我在留學時候，只在雜誌上登過幾篇較好的文章，初做小說是一九一八年，因了我的朋友錢玄同之勸告，做來登在新青年上的，這時纔用「魯迅」的筆名，也常用別的名字做一點短論。現在彙印成書的，只有一本短篇小說集「吶喊」，其餘還散在幾種雜誌上，別的除翻譯不計外，印成的又有一本中國小說史略。

按魯迅「朝華零拾」第十篇「范愛農」內載有報案一則，節錄如下云：『我被擺在師範學校校長的飯碗旁邊，王都督給了我校款二百元，……一個少年來訪問我，慷慨地說，「我們要辦一種報來監督王金發，不過發起人要借用先生的名字，還有一個是子英先生，一個是德清先生，為社會，我們知道你決不推卻的」我答應了他，兩天後便看見出報的傳單，發起人誠然這三個，五天後便見報，開首大罵軍政府和裏面的人員，此後是罵都督，都督的親戚，同鄉，姨太太，這樣連罵了十多天，就有一種消息傳到我的家裏來，說都督因爲你們詐取了他的錢，還罵他，要派人用手槍來打死你們了，……但我是照常走，並且說明，……果然沒有來殺，寫信去要經費，又取了二百元，但彷彿有些怒意。同時傳令道：「再來要錢沒有了」不過愛農得到了一種新消息，却是我很爲難！原來所謂「詐取」者，並非指學校經費而言，是指另有送給報館的一筆款，報紙上罵了幾 之後，王金發就叫人送去錢五百元，於是我們的少年們便開起會議來：第一個問題是收不收，決議曰收，第二個問題是收了之後罵不罵，決議曰罵，理由是收錢之後，他是股東，股東不好，自然要罵，我卽刻到報館去問這事的眞假，都是眞的，略說了幾句不該收他錢的話，一個名爲會計的便不高興了，質問我道：「報館爲什麽不收股本？」「這不是股本……。」「不是股本是什麽？」我就不再說下去了，這一點世故是早已知道的，倘我再說出連累我們的話來，他就會面斥我太愛惜不値錢的生命，不肯爲社會犧牲，或者明天在報上就可以看見我怎樣怕死發抖的記載。然而事情很湊巧，季茀寫信來催我往南京了，……報館案是我到南京兩三星期了結的，被一羣兵們搗毀，子英在鄉下，沒有事，德清適值在城裏，大腿上被刺了一尖刀，……並且做一篇文章敍述情形向各處分送，宣傳軍政府的橫暴，……我從南京移到北京的時候，愛農的學監也被孔教會會長的校長傅力臣設法去掉了』。又考魯迅方在學醫轉到究心文藝的時候，即曾邀集同志，擬定發刊「新生」雜誌，據「吶喊」自序云：『新生的出版之期接近了，但最先就隱去了若干擔當文字的人，接着又逃走了資本，結果只剩下不名一錢的三個人，創始時候既已背時，失其時候當然無可告語，而其後却連這三個人也都爲各自的運命所驅策，不能在一處縱談將來的好夢了，這就是我們的並未產生的「新生」的結局』。以上兩則，均有關於新聞事業，姑附誌之。

（十六）亞東小說新刊　發刊於民國二年四月，社設上海泥城橋北興里，主筆蕭山韓天嘯，月出二期，內容除新舊各種小說外，兼附插畫，文藝，叢談，雜俎，劇談，艶評等，任撰稿者多係浙人，如德清徐霞張，杭縣趙心悸，紹縣陳誦洛，金太一，徐惱公，蕭山湯善吾，蔡俠仙，海寧章天妬，桐鄉宣笑儂，嘉興孫謂樸，浦江徐梅癡等，不下百餘人，天嘯著有苦海花傳奇及曇花夢彈詞等書。

十七、東方雜誌　此爲上海商務印書館編刊雜誌之一，民十以還，均由錢智修主編，智修嵊縣人，畢業復旦大學。

十八、學生雜誌及少年雜誌　皆上海商務印書館出版，主編爲海鹽朱文民，任事頗久。內學生雜誌，近由杭縣劉瑩編輯；楊賢江在未遭通緝之前，任編輯亦有年。楊係浙江省立第一師校畢業，劉字朗泉，初肄業南開大學，後轉入東吳法大。

十九、浙江道路雜誌　中華全國道路建設協會浙江分會編，創刊於民國十三年，主編爲林文琴，林字千桐，武義人，日本中大法科畢業，曾任浙江省自治法會議代表，武康縣縣長，對於法學及黨義均有編述。

二十、警察雜誌　浙江警察協會編刊，出版頗久。

按民國以來，浙人所編刊之雜誌，種類甚多，大都爲學校刊物，不久卽停，以上所舉，僅述其犖犖大者。民國以前，尙有多未及述者，如羅振玉等編刊之農學報及教育世界，（前僅述及陳黻宸（章炳麟宋恕等編刊之經世報，（前僅述及童學琦）蔣智由等編刊之政論，陶保霖等編刊之法政雜誌，皆爲國內著名之刊物。農學報創刊於清光緒二十三年四月，社設上海，每半月發行一次，用連史紙石印，所載分公文，古籍調查，譯述，專著等，次年改爲旬刊，後讓歸日人香月梅外，出至三百十五册止。教育世界創刊於光緒二十七年四月，亦在滬出版，主筆初爲王國維，每旬發行，初專事譯述，自六十九期起，改爲半月刊，並加改良，分論說，學理，教授，訓練，學制，傳記，小說，本國學事，外國學事等，出至百十六期而止。經世報內容除論說外，兼注重迻譯英法文各報，社設杭州。政論爲政聞社之機關報，光緒三十三年九月在滬發刊，所載分演講，論著，記載，社報等，月出一册，出至七期而止。法政雜誌於宣統二年正月出版於北京，旨在研究法律政治現象，參證學理，促進羣治，每月一冊，分社說，資料，雜纂，記事諸欄，民國三年十二月休刊。按振玉字叔蘊，上虞人，清進士，官部郎，為復辟派要人之一，精於考古，著有殷虛書契考釋，殷商貞卜文字考，流沙墜簡，續彙刻書目等多種。國維字靜安，海寧庠生，曾遊學日本，精究心理哲學詞曲及文字學考古學，並通東西文，曾任倉聖明智大學及清華學校教授，思想篤舊，終身蓄辮，考古各作，不亞羅振玉，有時且或過之，著有宋元戲曲史，曲錄，人間詞話，戩壽堂龜文考釋等書。譯有法學通論，心理學概論等書。保霖字惺存，嘉興人，以蔭官部郎，精究法學，嘗任上海商務印書館編輯，著有法制概要及惺存遺稿。

第五節　民國以來省外浙僑之新聞事業

浙省地瀕東海，得風氣較先，民國以來，從事新聞事業者，接踵繼起，北而京津，南而南洋羣島，近而申江，所有報社，鮮不有浙人之足跡，雖任務有經理主筆或記者之不同，要其為新聞事業服務一也，玆為分別述下：

一、時事新報與黃溯初　上海時事新報，創刊於民國前四年，初爲研究系之機關報，黨軍克復江浙後，始改變論調，永嘉黃溯初，曾爲該報經理，黃岩王敩文，曾任該報撰著。溯初名羣，爲研究系中浙省之領袖，曾爲國會議員。敩文畢業北京大學法科，曾任上海中國公學，浙江公立法校教員，後任溫嶺縣縣長，著有保險學，貨幣論，及消費合作綱要等書。

二、中華新報與殷汝驪　殷汝驪字鑄夫，平陽人，曾任國會議員及司法部次長，民國十三年，任上海中華新報總理，後又被選爲浙省自治法會代表，近任福建省政府委員。

三、上海商報與李徵五陳屺懷　上海商報創於民國九年，甯波李徵五陳屺懷均曾爲該報經理，徵五曾任光復軍軍長，與張宗昌友善，勾結軍閥，難以蔽辜。屺懷曾任浙江諮議局議員甯波市政府財政部長，黨軍入浙後任浙江省政府委員兼代理民政廳長，後又兼杭州市政府市長，現任西湖博物館館長，著有天嬰室叢稿九卷。該報主筆，亦多係浙人，如鄞縣陳布雷，「另詳」海甯潘忠甲，吳興潘公展，皆有聲於新聞界。

忠甲字更生，曾任浙江省議會議員，平湖及杭縣縣長，現調無錫縣長。公展現任上海社會局局長，兼君毅中學校長，嘗爲湖社『湖州』雜誌主編，著有教授法原理、巴哥羅底兩性教育觀，鄉村教育的研究及研究的方法等書。

四、新中國報與沈學仁　沈學仁字能毅，桐鄉人，民國三年，曾任北京新中國報編輯。

五、共和民報與郭智石　郭智石，臨海人，北京大學畢業，民國十二年，曾任北京共和民報編譯主任，後歷任浙江第一中學教務主任，浙江教育廳省視學員。

六、菲列賓民聲報與陳希豪　陳希豪，東陽人，北京法政大學畢業，曾在菲列賓任公理報黨義宣傳專員，兼主民聲報筆政，旋復創前進奮鬥勞動呼聲等週刊，民國十六年九月以與樓桐孫黃維時盧仲英許蟠雲王漱芳等組織救黨運動大會，被浙江省政府通緝，先後曾任浙江省黨部清黨委員，浙江省政府委員，上海特別市黨務指導委員，中央黨部訓練部祕書，現任浙江省黨部常務委員。玆將其呈請中央糾正浙省府非法通緝令原呈附錄如下云：（上略）『竊希豪自民十一冬，由丁惟汾王仲裕兩同志介紹入黨以後，即在青島，從事宣傳，組織青島市黨部，尤致力於工人運動。蓋青島爲日本紗廠集中地，工人數逾十萬，五卅慘案發生，青島工界影響之熱烈，即其明效。嗣以不容於青島當局，乃亡命菲列賓，因役於華僑中學，即以學校爲宣傳之所，嗣兼任公理報黨義宣傳專員，後又兼主民聲報，復集合同志，創週刊「前進奮鬥，勞動呼聲」刊物，並手自組織區分部，改組菲島支部，充任常委兼秘書，民十五秋歸國，任中央黨部組織部指導員，十月代表菲律賓總支部出席中央暨各省聯席會議，於議場上，每於跨黨分子，多所辯論，出席同志，均所深知。十一月奉命辦理上海特別市黨部登記事宜，得蔡子民，吳稚暉，鈕惕生，鄭毓秀，楊杏佛等，暨諸同志之協助，結果甚佳，而尤注意於團結忠實同志。去年克復上海，黨部即有辦法，皆此時準備之力也。當時努力奮鬥之情況，吳蔡諸同志當能記憶，但因而觸孫逆傳芳之忌，下令嚴緝矣。十六年春，奉命赴南昌，特派爲赴日調查黨務及解決糾紛特派員，適值武漢方面，空氣惡劣，故遲遲未行，嗣回滬上，原擬即日東渡，又以浙江共黨猖獗，乃始行回浙，秘密聯絡同志，組織杭州職工聯合會，三月三十日，一舉而肅清共逆，恢復黨權，改組政府，此事經過情形，張靜江同志，實深知之。至四月，上海亦實行清黨，希豪奉派改組浙省黨部，任工人部長，兼任省政府委員，嗣又兼任清黨委員，而當時漢方同志，不予諒解，儼然下令通緝。十月中央特別委員會成立，希豪以特委會并吞中央，包辦一切，深恐本黨從此淪亡，乃不顧一切，毅然在浙省首先反對，因遭特委會之忌，遂又根據反特委會即反命之口號，下令通緝，迺亡命日本，十七年一月特委會取消，黨統重光，奉召歸國，並奉派偕同洪陸東同志回浙，維持黨務。詎浙省政府目無中央，違反黨紀，竟敢拒絕交代清黨科案卷，暨民國日報，即經辦黨費，亦措不撥給，且復重申非法之通緝令，捏造事實，陷害忠良，此中經過情形，報紙披露，頗爲詳盡，電呈中央，奚止數十通，但中央從無一字責備省政府；從此浙省黨務，即陷於無法維持，而中央對浙之威信，幾隨之掃地無餘。此次浙省指委辦事之困難，與特刑庭長錢西樵之跋扈，固在意中事耳。總

觀希豪過去對黨行動，是否背叛，不難立察。此次浙省政府，不自悔悟，又復故意三申非法通緝令，是何居心，深滋疑慮，」（下略）

七、緬甸仰光各報與陳震　陳震黃岩人，父心存，北京譯學館畢業，曾任浙江省立第六中學校長，震畢業南通醫學校，頗擅文才，民國十二年赴南洋緬甸仰光各處，曾任仰光日報主筆，繼以僑民反對，復設立醫院，民十五回浙，次年至武漢某軍任政治部工作，清黨後，以共產嫌疑被令通緝。

八、檳榔嶼星嘉坡馬來各報與張任天　張任天原名家福，仙居人，弱冠入邑庠，繼畢業浙江高等學堂，精究數學，兼治新文學，任浙江省立第六中學教員多年，旋以學生風潮停職，改任浙江省立水產學校教員，民十三赴南洋，曾任星嘉坡新國民日報檳榔嶼光華日報馬來益羣報等報編輯，民十六返國，任中央黨部宣傳部海外科總幹事，現任浙江省教育廳督學，著有開方新術，所作雜文多散見於婦女雜誌及新生命各種刊物。

九、上海民國日報與嚴愼予　上海民國日報自楚傖赴粤後，卽由胡樸安嚴愼予負責，愼予湖州人，嘗被選全浙公會理事，後改任中央日報主筆，現任上海縣長。

十，上海報學社與潘公展陳布雷　吾國報業教育，始於民國元年全國報界俱進會提議之新聞學校，然不久瓦解，未曾實行，民國七年，北大學生始有新聞學研究會之組織，是爲報業教育之發端。嗣後上海聖約翰大學廈門大學及北京平大國大燕大上海南大等校，相繼設立報學系，浙人任報學教授者，嘗以邵飄萍任北京平民大學報學系教授爲始。民十五，始有潘公展任上海國民大學編輯法教授，陳布雷任該校社論編寫教授，該校學生自此遂聯合光華大夏二大學學生合組上海報學社，此報業教育發達之概狀也。

第四章　浙省隸入黨治後之新聞狀況

中國國民黨之在浙省，雖黨軍入浙後始得完全公開，然黨的組織與黨的宣傳，實始於民國十三年，其時在杭各報，如杭州報之沈玄廬，浙江民報之宋雲彬，之江日報之項慈園，對於三民主義，皆提倡頗力；而之江日報自民十三以迄民十五封閉之日，慈園及陳克楚程佩照程醉春潘志堅何午丁諸記者，言論尤爲一致。迄後浙江日報羅霞天，浙江晨報朱采眞、亦頗表示同情於本黨。當時浙督孫傳芳，懾於環境之呼聲，其勢駸駸，對於三民主義，亦曾宣稱：「並不反對」其他刊物如浙江省黨部之浙江不定期刊，平湖鄒秋墨等之平民週刊　丁眉孫等之新平湖週刊，之江日報之青年週刊及嚶嚶週刊，外屬如臨海之赤城日報，諸暨之諸暨民報，諸所紀載言論，亦莫不根據黨義，努力宣揚。蓋因是時軍閥官僚，大都藐視本黨，皆未措意。自五省聯軍之勢成，章太炎等高唱討赤之論，於是中國國民黨遂受軍閥蹂躪，雖眞正含有赤色者，固未絕無；而實際則國民黨與共產黨之間，彼並未有認識也。

自民十六春黨軍入浙，杭州民國日報操於共黨掌握，始正式表示鮮明之赤色，向之以國家主義或研究系或聯治派或依附於軍閥官僚之報紙，亦多變其故態；然大浙江報及浙江商報平湖民聲報等，卒不免封禁，（浙江商報後由邱不易出而呈請改組　浙江民報亦以杭州新聞記者聯合會之呈控，致遭封閉。及清黨事起，杭州民國日報記者陳士鼎、杭州國民新聞記者龍作，同時均在滬被逮槍斃，國民新聞社長鄭炳庚，旋亦逮捕至京審訊，此實浙省新聞界糾紛混亂之期，亦實浙省記者恐怖之期也。

清黨以後，新聞界言論，雖漸趨一致；但黨報往往隨黨部改組而亦改組，黨政之間，復時鬧意見；黨員所辦之報，亦每因其接近之互異，發生偏側之病；其非屬黨員者，乘間取巧，轉得於黨義之外，利用普通社會之心理，專務採取社會淫猥瑣屑之趣聞，博取閱者之歡迎，甚至對於時局及地方重要之問題，置諸不議，間或揭載一二評論，亦往往避重就輕，避實就虛，生氣奄奄，毫無精采，視之往昔各報，競張言論，則反瞠乎後矣。

抑又有言者，前此時期，浙省通訊社事業，未曾萌芽，各報記者對於社會行動，類多十分注視，踴躍採訪，以故各報恆有若干特別之新聞；此期通訊社聯鑣繼起，報館記者除少數外勤記者之外，大都以編輯爲專職，社會方面，置不措意，結果新聞威權，操於通訊社、各報所載，多蹈苗同。間有恃以出奇制勝者，要不外「標題」與「印刷」稍行加功；其次則移增篇幅，多剪滬報，或則彈力整頓副刊；故各報「印刷」與「編輯」，視前比較進步，其他則可述無幾焉。各報詳情，分別揭於左方：

第一節　反動報館之查封

浙省報館當軍閥盤踞浙之時，除一二先覺之士，敢於危言正色，努力向革命進程前進；餘多依阿苟合，與軍閥官僚政客相互勾結。自民國十六年二月國民革命軍克浙，省內氣象一新，新聞機關，由軍政警支配之下，轉而受省黨部之指導。但是當時黨權，完全操於共黨之手，舊有勾結軍閥官僚之報，固不能繼續存在；而真正站於中國國民黨立場之報（如杭州民國新聞）亦時受抨擊。是期省內報館以反動被封者，先後計四家，（大浙江報，浙江商報，平湖民聲報，浙江民報，　茲爲分述如下：

一、大浙江報之封禁　大浙江報經理周商甫勾結孫傳芳之情形，大略已述如上：民國十五年十月，浙江省長夏超宣佈獨立，杭州革命青年與本黨黨員即羣起實行搗毀；未幾夏氏失敗，孟昭月入浙，商市復向孫孟等軍閥領取損失費千餘元，重行恢復；及次年二月國民革命軍到杭，浙江政治分會遂決議將該報封禁，商甫亦離杭。

二、浙江商報之封禁　浙江商報之略史，亦曾詳上：該報經理陸佑之，曾任浙江省自治法會議代表，傾向聯省自治，國民革命軍討孫戰起，該報紀載軍訊，恆爲孫方所蔽，黨軍入浙後，杭州工會林立，要求加薪罷工之聚，紛紛踵起，佑之在報端揭載評論，勸告勞方顧全資方，謂「皮之不存毛將焉附」，當時省黨部工人部長韓寶華，以爲袒護資方，摧殘工人利益，遂提交省黨部議決將該報封閉，是爲浙江省黨部直接封禁報館之始。閱半載許，樂清邱不易始出代爲呈請啓封，嗣後遂由不易任經理，訂約限五年後歸還陸氏。

三、嘉興日報之封禁　此報創辦以來之情形，業已詳前：及黨軍克浙，嘉興縣黨部以該報社長兼主筆顧紹鈞，跡近土劣，遂行封閉，顧氏昆弟遁走得免。

四、平湖民聲報之封禁　平湖民聲報，係俞允言創辦，允言曾辦平湖日報，前曾述及；

民國十六年春，此報因揭載軍閥通電被當地縣黨部查封，允言亦被逮下獄。

五、寧波四明日報之封閉　此報創辦概略，已述如上：黨軍入浙時，該報經理李霞城，被寧波市黨部檢舉為土劣，該報記者李仲瑜，憤不能平，散發攻擊寧波市黨部市政府傳單，事為市黨部發覺，立即查究，並由十七軍政治部出而發封，李仲瑜拘押在部，李霞城所設立鈞和印刷所，亦一併被封，仲瑜旋經非禹梅等保出。

六、浙江民報之封禁　浙江民報之出版經過，前節紀誌甚略：該報經理李敬孫，向與軍閥官僚政客接近，時有反動言論，民十六春間，省黨部即擬與浙江商報同時封閉，因該報托人極力疏通，始獲免。及秋，杭州新聞界陸舒農湯德民章正範項慈園殷再為等發起組織新聞記者聯合會，該報主筆祝晴園獨致不滿，記聯會已深銜之！未幾，該報編輯章九如復陷記聯會會員吳嘉生，致吳氏被杭州市公安局逮捕，因之益惹起記聯會之不平，該會執委章正範等，認為有意破壞，遂搜集該報反動事實，向浙江省黨部呈控，經省黨部照准，咨請省府查辦，該報得悉，初欲用金蟬脫殼之法，一面令祝晴園章九如離職，自動停版一天，宣告改組，一面復由吳欣木出而繼續主持，重行照常出版，浙江省政府徇尊重輿論計，乃爲提交第三十八次會議，經議決通過，准如所請執行，是年十月二十六日，即實行查封。後來該報所有生財什物及報館押租，均由杭州國民新聞社呈請省府發交該社使用，於是浙江民報遂行消滅。

附錄蘭溪民報訪員丁天鴻致杭州記聯會函（上略）去年陰歷七月間軍事發動，浙東邊境與贛閩交界之處，漸加吃緊，其時孫傳芳自稱五省聯軍總司令，即調兵增防，或開入贛境作戰，均從蘭溪過境，蘭溪縣知事金乃光，當時奉省電令，所有軍隊過境，仰即妥爲照料，金乃光奉省電後，即出其平日強暴迫脅敲骨吸髓之手段，召集城區紳商兩界在縣署開會，硬派鉅款接待逆軍，以媚軍閥。當時上午十一時開會，直至強迫各紳商逐一簽字，承認繳款後，始行散會，時已下午一時矣，數十人在縣署怨苦至五小時之久，鄙人遂將此事一切情由及其平日貪贓枉法，草菅人命，悉行撰成長篇新聞投寄民報。不料民報接到後，隨將原稿寄與金乃光，而金乃光當於七月二十八日下午六時半，親率衛隊司法警察等十餘人，到商會將鄙人捉捕下獄，聲稱解往南京槍斃，後經多人營救，數易保狀，由四店舖蓋章取保，擱至月初二日始行釋放，鄙人在看守室中，飽嘗一月餘之風味。中間並牽涉多人，經友人某君往杭州向民報質問，始允去函緩頰釋放，後某君回閩，知係該報館章九如作祟，（中略）鄙人當時本欲與民報辦理交涉，後因各保人再三解勸，且保狀最後由金乃光與陳監獄加改說明「釋放後，不得再投稿報館，別生枝節，」故隱忍未果云。

附新聞記者聯合會宣言　本會自檢舉浙江民報歷來阿附孫逆阻撓革命之反動言論，向省黨部告發後，該報卽呈文省政府，指本會之控告爲「橫被舉發，同行嫉妒，」思掩盡耳目，苟延殘喘，以遂其爲軍閥爪牙惑亂民衆聽聞之野心。本會對此奸佞，爲領導民衆效忠黨國計，實不敢置於不顧，茲復歷陳三點，略告各界，請祈明察：一，檢舉反革命是否同行嫉妒？本會爲謀杭州新聞記者本身利益，及提高輿論權威而組織，但一面對於黨國所負之責任尤爲重大，凡一切反動之勢力，本會必攻擊之不遺餘力，浙江民報旣多反革命言論，本會迫於正義，不因同業而有所隱蔽，此實對於黨國所持大公無私之態度，亦爲本會提高輿論權威，掃除革命障礙，破壞小我情面之令德。玆浙江民報以詞缺理窮，出此無謂之反噬，可笑亦復可嘆也！二，事實俱在是否橫被控告？該報呈省政府文，有云橫被控告，有云，截取評論中一二不檢之語句鍛鍊羅織，請翻閱本月二十一日杭州各報所載本會上省黨部臨時執行委員會呈文所舉各案，是否僅一二不檢之語句？且本會曾附呈浙江民報三十三分致省黨部，該報之反動言行，前呈所舉者，實不過就耳目所及之該報言論發其一二。至若去年十月二十八日聯軍日報所載該報社長李開福，（卽乾孫）致孫傳芳書，有「浙江旣不可黨治，更不可自治，祇可官治，現聯帥威鎭五省，請速蒞浙，封閉自治團體，實行官治，」及十月三十日上海新申報載「李開福領導浙江三千萬人民歡迎孫傳芳來浙主持電」以上均用浙江省議員兼浙江民報社長李開福銜：尙未列入；上列兩證據，現在製版，不日在報端披露，如此反動，實爲荒謬之極！李開福現尙在縉雲縣縣長任內，尙未脫離該報關係，此種事實，豈亦爲憑捏造耶？三，爲孫逆告諭，豈得謂職務上不能免之事實耶？查報紙天職，一為代表輿論，一為矯正輿論，今該報製造種種無據消息，中傷國民革命，如謂蔣介石同志受傷，北伐軍大失利等，並反對青天白日滿地紅國旗，傾道民衆，誤入歧途，此等反動行為，豈亦為職務上不能免之事實耶？豈諂諛軍閥，抨擊革命軍，為孫傳芳武力強迫所致耶？如為職務，凡獨立之報紙，必無如此反動態度，非居心反 命，並諂軍閥，阻撓國民革命而何？總之：本會對此，意在警醒反革命宣傳之同業敗類，為黨國計，為三民主義之國民革命計，為提高輿論權威計，必當竭力剷除之！謹此宣言。

第二節　浙江新聞界之清黨影響

浙省新聞界之沾染共黨色彩者，當以沈玄廬氏為嚆矢，幸而急流勇退，未陷漩渦；其次則有從事新聞印刷業之倪憂天，在民十四時即以共黨被緝聞；再次則浙江民報記者宋雲彬，平湖日報記者徐倘彼，北京京報主筆邵飄萍，亦均以共黨嫌疑聞；然雲彬初僅獲受停職出境之處分，（按清黨後被通緝）倘彼下獄未久亦得保釋，惟飄萍遭被共嫌，受禍獨烈。其他被誣宣傳赤化而實非赤者，有諸暨民報；以共黨嫌疑被緝而得白者，則有前大浙江報主筆查猛濟等；通緝而聞風遠颺者，則有仰光日報主筆陳震，杭州民國日報總編輯楊賢江等；以共黨嫌疑下獄而得釋放者，則有曾任新浙江報經理查人偉，曾任新平湖週刊主筆丁眉孫等；此爲浙省新聞界先後墮入共黨漩渦之一斑也。此外遭被刑獄，與被誣而陷嫌疑者，更不乏人，玆爲分別述之如下：

一、杭州民國日報主筆唐公憲之下獄　唐公憲名政，遂昌人，浙江省立第一師範學校畢業，曾任蕭山龕山繼志小學教員，浙江省立第一中學總務員、杭州民國日報創辦之初，楊賢江任總編輯，氏贊焉。因是時共產黨宣中華等主持浙江，黨部、該報爲其直轄之宣傳機關，故清黨發生，楊聞風遁避，氏以未及走，被捕下陸軍監獄。

二、甯波民國日報經理莊禹梅之被捕　十六年四月十八日甯波清黨事起，當時甯波民國日報王任叔等多人，軍政當局均擬逮捕，適任叔前由廣州過滬抵甬，返里未曾就職，僅捕經理莊禹梅，未久亦獲保釋。

三、杭州民國日報國民新聞兩記者之捕殺　杭州民國日報記者陳士鼎，杭州國民新聞記者龍作，皆鄭炳庚任社長時所聘。士鼎文心頗靜細，曾任國民革命軍二十一師司令部參謀處上尉書記，師過貴溪時，曾奉派爲查封張天師府教產委員，龍作廣西人，曾任國民革命軍第二十一師政治部宣傳隊隊長，文筆恣肆，類其爲人，與炳庚皆爲同事。（炳庚曾爲該師政治部主任另詳後）克杭之後，炳庚與其同事項慈園等組織杭州國民新聞，旋因清黨兼理杭州民國日報，一時苦乏相當人才，乃聘龍陳等爲編輯，然未知其加入共黨也。任事未久，龍陳等相繼請假赴滬，不數日即以被捕槍斃聞。查二氏當時所作評論，並未見有共黨之色彩，龍氏對於杭州職工聯合會等之反共組織，而且予以援助，當初共黨主持之杭州民國日報，且目該報爲反動派，是誠所不及料也。未幾，炳庚亦以共嫌逮捕至南京，（聞宣中華日記簿列有鄭之姓名，係仇視者添載）幸得該報載有職工聯合會等宣言及與共產黨主持時之杭州民國日報發生論戰種種情形，因得證明釋放。

四、浙江民聲報記者蕭仲雲之逮捕　仲雲究心新文學，初任杭州新聞通訊社記者，杭州新聞記者聯合會二屆選舉，被選爲候補執行委員，張仲孝創辦浙江民聲報，聘充編輯，未及旬日，卽被特種刑事法庭逮捕。

五、杭州新聞通訊社記者李公凡之逮捕　李公凡原籍揚州，僑居杭縣，曾肄業上海大學，攻究新文學、兼留心婦女問題，嘗任杭州市報編輯，兼副刊主任，杭州新聞記者聯合會二屆選舉，被選爲執行委員，兼任日日新聞杭州社及杭州新聞通訊社記者，民國十七年夏被特種刑事法庭逮捕，於民國十九年三月十一日獲釋。

六、杭州國民新聞記者許瀚之逮捕　許瀚湖南人，畢業湖南師範學校，曾任湘報編輯，民國十六年冬，赴杭任國民新聞編輯，對於新聞編輯法頗能研究，所作語體文，亦流暢健茂，次年冬，浙省府據湖南省政府電告，遂由特刑庭執行逮捕，月餘以病出獄就醫，及十八年三月，柳亞子函請國府蔣主席及浙省政府張主席，准予保釋，出獄未久卽返湘。

第三節　黨報之組織

本黨黨報之創始，肇於清光緒辛丑香港陳少白黃世仲陳思仲等之中國報，旋經朱執信陳春生馮自由等改組，名稱仍舊　嗣後光緒甲辰　程蔚南張藹山等創民生日報於檀香山，唐瓊昌劉成禺等創大同報於舊金山，及乙巳，汪精衞胡漢民朱執信章太炎等在日本東京發刊民報，革命空氣，遂益緊張。迄於丁未，汪氏又與田桐周杜鵑張紹軒等在新嘉坡組織中興報，盧信溫雄飛等又在檀香山組織自由新報，戊申庚戌之間，在雲高華復有周天霖崔通約等之華英報及馮自由等之大漢報，在舊金山則有黃超五黃芸蘇等之少年報，此本黨初期宣傳刊物之一斑也。民國成立，各大埠始有民國日報之設，上海最先，（時在民國四年）粵漢繼亦踵起，（皆在民十二）浙省對於此報，當民十五九月，項慈園李惠人等在粵，即與張人傑朱家驊等爲數度之接洽，旋以項氏隨師北伐，事遂寢。民國十六年三月，黨軍克浙，浙江省黨部始實行組織，甯紹各屬，亦相繼設立。玆爲分別述之如左：

一、杭州民國日報　此報創刊於民國十六年三月一日，由浙江省黨部派員組織，即以浙江省議會原有之印刷機器移作印報之用，館址設奉直會館，開辦費及常費，均由省黨部負擔，由省黨部派張柳生任經理　派楊賢江唐公憲任編輯，報權完全操於共黨之掌握。未及二月，東陽工幫以工會登記被拒，由杜震鄉等發起組織職工聯合會，開會於周公井金衢嚴處四府同鄉會，刊發宣言，雙方集衆各近萬人，四出毆鬥，職工聯合會聲勢尤盛，提出打倒共產黨口號，杭州國民新聞陰爲贊助，並邀同黃埔同學會會員出爲聲援，迨四月十三清黨，該報遂行改組，並拘捕唐公憲等，報館內部，由浙江行營主任蔣爲雄特派章烈及邱不易嚴紹梁三人前往接收，該報遂告改觀。嗣東路軍政治部主任葛武棨正式委任鄭炳庚洪陸東邱不易陳共鑫等七人爲該報執行委員，社務分股担任，旋洪邱等離職，執委會取消，經理一職，由鄭炳庚担任，以陳士鼎戴寒光王天中等任編輯，以陳克楚羅正履等任總務。士鼎旋以列名共黨在滬被捕槍斃。（已詳上）寒光名冰石，江蘇泰縣人，黃埔軍事政治學校第四期畢業，曾任國民革命軍第二十一師經理處特務隊隊長。（民十七在滬任偵探爲仇人刺殺於途）大中樂清人，曾任國民革命軍第六軍第十九師政治部宣傳科科員。正履青田人，畢業浙江法政專校，杭州國民新聞創辦時，並曾分任編輯。（克楚已詳前）炳庚任未月餘，以共黨宣中華日記册列有姓名，被捕至京，雖經審訊釋回，而杭州民國日報，自此復歸省黨部改委會管轄。未幾，該會派許寶駒出任經理，許字昂若，杭縣人，國學具有根抵，曾任浙江省立第一中學教員，浙江教育廳省視學員，夏超歸順國軍，氏與馬叙倫等嘗充信使，往返浙粵，省黨部改組委員會成立，氏被任爲改組委員兼婦女部長，接辦民國日報後，評論撰著，多出己手，旋復辭去，由蕭明新繼任經理，陸舒農任總編輯。舒農思想新穎，文筆矯健，對於新聞學，尤富研究，著有「訓政時期之新聞編輯方針」一篇，指陳剴切，新聞界奉爲圭臬，又嘗邀同杭州新聞界，組織杭州新聞記者聯合會，被選爲執行委員，及許蟠雲任經理，氏即辭職他去。蟠雲，名震寰，黃岩人，北京大學畢業，曾任浙江農業專校及蠶業學校教員，浙江省教育會副會長，主持民國日報未久，以反對中央特委會，與樓桐孫陳希豪盧仲英黃維時王犖等組織救黨運動大會，被省府通緝，遂棄職離杭。由沈爾喬出而承之。沈字太素，向在杭執行律師事務，時任浙江省黨部臨時執委會兼婦女部長，接任後，任徐柏園為總編輯，陸翰芹高越天章正範為分編輯。正範杭縣人，畢業上海國大報學系，曾任杭州國民新聞，國民通訊社記者，於婦女運動貢獻頗多，杭州記聯會之組織，亦為發起人之一，嘗連任一二兩屆執委，對於會務，多所擘劃。翰芹越天，均擅文學，越天考取縣長後，即離新聞界。民十七夏，浙江省黨務指導委員會成立，由省指委兼宣傳部長許紹棣接辦，以胡健中為總編輯。紹棣臨海人，畢業上海復旦大學，曾任上海民國日報副刊編輯，時兼任浙江省立高級商科學校校長。健中為二屆浙江省黨部候補監委，十八年四月，浙江省政府議決取消二五減租，健中著論反對，旋值嘉興城內發生匪劫，胡氏揭載社評，「嘉興中行被匪洗劫」案及減租問題，浙省府認為牽強附會，抨擊政府，蓄意鼓動風潮，遂令杭州市公安局於四月三十日制止出版，並解送胡氏至京，旋由中宣部訊明，即行釋回，逮匝月，始由中央電令准予啓封。該報自紹棣接辦以來，極力擴充篇幅，改良印刷，銷數漸見激增。

附國民通訊社記事一則　杭州民國日報登載，嘉興中行被匪洗劫一文，內中有「我們自然的聯想到省政府最近取消二五減租的決議案了，我們敢說這種違背黨綱，昧於時勢的設施，實不啻爲將來的不幸事件散布下多量的種子，嘉興的劫掠很可以拿來作相對研究的資料」省政府認爲該報，牽強附會，抨擊政府，蓄意鼓動風潮，有害地方治安，即一面令飭公安局將該報暫行停版，一面派員護送該報編輯人員胡健中至南京宣傳部聽候處置，該令文，大意如下：該報對省政府決議案肆意抨擊，曾向中央請示，據中央宣傳部電復，謂已電令制止該報言論，如仍不理，再作進一步之處置。詎昨日該報社論復題附會，淆亂觀聽，蓄意鼓動風潮，不特違背中央命令，實屬危害地方治安，着即將該報暫停出版，其編輯人員胡健中派員護送南京中央宣傳部聽候處置云云。

又杭州市公安局宣傳室紀事一則　當省政府下令公安局停止該報出版，時已三十日下午，該局接到命令，一面飭區遵令辦理，一面訪覓編輯胡健中君，勸其赴局談話，胡君適在商科學校，經該科長婉言邀勸，胡乃偕同黨部許君紹棣同乘公安局汽車赴局，即在督察長辦公處小憩，由局員同陪晚餐，並取胡君臥具酣臥一宵，次早，復由便衣高級局員三人，同陪上車，一路護送至甯。其停版一事，係由二區署派員帶同長警數人至報社內，與該社主任說明情形，該社遵令停版，並無爭執。

又國民通訊社駐京記者電訊一則　杭州各報均載，昨日浙江省政府押去浙江省黨部候補監察委員　民國日報主筆胡健中，當晚即在杭市公安局拘押，翌晨派警押解至京，呈請中宣部處置，東夜抵京，宿中央黨部留俄招待所，冬晨即出中央黨部恢復自由。並聞葉楚傖，陳果夫，對胡均撫慰有加　此事當由中央負責解決。杭國民社駐京記者等冬。

又杭州民國日報復刊啓事　本報因二五減租問題，以黨報職責所在，闡發黨義政策，致發生意理上不人發生之事件，停刊至今，幾及一月，本報同人，含垢忍辱，苦痛至深！茲奉中央迭次令電，以本報爲全省視聽所繫，未容長此頓挫，且對政府直接干涉黨報之舉動，業已加以糾正，還令自本月念八日起照常出版，謹此通啓。

二、甯波民國日報　民國十六年春，因當地四明日報記者李仲瑜散發攻擊甯波市黨部市政府之傳單，其經理李霞城，亦被市黨部檢舉爲土劣，（已詳上）於是市宣傳部即召集會議，決定改組該報爲甯波民國日報，並通過委時事公報記者兼市商人部長莊禹梅爲經理，王任叔爲總編輯，倪瘋人李花白陸欽德等爲編輯，即以鈞和印刷所爲印刷所，由經理派周忍災主持所務。及四月十八日甯波清黨事起，該報經理莊禹梅被逮捕，報館亦遭搗毀、王任叔因自粵初返，尙未就職，故未及於難。後屢有改組，現社長兼經理爲吳望伋，總編輯爲陳伯昂，十九年五月，由吳陳等偕同鄞縣黨部代表左洵，鎭海縣黨部代表楊偉潮，慈溪縣黨部代表邵粹瑜，奉化獨立區黨部代表陳光琦，定海縣獨立區黨部代表徐正等開會討論，經決議通過

：一、呈請省執委會，依照全省設立區黨報辦法，將甯波民國日報，改爲舊甯屬區黨報；二、規定鄞縣津貼二百五十元，慈溪津貼五十元，鎮海象山各津貼四十元，定海奉化南田各津貼三十元、津貼費支撥時間，定十月份起，並定俟各縣黨部各獨立區黨部津貼費確定後，再行擴充，擴充時期最遲不得過十九年一月一日：三、區黨報經費除各縣黨部各獨立區黨部津貼外，不敷之數　擬呈請省執行委員會，每月酌撥津貼銀二百元；四、本會議決案，除各代表分別執行外，其他案件，推鄞縣黨部執行。後於七月一日實行改組。

三、紹興民國日報　民國十六年春，就舊有之越鐸日報改組，爲紹興縣黨部之宣傳機關，社設紹興大路。越鐸日報者，係張越銘張天鐸二人發起，故名，改組後，報權改隸紹興縣黨部。該報訂有徵聘訪員辦法，爲述如下：一、訪稿以投登一報爲限，違者取消酬資；二、關於村里制區分黨部黨務消息及宣傳性質之稿，不給酬資；三、訪員以外，兼設投稿箱，任令各界自由投稿。

四、其他　各縣縣黨部，近亦相繼組織黨報，惟名稱不一，作輟無常，內容亦多簡陋，其著者，在杭屬則有海寧縣黨部發刊之海寧民報，（按該報社長爲朱奇生主筆初爲吳錦麒今爲羊仰高）富陽縣黨部之富陽黨部週刊，餘杭縣黨部之新餘杭報；在嘉屬則有嘉善縣黨部之嘉善報，平湖縣黨部之圖書壁報，嘉興縣黨部之嘉興黨聲及嘉興黨務；在甯屬則有慈溪縣黨部之慈溪黨務，鎮海縣黨部之鎮海黨聲；在紹屬則有諸暨縣黨部之諸暨國民新聞，蕭山縣黨部之蕭山民國日報及蕭山黨務半月刊，餘姚縣黨部之餘姚民國日報；在金屬則有金華縣黨部之金華新聞，浦江縣黨部之浦江先導，直屬永康區黨部之新永康旬刊；在衢屬則有龍游縣黨部之龍游黨務週刊，江山縣黨部之江山黨部；在嚴屬則有建德縣黨部之晨鐘；在溫屬則有平陽縣黨部之平陽黨報；在處屬則有麗水縣黨部之麗水黨報；最近嘉屬各縣黨部，亦仿甬民國日報辦法，呈准省黨部組織嘉屬區黨報，其係過去已告停刊者，姑從略焉。

第四節　浙省黨員之新聞事業

浙省報社，除黨報已述如上，其屬本黨員員所辦者，亦絡繹相望，雖言論主張，容有出入，要其立場初未稍有殊異，茲為分別述之如下：

一、杭州國民新聞，創刊於民國十六年三月，發起者為鄭炳庚項慈園程季英等，炳庚字煥平，青田人，黃埔軍官學校第一期畢業，時任國民革命軍第二十一師政治部主任。慈園已詳上述，時任國民革命軍第二十一師司令部祕書兼募兵主任。二氏自粤隨師歷贛入浙，迭參洋埠桐廬富陽諸役，克杭以後，炳庚因病辭職，慈園因主持募兵，時留駐杭州，念之江日報前遭浙省軍政閥摧殘，特偕邀程季英等共同發起此報，蓋廣州黨報，向有民國日報與國民新聞，故組織此報謀以擴大本黨之宣傳。旋組織就緒，推炳庚為社長，慈園為副社長兼總編輯，季英則為營業部主任。出版未幾，適杭州總工會與職工聯合會發生衝突，國民新聞則折兩用中，時浙省報界認清中國國民黨者，斷推此報。慈園嗣以事繁不暇兼顧，由龍作升任總編輯，候志明戴寒光羅越凡顧萍之羅正履等任編輯，旋龍氏在滬遭被捕殺，炳庚亦以忌者中傷被逮，慈園又因二十一師電促返前方，該報舊有人員遂瓦解。先後由浙江省黨部派李允希劉冠世等承之，由湯恩民章正範等任編輯，及九月，劉氏辭職，湯章等亦更調，仍由炳庚慈園等任正副社長，總編輯一職，亦仍由慈園兼任，時分任筆政者，有杜師業孫織天徐素鷗程佩照葉燕蓀楊繩武等。杜字冠卿，別署北山，青田人，清舉人，曾在日本習法政，歷任浙江省諮議局議員，國會議員，浙江省長公署秘書長。織天字荆民，亦青田人，畢業黃埔軍事政治學校，曾任革命軍第二十六軍政治部宣傳科長。素鷗吳興人，滬江大學畢業時任浙江省立蠶業學校教員。燕蓀青田人，時任浙江省防軍司令部特務員。繩武雲南石屏人，曾肄業北京農大，任國民革命軍第二十一師政治部宣傳員。佩照係前之江日報編輯，時方自國民革命軍第二十一師師黨部辭職歸。然未久炳庚被任浙江省黨部臨時執委會委員，社內除副社長項慈園外，餘者更換，內部爲之改觀。時侯志明代社長，艾時許瀚等任編輯，侯艾二氏皆畢業黃埔軍校，侯文筆敏捷，對於社務亦頗能精心擘劃，故報務爲之一振。既而侯辭職赴京，炳庚復職，添任戴世勛襄助社務，並添聘蕭縣王河清等任編輯，戴字化清，蕭字孟菊，皆湖南人，黃埔軍事政治學校畢業，化清曾任二十一師學兵隊分隊長，杭市公安局宣傳科主任，孟菊曾任浙江省黨部青年部祕書，旋慈園以任杭州市報主筆，未暇兼顧，總編輯一職，卽由孟菊升任，艾亦出任省防軍參謀，及十七年九月，慈園又以浙江商報聘任評論撰著，兼之浙要津某陰懷嫉忌，遂脫離該社，不久許瀚蕭縣王河清等，亦陸續去職，自此該報局面又爲之改變。近今總編輯爲胡國振，編輯爲李炎雲沈雨蒼等，化清則已物化。胡李皆黃埔軍校畢業，胡曾任杭縣執委會宣傳部長，李亦曾供職二十一師。至於該社經費，開辦費及初期數月，由蔣總司令介石函知浙江財政廳撥給，旋呈准浙江省黨部月給補助費一千二百元，前歲冬，浙江省黨部宣傳部因懷不滿，曾提出常會議決停止補助，所有經費，概由浙江省政府借墊，後由省政府會議議決恢復，所有借墊之款，仍由省黨部應支黨費項下扣回，杭州黨員所辦之報，得有黨費補助者，僅此一報而已。

二、杭州市報　創刊於民國十六年七月，始由孫環黃王緇塵程季英李劍父羅越凡葉伯周林知梅等發起，出版未數月，即歸王蘇香經理，十八年一月，王以恢復之江日報，仍交環黃季英諸人續辦。環黃國學具有根底，文筆銳厲，曾任浙民日報主筆；季英曾任之江日報編輯，浙民日報經理；劍父為公凡之兄，曾任大浙江報編輯，上海時事新報駐杭記者，現任民風通訊社社長，越凡餘杭人，曾任杭州國民新聞編輯，杭州民國日報外勤記者；伯周曾任杭州編譯局及崇文印書局經理；環黃季英越凡，並曾爲杭州記聯會執委，惟知梅與新聞界未有歷史。該報初期數月，環黃等以外，分任筆政者，有李公凡馮元芝等，蘇香接辦以後，編輯事宜，初仍由環黃緇塵公凡元芝，繼續擔任，及民國十七年一月，始全體改組，由項慈園任主筆，李雄劉中陳金魁等任編輯，副刊主任一職，由李兼任，後李雄任杭縣縣黨部指導委員兼宣傳部長，改由樓尹庚繼任，同時劉中陳金魁亦分別出任宣平雲和各縣登記處指導委員，由張耆仲楊德明等繼任。蘇香原名文端，字素馨，臨海人，畢業蘇州婦孺醫院，曾任台州普濟女醫院及石浦惠民病院院長，上海紅十字會醫院醫士，民國十五年冬，受國民革命軍第二十一師密函，密派同志赴嘉興台州各屬及餘杭安吉孝豐各縣，招集民軍爲內應，安孝各團襲擊孫軍，頗著戰績，黨軍入浙後，迭受國民革命軍第一軍第一師師長薛岳及國民革命軍第二十一師師長嚴重，任爲憲兵主任及少校軍醫，先後募集士兵三千餘人，需費僅六千餘元，何總指揮應欽及薛嚴兩師長均加獎勉。旋薛嚴二氏辭職，二十一師師長陳誠改任爲該師軍醫處少校政治指導員，旋改爲政治訓練員，隨部隊北伐。直抵寶應，車邏壩一役，乘敵人甫退，即單騎至戰地收集傷亡士兵，並在河中撈獲槍械子彈等多件，權用空棺數口裝運至前方，陳師長誠得報，亦加獎勉。嗣沒師南京，值師黨部改選，當選執監委員，政治部主任張世希忌之，當場宣稱政治工作人員無被選權，強作廢，師長陳誠及參謀長羅卓英，以政治部主任對於軍隊特別黨部條例，當所熟諳，遂亦一致贊同。事後蘇香持軍隊特別黨部條例，面向陳誠張世希等質問，張等堅持不納；旋呈請中央黨部軍人部解釋，經部長蔣中正批令應當選執行委員，因即具書該師黨部聲請恢復。然該部執監委員仍多置不理，並將少校政治訓練員一職罷免，復嚇稱派特務隊逮捕，因趙稟何總指揮應欽，何氏轉令返浙服務，並具函介紹於浙江省防軍司令蔣伯誠。即至杭之當夜，即由二十一師杭州留守處人員密告於杭州市公安局局長杭毅，乘夜派武裝警察逮捕，轉送陸軍監獄，越二月，陳誠自江北轉贛返京，以何應欽杜偉等出任調解，始允釋放，出獄未數日，遂任杭州市報社長，所任編輯人員，多係二十一師同事及本黨忠實同志，故對於黨務宣揚尤力焉。

按此報之特點，除努力宣傳黨義外，並注重婦女運動及他種婦女消息；「五三」濟案發生以後，反對日本帝國主義，尤不遺餘力；其他摘奸發伏，不畏強禦，爲時所稱者，如揭載杭州市公安局偵緝隊長樓炳章之嚇取方槐卿巨款，揭發世界園主李炳謙之唐懿學徒鄭小毛，諸如此類，不一而足。又民國十六年十一月以前，杭州各報，例須於付印之前，每夕受浙江省政府及杭州市公安局之檢查，言論記載，完全喪失自由，當時杭州新聞記者聯合會，雖經提出要求省當局實行廢除檢查，特以何主席應欽未駐在杭，鮮有晤面之機會，蘇香於民國十六年十一月某日，值何主席來杭，面請何主席實行廢除檢查，即邀允許，杭州各報廢除檢查，實自此始。

三、浙江民聲報　創刊於民國十七年三月十七日　發起人爲張仲孝高紀生等，旋因經費不支，於四月下旬改由徐濟川陸翰芹陸寒波等接辦。仲孝曾任杭州國民通訊社社長，濟川字伯園，當沈爾喬任杭州民國日報經理時，曾任該報主筆，翰芹等亦與同事，及六月一日，以社評『笑煞日本小畜生』，措詞偏激，省指委會認爲有意破壞，提交第十次常會，議決函知杭州市公安局勒令停刊，次晨遂由公安局派警赴館將該報館封閉，旋由徐伯園書請浙江省政府，久懸未決，至十二月始行復刊，改由常書林任經理，陸翰芹爲主筆，編輯事宜則由馬良治担任。書林曾任杭州女子職業學校教員，及上海新紀元週刊撰著，著有『外交』及『帝國主義與中國』等書，良治曾任大浙江報及杭州新聞通訊社記者。附民聲報啓事：本館突於本月二日晨二時半，被公安局派木壳鎗隊封閉，館內用人均不待天明被逼離館，後經探查，始知係省黨部直接函公安局查封，理由爲屢著反動言論，破壞黨務。查本報言論是否反動，報紙具在，均可覆按，本月一日「笑煞日本小學生」及二日「愛黨」兩文，均係指正省黨部宣傳張貼通衢之反日宣傳地圖而作，語稍滑稽，意含諷諫，站在黨之立場，係愛黨，站在國之立場，係愛國，果何所據，指爲反動？又查封報館，權在省政府，省黨部既越權指揮公安局，公安局又擅自接受省黨部指揮執行封閉，黨部與政府之系統破壞殆盡，公安局此種亂命，誓不承認！除暫停出版，書訴省政府候命外，特將是非曲直，奉諸公論。

附民聲報與省政府之呈批　浙江民聲報社，自被省黨指委會令公安局查封後，記聯會等亦起援助，該社經理徐柏園，協理陸翰芹等並呈請省府委員會，請予保護，恢復出版自由。原呈略謂：接辦民聲報以來，對黨政設施，地方建設，評論紀載，悉本三民主義，宣達民情，補益當局，期於實現主義…………封閉報館，權在省府核辦，不能直接指揮杭州市公安局執行；杭州市公安局亦不得直接受其指揮。去年浙江民聲報發封手續，條例具在，破壞行政系統，誓不承認，為此籲請省府，主持正義，予以保護，並乞迅令杭州市公安局，恢復出版自由，及函達本省黨務指導委員會，糾正直接指揮杭州市公安局，封閉報館之不合法手續。旋由省政府批云：該報經理既係同屬黨員，對於黨部，自應具有尊重愛護之誠意；何得遽以輕率不莊之態度，發為諷刺與致妨及黨部威嚴？殊有未合！所請由本政府令飭公安局恢復該報出版自由之處，應由該報館推舉經理編輯等員，並保証以後，不再登載類似前項言語，自可從寬辦理，仰即遵照，另行聲請候奪。

又國民通訊社云：本市民聲報於本月一日封閉，現探得被封大概原因，可為披露：據聞係因該報屢有意登載本黨中央頒布秘密文件，五月二十九日，在時評欄內，有政務官登記一文，謂『國民黨的重心，已經不像從前之穩固，黨部與政府早已造成尾大不掉的局面，黨治之下，本該先有黨部，然後有政府，但事實上，幾乎到處看見先有政府，纔有黨部的表現……………目前楊宇霆曾講過一句很漂亮的話，他說：北京的財政從此不會再感困難，因爲從前拿乾薪不做事的官僚，都跑到南京去了……………但辦登記的，又是否能代表各該黨員的意志呢，真予欲無言……………」

似此言論，反對此次中央整理黨務之議決案，態度甚明，違犯黨紀，昭然若揭；其他如中央對外交取鎮靜態度，而該報屢有挑撥文字，貽日人以口實之言論，如五月十日時評內有「戰戰戰」等文字。但該報負責人員係任浙江省黨務指導委員會重要職務，自第一次將某項密令擅自在民聲報發表後，曾經省指導委員會口頭警告，嚴戒不聽，故該會在第十次常會中議決將該員嚴加懲戒；至該報言論荒謬，蓄意破壞黨務，在黨之下，絕不容有此種反動宣傳，故亦議決令其停刊云。

四、之江日報　此報創辦及封禁之經過，已述如前，民國十七年十二月，始由項士元王蘇香方志行等籌備復活，當由項氏呈請浙江省黨務指導委員會宣傳部核准備案，於民國十八年一月五日復刊，仍由項士元任主筆，以王蘇香爲社長，以徐春潮沈雨蒼等任編輯，副刊主任一職，由沈雨蒼兼任。春潮一字趁潮，閩縣人，畢業上海新聞大學，曾任國民革命軍第二十六軍政治部宣傳科科長。雨蒼原籍蕭山，曾任大浙江報副刊主任，杭州國民通訊社日日新聞南京社記者，杭州新聞通訊社及社會通訊社社長，杭州記者公會執委。此報復刊時，蔡元培，鈕永建，周駿彥，莊崧甫，程振鈞，陳希豪，孫常鈞、董紹祺，余梅蓀、周象賢，王訓耀，盧緯綸等，及省內外各民衆團體各新聞機關多撰文慶祝。茲擇要附錄如下：

節錄鈕永建「主義的戰士」 之江日報爲着三民主義而奮鬥遭了摧殘，今日的復活，就是牠光榮之所在。當時摧殘牠的軍閥，不知民族，僅知有己，把自己的生活和民族的生活分離了；雖則予智自雄，終於剝奪之間，完全撲亡了。之江日報雖遭了暫時的挫折；而因爲自己的生活寄托在更廣大的民族生活中，能把民族的生活，作了自己的生活，所以在這廣大的民族生命裏，能隨時可以復活過來。反過來看，如果之江日報當日不是主義的戰士，而是背叛民族，逢迎軍閥的苟且偷生者，牠的生命，一定也早隨軍閥同爐也就不會有今日這般光榮的復活。從一點，可以証明之江日報的復活，是一個主義的戰士的復活。現在民族的爭鬥中，危機尚未完全過去，我們對於一個眞正的主義的戰士，不知有多少需要，在這意義上，我們對於之江日報的復活，不能不致十二分誠意的慶祝，和十二分重大的期望！

節錄盧綽綸「之江復活」　民國以來的軍閥，他們所說的話就是法律，他們的舉動就是合法，他們要怎樣做便怎樣做，絲毫不受法律的干涉，見了他們誰都要退避三舍了，那裏還敢來說他一個「不」字。報紙是人民的喉舌，是一個輿論機關，到了民國，甚至也被軍閥摧殘備至！如之江日報，抱定革命的犧牲精神來作報界的先鋒隊向那軍閥們進攻，果然被軍閥們所忌，把報社封閉了，把主筆先生和編輯者都監禁起來了。像這摧殘輿論至於此極，要想謀一國的建設，那裏有希望！幸而軍閥到了窮凶極惡的時候，國民黨領導革命軍起來革命了，青天白日之旗一天一天飛展到全中國了，萬惡的軍閥也逐漸地消滅了，全國歡騰，大家都慶更生了，之江日報社，躬逢此會，又勇氣百倍的起來繼續出版了，這是社會何等的好現象！之江日報從來富有革命精神，言論正大，當此訓政之時，居然復活，我很希望拿過去的光榮歷史，再來擴大宣傳中國建設事業，刷新中國，達到世界大同。

附錄「之江日報五千號紀念之自述」　之江日報自從民國十八年一月五日復活，繼續奮鬥，所受艱苦，更爲備至。十九年六月二十八日，爲該報出版五千號之期，該報出有紀念特刊，各界多投贈詩文致慶，玆錄其「自述」一篇於下：

浙江向稱中國文化的淵藪，杭州在浙江省裏邊，尤是號稱首區，凡是住在杭州的人們，所負的責任，比較其他當是更加來得重大；漫說剧在指導民衆衆是富有歷史的杭州市中一個新聞機關。

新聞紙在社會的機能和權威，誰都知道是超越一切的。愛爾島特在他的『社會心理』學裏會說：「在近代文化廣佈而且複雜的社會中，公共意見的指導及構成，遂變爲出版物惟一的職務，而新聞和雜誌更操比指導和構成公共意見的重要部份。」黎朋在「羣衆心理」裏也說：「社會上各階級的人，無論智愚，苟一度混合或羣，就不免屈服于指導者的勢力之下。並且人羣的大多數，在他自己的專門職業以外，對於其他問題，總是不十分明瞭，或者竟無所可否，因此嚮導者的責任便集中於一個社會指導者。新聞雜誌的功能，便是爲讀書鼓吹言論，製造意見，而使羣衆省却種種推理之煩，因爲他實是社會唯一的指導者。」因此我們據以斷定，新聞紙的機能，是一切社會活動的中心。杭州在吾國地位，既是十分重要。那末，杭州的新聞紙，當然與中國具有重大的關係和影響。

杭州市出版的新聞紙，現今雖共計有六家之多。但在現今以前十數年中間的指導機關，除了「之江日報」其他都是未曾出世。雖然當時曾有不少的新聞紙，也曾在湖山明媚的杭州社會中，共同奮鬥；却是到了現今，都已早早成爲過眼烟雲，和社會永別了。

本報自從創刊以來，雖也曾與社會閱讀者屢次別離：但本報同人，百折不撓，始終不爲利誘，不爲威脅，屢仆而仍屢起。最近就杭州新聞紙中比較起來，固然大多後來居上；但是一息尚存，未來的培灌和發揚，本報同人，仍是未敢放卸仔肩。美麗的西湖，薰暖的今天，本報自從誕生到了今天，屈指已達五千號了。循例社會凡是何種事物，逢到一個整數。或是告一段落，多是深深地紀念着。本報今天既是逢着出版五千號的日子，而且是在杭州各報中算得一個歷史最長的報紙。如果僅是抱着靜默的態度，把那些過去的歷史，永久當作神秘。料想社會各界決不能明瞭這五千號所以綿延的端緒，而且在本報的自身方面，恐怕要忘掉歷來締造奮鬥的種種艱辛，沒由驅策改進，所以記者今天要寫下列的幾段事實：

(一)本報的創刊和反對帝制　本報創刊的時期，是在民國二年二月，當時不辭艱辛組織的，是一位海鹽張樹屏先生，他原來非爲營利而辦報的。當時首先主持筆政的，是徐蔚如先生，他是一個浙西的夙學，對於國學和政治經濟學，都是很有研究。因爲任事不久，便被邀到財部去襄理財務，所以在本報上不見留有怎樣重大的成績。繼徐先生而起的，是一位曾又僧先生，他的學問，雖然也是傾向在中國的經學史學文學上，但他對於世界一切的狀況，也有相當的研究；故他在本報所發表各種言論，多能追着潮流而推進。就我所記憶的，他在這時期的晰賊，在中國革命史上留有相當成績的，要算反對復辟和抗議項城稱帝的兩件主張：他底言論斷片，現在還可考見的，如在「勞宣乃共和解駁議」引言裏說：「近日浙人勞乃宣、有共和解正續之流播、王闓運宋育仁諸人，妄請清帝復辟，辭旨背謬，義據屑物……………傾西湖萬斛光明之水。無以洗滌其污辱」在「國言」序文裏說：『鉤黨初除，復時崛起，勝國遺老，空尊王而昧攘夷，儒林丈人，扶君統而忘民族，進姬旦退居之說，醜頁君思爲殺祚，假王陳周文服事之言，賊阿瞞作當塗太祖，越人方將乞靈熏穴以求君，陳氏已超超乎探囊而竊國，擊鼓鐘而爭利害，敢避陪煬魚藻之譏，張袞鉞以剖是非，聊容閒廁旅居之局。洎乎海宇擾攘，帝閽綦急，鱗攀附翼之倫，修黃袍以待御，持節握符之輩，望丹扆以稱臣，萬姓之謳歌訟獄，設鉤餌以餌之，四方之鼓吹笙簧，驅瓜牙以噬之，諷諫興則雷威以箝其口，刺譏作則馳檄以讋其魂，屈靈均滿腹牢愁，祇向湘江而灑淚，賈太傅放懷痛哭，難依藩服以傳身。余于是拂衣而去，囊筆以歸』照這看來，他不但具有正大的言論主張，而且肯犧牲固有的地位，絕對不被那般惡勢力所屈服，實具有革命不妥協的精神，值得吾們欽佩。我記得先生並曾在他的文集裏明白地說：「時京師要津賄囑浙帥，有此報不變言論，即行封禁語。」這可見得先生拂衣而去，一方固是爲着維護本報，一方仍是抱着『不變言論』的精神，他的苦心孤詣，眞是值得令人追思呀！

（二）本報兩次停版相反對軍閥　繼任曾又僧之後的，是一位徐冕伯先生，他是日本早稻田大學畢業，和本報經理陳讓旃先生，向是同學，他們當在日本東京游學的時候，與紹興徐錫麟，嘉興龔寶銓，臨海王文慶諸先生，原是與有革命歷史的關係，民五民六之間，文慶出任浙江民政長，龔氏亦在杭州主持浙江省立圖書館館務。他們原想在浙培灌民主革命的蓓蕾，造成一個新浙江，不料竟遭北洋軍閥的嫉忌，同時把浙江軍政的兩種大權，交給他們的私人楊善德齊耀珊兩人，讓旃冕伯，聽到這項消息，深恐浙省軍事閻治，遭被北洋軍閥的蹂躪，因立定主張，在本報報端加以抵拒，當時杭州許多的民眾政體，也一致起來，共同擁護；不料北京政府，竟不顧一切，用那高強的武力，派了不少如狼似虎的軍隊，作同楊善德等闖入杭州。臨到這個時候，浙省民衆，因沒可奈何，祇得屈服于他們槍架之下。本報同人，因想言論主張，既難貫澈，假使照常出版下去，勢必箝口結舌，拋却原有的態度；爾末，豈不喪失言論的威信，和本身的人格呢？因之決定暫告停刊。這是本報第一次停版的苦衷。及後隔了數月，讓旃暗想艱辛締造的本報，如果永遠的停刊，未免斷送言論權，因之蹶而復起。隨後楊善德在浙，果而秉承北洋軍閥意旨，排斥異己，驅遣浙軍童保暄第一師到福建去抗拒粵軍；齊耀珊亦厲行其勾結帝國主義與買辦階級的手腕，把西湖徐伯蓀烈士墓前的一片乾淨地，任令猶太亡國奴哈同建築一所巍大富麗的羅苑，而且親寫什麼「瀛寰一粟」幾個大字，高揭那羅苑的大門，一若褒獎惟恐不力者然。雖然本報和當時浙江省議會裏許多議員屢次向他加以糾正，却是始終不曾收獲結果。旋後盧永祥來任浙督，讓旃和編輯同人嚴伯華王宗澄查猛濟等，努力提倡廢督裁兵，意思無非是要劃除軍閥。誰知這步工作剛在進行，而一般異想天開的野心家，又想利用以毒攻毒的策略，從福建方面引進一個孫傳芳來，讓旃等審察孫氏已往的行動，逆料他到了浙江，勢必予革命前途以重大的障礙，因鼓起從前反對「楊」「齊」入浙的奮鬥精神，繼續加以抗拒。當時在浙勾引孫軍的一般野心家，靡是怒目切齒深深地嫉忌，卻是絕不遲疑回顧。及到來後，孫傳芳已是挾其在閩所有之一班饑虎似的部隊，從上江順流而下。本報鑒於形格勢禁，環境已是充滿險象，因之不得已亦只有宣告停版，這是本報第二次停版的苦衷。

（三）本報鼓吹革命和被封　停版之後，閱了三個月，讓旃又邀同慈園任右之等商繼續奮鬥，當時一般人們，多畏怕孫傳芳和夏超的勢燄，不敢稍拂他們的兵鋒；慈園獨膺其革命無畏的精神，挺身出來擔任筆政，右之亦毅然允許，故決行恢復。原來慈園向是主張教育革命的，因為十多年來，他歷在浙江省立第六中學，省立第十一師範學校，及上海倉聖明智大學等校，擔任教務，先後為着熱烈提倡抵制日貨，主張學校經濟公開，反對宗教教育，他受許多的折磨！間有一度，創辦時事日刊，訴斥督軍團濫選武力，禍國殘民，又遭了封禁，是時雖在杭州兼任安定蠶桑兩校講席，但他覺得革命的襟抱，仍是隨處阻滯，不能收到完滿的結果，讓旃窺到他的心理，所以一說便馬上出來。本報自從這次復活之後，言論記載，比較從前，不但未稍減遜，而且愈益奮厲，一時在社內執筆的，除了讓旃志澄慈園右之以外，還有錢西樵等多人。他們對于革命及社會情形，原來多有深刻的認識，以故孫傳芳在當時，雖是擁有全浙省的強大兵力，但本報每遇言論記載，多是直呼其名，而且特在報端添闢「痛定思痛之浙局」和「輿論一斑」兩欄，遇事加以評斥，像這樣一直過了幾個月。後來因爲他再三派人出來交涉，繼以遣兵和臨監視，結果不過是只換得一個孫馨遠的稱呼。猶記民國十四年孫氏舉行四十一初度慶祝，慈園寫「我之祝言」一篇，揭于報端，其文故意引用許多故典，舖滲詞藻，實際都是隱寓嘲諷：內如引莊子齊物論「天下莫大於秋毫之末而泰山爲小，莫壽乎殤子，而彭祖爲天。」廣成子「無勞爾形，無搖爾精。」稽叔夜養生論「善養生者。知名位之傷德。」楊子「物壽以其性，人壽以其仁」黃山谷「百戰百勝，不如一忍」陳世修「名遂身退，扁舟五湖。」次日，又揭「死」字短評，更極滑稽諷刺之能事。其他指摘浙省軍政財政諸種設施，尤其是不勝枚舉。及到「五卅」慘案發生，慈園連月在報端大聲疾呼，並發起組織杭州公團聯合會，天天集會討論，浙江民衆，因此恍若青天聽到霹靂，暮夜聞到鐘聲似地，憬然覺悟，是時浙省的革命空氣，緣此也緊張起來。經了這幾次的努力奮鬥，讓旗以慈園在新聞事業上，能竭力負起責任，於是遂將本報所有的責任全盤托出。慈園從此更物色許多革命優秀的青年，像陳克楚，何我汀，潘志堅，陳志超，程醉春等，到社担任工作。社內經濟，兼得我汀及周磨知何葆全等贊助，獲有鞏固的基楚。其惟一值得稱述的，是在副刊。那副刊每一星期中，天天是不同的，分析來說：品名有「青年」「微光」「嚶七」「工學」「高鐘」「浪花」「璇璣」七種。歸納來說：包括有青年運動，婦女運動，新文化運動。那各種副刊的作者，大多是中等以上學校的革命青年，當時中國國民黨在浙江，雖有沈玄廬等少數先覺，打着旗幟，半公開的努力進行；實際革命的活動，大多還是不外上述幾種副刊的作者。當時杭州的新聞界，大多數是一般議員先生主持，正是高枕睡着濃做「省自治」的酣夢，國命革命四個字，誰來替他張目？惟有本報，放着斗膽，不顧嗤笑嫉忌，艱難危險，出來與社會諸種惡勢力作拚命的格鬥。不但每種副刊如此；即每天所發表的論評，以及新聞記載，從沒有離開本黨革命的立場，尤其是反對英日帝國主義及張作霖吳佩孚段祺瑞和一般貪官污吏土豪劣紳，更加來得熱烈勇猛！別的漫說，即就慈園所作關於這一類的論評，在他所選存的「之江論存」一書裏面是足足已逾三百篇，他的精要語句，已在本報第二次復活的增刊上，早有較詳的記述，這裏也不暇再贅。民國十五年三月二十四日，本報剛為「三一八」慘案喊得聲嘶力竭，不料忽地遭了浙江省長夏超查封，當時社長項慈園編輯程醉春，同時也逮捕到警廳裏去。這段報獄，在名義上固然說是為點揭發孫夏利用新聞隱秘之故；實際遠因是由平日革命色彩太濃，近因是在「三一八」慘案評論過於激昂。在那祇知地盤不明黨義的強有力者安怪他不視做眼中的釘呢？

（四）本報第三次復活以來的概狀：本報自從被封之後，在當初幾個月間，陳惟儉等，仍代多方設法啓封，杭州警察廳長馮餘伯，亦表示允可；不料浙省長夏超，聲稱必須更改報的名稱，慈園以爲報可不辦，原有的報名，斷不肯從此取消。緣此不久便跑到廣州，從事軍事工作，一直跟隨北伐，征服粵贛江浙諸省，及後解甲回到杭州，先後爲了國民新聞，杭州市報，浙江商報各報筆政的羈絆，匆匆未果恢復，到十七年的年底，經王素察方志行籌出來擔任經濟，慈園才向浙江省黨部呈請恢復，不久便實行復版。是時社內舊有同志，何我行諸志堅，早經於民十四民十五間積勞病卒，陳克楚亦於民十六隨師江北，被孫軍反攻，經歷艱險，中途得疾吐血而死，本報緣着人才底缺乏流散，加之經過兩年有餘長時間的停頓，精神和物質，因之備受痛苦。還有一層，本報的初意，原來打算凡省內下級黨部底黨務消息，盡量詳細的記載，藉以補助杭州民國日報底缺遺，并以促進訓政的實施；不料省宣傳部設立之國民通訊社，竟以本報新聞記載，曾有一度拂及許部長的家庭，竟觸了那許部長的怒氣，宣告停止送給本報的稿本，從此黨務消息，來源阻塞，本報原有的計劃，終久不能實現；其次是緣杭州電廠訴訟底糾紛，冬春之間，本報的負責人項慈園王素馨，連得身體自由，陸續被了剝奪，以致身陷囹圄，不能兼顧，本報幾乎陷入絕境。這是本報停滯不進的原因，也是本報所深自咎疚的。

五、浙城日報　十六年春，黨軍克復東南，該報由王亞平孫一影何兆瑞等數人設法續版，並推定孫一影專任該報社務，垂至十七年夏，以經費無法維持，又行停版。

六、溫嶺民國日報　民國十六年，諸葛劍青及趙陵等組織，石印每日一張，不及一年即停，劍青溫嶺人，浙江黨務人員養成所畢業，曾任溫嶺縣黨務指導委員。

七、蕭山日報　蕭山高明徐劍久徐介仙嚴絲野等組織，社長高明，副社長徐劍久，經理部主任徐介仙，編輯部主任嚴絲野，民國十八年八月二十三日發刊，每日一小張，社設蕭山城區，

「附錄」發刊詞沈沈的蕭山社會，芸芸的蕭山民衆，髣髴是黑夜裏荒塚般的靜默。這樣黯然而悽愴，三籟俱寂，五味兼備的蕭山社會，從這個社會所發於聲而見於形者，誠令人慨然！其觸於目者，那大官小吏的白壁黃金，那縉紳富豪的玉堂金馬；其動於耳

者，那白日堂堂的農夫叱牛聲，那昏夜皇皇的小工挨餓聲；其吸於鼎者，那窮人窮骨頭的窮氣，那太太小姐們的金粉脂香。總而言曰：那錦食美食者叱咤自喜的風度，那眼飽肚中饑者半死半活的神色，社會上既然反映着這樣形形色色哭哭啼啼的生命之橫流，本報隨此波瀾，遂呱呱而誕生。本報出世的來歷既如上述，那末本報所負的使命如何，是不得不開宗明義，舉其大端略陳其後：一、本報是站在民衆的立場上站在中國國民黨的立場上：一方面闡揚三民主義之科學性、革命性、整個性、世界性，使民衆清清楚楚的認識本黨，誠誠懇懇的信仰本黨，進而至三民主義融化在各個民衆之日常生活裏，使黨與民衆性心相應，息息相關，打通一氣；一方面爲民衆作喉舌，對強者以口誅筆伐，爲弱者揚眉吐氣，這是本報的唯一使命。二，際此艱難時會，列強益逞鷹瞵之謀，內賊猶肆穿墉之技；權利則猜猜以爭，義務則望望以去，彼此既不相統轄，上下復各自爲從違。本報應秉總理大無畏之精神，不妥協，不苟且，本愛黨愛國之血誠，作合法合理之批評，以苦口婆心，促民衆精誠團結，納於正軌；并協助黨政府剷除封建勢力，勵行訓政建設，這是本報的第二使命。總上二端，本報是負有時代之使命，自將此死氣沈沈的蕭山社會，以期創造一個活潑潑的新環境！然欲達此目的，一方面固賴園丁施肥有方，加工得宜；另一方面還須表同情於本報的諸君，在各方面加以贊助和指教。是則本報同人所馨香而祈禱者也！

八、其他　自民國十六年以來，浙省各縣報社，本黨黨員參加者，頗不乏人，茲以社長或經理及主筆或總編輯等為限，因報社向例以此項人員為負責者，故即以此為標準，其他則因一時未及詳查，姑從略焉。

第五節　普通之報社

最近浙省報社，除黨報及黨員組織之報以外，其他尚更僕難數，茲為分述如下。

一、浙江商報　此報自民十六年三月十九日被浙江省黨部封禁後，閱二月，始由邱不易向省黨部呈請啓封，因是時省黨部已改組也。不易任社長後，先後聘陳佑之項慈園韓祖德張龍圖等任評論撰著，許廻凡宋松廬沈仰天凌鶴留潘起鳳等分任編輯，不易樂清人，浙江省立蠶業學校畢業，曾任溫州初級蠶業學校校長，清黨時，任浙江省黨部科長。祠德蕭山人，上中大商學院畢業，曾任浙江地方銀行會計主任，浙江財務人員養成所教員。鴻圖與不易同邑，畢業廈門大學。滌凡廣東人，曾任廣東省議會秘書。松濤常熟人，曾任杭州記者公會監委，喜作小品文字，所編商報副刊，頗得商界歡迎，近以主編「湖上之花」，辭職去，遺職由潘起鳳繼任，潘別署麻樂，一號鳳子，湖州人，久辦通訊事業，兼能醫，現任杭州記者會執委。

二、三五日報　創刊於民國十六年六月六日，社設杭州青年路，發起人為趙伯蘇，未幾，改歸張榮谷經理，閱年餘，復以經費不支，改歸沈仰天經理，編輯為馮元芝邵力更等，民國十八年三月停刊。榮谷杭縣人，清增生，著有幽怪錄等書。

三、杭州晚報　民國十六年夏發刊，主筆杜師業，社設慈幼路，未幾即停。

四、浙民日報　此報詳情已述如前，民國十七年，由程季英經理，以孫環黃為主筆，閱歲，仍歸胡義芳自辦，改聘毛彥文女士任評論，副刊主任一職，仍由樊迪民擔任，彥文江山人，金陵女子大學畢業，曾任杭州婦女協會常務委員，浙江省黨部幹事，浙江省政府民政廳科員，近赴美遊學。

五，杭州市報　民國十七年以前，已述如上，十八年一月，始由孫環黃程季英等接辦，環黃任主筆，李劍父任編輯，王綱虞任副刊撰述，內容頗多變更，至十月，浙江省宣傳部以孫等未曾向該部繳請備案，遂令停刊。

六，西湖博覽會日刊　西湖博覽會發刊。社長張寄涯，印務兼採訪主任樊迪民，六月六日隨大會開幕出版，內容計分十一欄：首為總理遺囑遺訓，以昭示總理之主義及方略。次為言論，以實業救國為主旨，對仿製下針砭，對創造進獎勵。三為公布，載會內各處股以及各館所場之規章。四為會務誌要，載會內各處股之設施進行。五為館所新聞，凡八館二所及航空鐵路兩陳列處之消息及新增陳列品之記載皆焉。六為工商消息，記載會內商場之新聞及國產出品之紹介。七為游藝雜訊，凡京劇，電影，歌舞，國樂等娛樂消息列之。八為時事摘要，摘記國內外之要聞大事。九為特載，凡不列各處股館所之特種文字載焉。十為專件，凡參觀者之批評及重要討論列入之。十一為日刊副張之小博覽會，首縮「賓至如歸」之標圖，內列意味雋永之作品。嗣以日刊一種，似太單調，另籌特刊十六種，隨報附送，每週刊行一小張，除八館兩所及總辦公處分編爲十一種外；另爲應時特刊五種：一爲「七七與國貨」，七月七日舉行國貨運動時發行。一爲「西湖之夜」，於廢曆六月十八日刊行。三爲「浙江潮」，廢曆八月十八日發刊。四爲「航空」。五爲「禁烟」。此十六種特刊，文圖參半，由徐雁影任攝影，由謝介子任編撰，及雙十日西博會閉幕，各刊亦停。

七，海寧日報　原名新海寧報，民國十七年改今名，社長朱敬謙。

八，峽石商報　創刊於民國十六年，社設海寧峽石，主筆吳雨耕。

九，硤石晨報　民國十六年，張麗水，馮愼章，曾祖熙等就新峽石報改組，十八年停。

十，小平湖人報　創於民國十六年，社設平湖，經理丁裕長，主筆王鴻飛。

十一，紹興新聞　民國十六年孫育人翁天寥等創辦，社設紹興城內，主筆陳湘濤。

十二，民治報　民國十六年發刊，社設蕭山，不久即停。

十三，嘉興民報　民國十七年姜維賢陳貫善尙學海等創辦，編輯爲唐天眞等，社設嘉興城內大落北，日出一大張，姜原籍平陽，畢業浙江法政專校，曾任嘉興黨務指導委員。

十四，湖聲日報　初名新湖聲，民國十七年春吳承堯丁俠生等組織，社設湖州衣裳街，石印每日一張，承堯任主筆，五月三十日夜半一時許，承堯自館歸家，途經尾浮橋畔，被仇人沈彩生刺殺，腹部洞穿，腎腸迸裂，爲狀至慘，後彩生被捕解杭伏法，報館亦改組，易名湖聲日報，並改用鉛印。按承堯字則之，號非非，又號健身，存年四十二歲，吳興人，早歲入庠，爲莫枚士孝廉弟子，枚士精岐黃，故非非亦知醫道，後入浙江鐵路學校，歷充湖州軍政分府暨市政公所科員之職。爲人爽直不苟，因感社會黑暗，幾無公道可言，遂與丁俠生等發起新湖聲日報，事事以改革社會，糾正社會爲己任，在館純盡義務，兼爲墊款。其召禍之由來，如揭載警察之黑暗，稽查陳鳳光之抄沒烟土案，希望黃縣長各節，均惹人痛恨！被刺之後，其家屬報由吳興法庭鄭光曾檢察長，帶同檢驗吏人等親至屍所，如法檢驗，副由家屬具領，盛服棺殮。因徒沈彩生，本一小飯店下手工人，因廬齊交戰，引導警察捉夫捕船，得警察歡，獲充預備警，後以捉賭取利，始行收徒開店，往往四出詐民，尤以北鄉爲最；其殺非非，因湖聲報曾揭載其刑案及廣告等。非非死後，沈犯即由駐湖省防軍捕獲，吳興各界並紛起集會爲謀昭雪，一時函電絡繹，同致哀悼，並曾推陳勳士施進卿沈田莘李彥士胡耀樞許殿南鈕恆孚等，向縣政府請願，籲請嚴辦沈犯，陸續有吳案後援會昭雪會等之組設；杭州新聞記者聯合會，亦起而聲援，並有新聞記者保障案之提出，可見輿論激昂之一斑矣。

十五，富陽日報　民國十七年發刊，鉛印每日一小張，由杭州崇文印書局代印，不久即停。

十六，黃岩報　民國十七年發刊，社設黃岩城內，石印每日一張，牟震西等任筆政，現已停刊。

十七，甌海潮　民國十七年發刊，社設溫州，每日一大張。

十八，當湖日報　民國十七年發刊，社設平湖城內。

十九，嚴報　民國十六年春發刊，社設建德縣商會前，鉛印每日一小張。

二十，瀫湖　民國十七年發刊，社設蘭溪，每週一張。

二十一，龍游日報　民國十八年發刊，社設龍游北門呂祖殿，鉛印每日一小張。

二十二，民生日報　民國十八年二月發刊，社設永嘉大砂巷，主筆一萍，每日一大張，未及半年即被封禁。

二十三，姚報　民國十八年一月發刊，社設餘姚北城下山廳間壁，每日一小張。

二十四，湖報　民國十八年五月發刊，社設吳興公園諷海樓，每日一大張，輯編印刷，近均刷新，內容亦頗充實，在湖屬堪首屈一指。

二十五，大陝報　民國十六年八月發刊，社設硤石南大街，編輯主任曹鵬。

二十六，鎮海報　民國十八年七月一日發刊，社設鎮海總工會內，經理王菱夫，協理李仲瑜，初為隔日刊，旋改日刊。

附錄發刊詞　新聞事業是民衆和社會底喉舌，大則足以轉移時局，小則足以振聵發聾，所以各先進國的政府，對於新聞事業維護彌周，培植備至，所以其發達，實足駭人聽聞！不像從前民國的政府，非但談不到維護培植，而且時加摧殘。原是，報紙立論，應該中正不偏，不要悖謬荒唐；可是以前的政府，其摧殘的出發點，大抵爲局部的或大人先生們個人的利害問題，比如偶而攖其鋒，就把報館發封起來，偶而揭其私，便把主筆逮禁起來，弄得報紙噤若寒蟬，不敢盡量展開牠的本能。因之，我國舉辦了數十年的新聞事業，終究是這個黯淡無光的樣子；現在則不然，君權變做時代的古蹟，民權已應着世界潮流漸漸澎脹起來，言論自由，出版自由，早爲一般所公認的科律，而各地政府，雖無保護出版條例之製定或頒發；可是，他們都覺得新聞事業，是時代之產物，將予以可能的維護和培植。還有一層，東西各先進國新聞事業之騰達飛越，固然由政府之維護培植，而民衆之不分老少男婦，富貴貧賤，都手各一紙，也是發達之一個重要原因。我們鎭海地方，據新近人口調查，足足有三十八萬有奇、而購閱報紙的，無論其爲滬報杭報甬報，總計不到三百份，平均計算起來，還不到千分之一，就是一千人裏面，看報紙的還不到一個人，這雖然是關於民智問題，可是民衆不需要報紙，是顯而易見的了。不需要報紙，在膚淺的眼光看來，似乎無關重要，其實關於國勢之盛替，政治之修廢，非常緊切。怎麽呢？因爲報紙之記載，無非記載世界之潮流，國家之政治，地方之文化事業，倘若不需要報紙，簡直可說不要地方，不要國家，不要世界，祇認識了一個自我，除了自我以外，可說沒有一件與他發生關係。因此，我國被列強帝國主義政治侵略也好，經濟侵略也好，馴至亡國滅種也好，這是爲何？因爲民衆沒有世界眼光，沒有政治的思想。沒有世界的眼光，便變做背時代的民族，背時代的民族，要想爭國家地位平等難如登青天；沒有政治思想，則人民與國家不發生關係，人民是人民，國國是國家，人民祇知投糧納稅是他們的應盡義務之外，別的事情都不過問了。那末全國的政治，是少數階級欺壓全民族之工具！結果，一個人或少數人可以家天下，孫中山先生所說的公天下，徒成一種學說吧了。所以民衆之不需要報紙，關於國家與政治甚大。現在我國民衆，尤其是鎮海的民衆，經三民主義之薰陶，漸漸曉得世界潮流國家政治地方之文化事業，都應該切實注意，以應時代。所以昔日在他們看來認爲不需要之報紙，將要變爲切實的東西了。這雖是主觀的判斷，可是也是短時期間將實現的事實。況且現在的鎮海，是訓政時期的鎮海，換一句話說：就是教民以管理政治的時期。我鎮海民衆歷代受封建勢力之壓迫敲擊，於是變做了順民，變做了柔羊，只要能平日過其個人生活，日圖三餐，夜圖一宿，便算邀天之幸。結果、封建勢力愈益濃厚，而民衆所處地位，也愈益低下，差不多不見天日！我們爲矜憐全鎮海的民衆，拯救全鎮海的民衆，爲欲促現孫中山先生的三民主義，尤其是希望全鎮海的民衆，來管理全鎮海的政治，俾使訓政早日完成，早登憲政之域，以達革命完成之標的，所以決心來辦這個報紙。根上理論：所以本報之宗旨爲宣傳三民主義，促進各種社會事業，明瞭些說，願做一個號筒。至於大則轉移時局，小則振聵發聾，則吾豈敢？

二十七，大杭報　十八年九月二十六日發刊，經理任壯飛，社址初設杭州后市街，不久停刊改組，遷至保佑坊，至一月下旬又告停版。

二十八，海鹽民報　十九年五月海鹽縣長李光宇等組織，每三日出版一次。先是，該縣曾發刊民言日報，不久停刊，此報擬稱繼軌也。

二十九，湖光報　社設吳興縣城黃沙路，日出一張，中經改爲三日刊，至民國十九年七月十日，始仍改爲日刊，時出版爲一百六十七期也。

三十，江山日報　朱光宇等組織，社設江山縣城內，民國十九年五月發刊，出版僅三日，以「怪米」一新聞，諷及縣長米是如，被封。

第六節　旅外浙人之新聞事業

自國民革命軍興以來，浙省人士，從事黨務工作及各軍師政治部工作者，實蔚甚蒸，號稱鼎盛，所出臨時刊物，更僕難數；其中革命刊物黨務刊物文藝刊物，散刊於省外者，亦至紛錯而難統計。茲除不定期刊及含有反動色彩而被查禁者不列，爰爲分述概要如下：

一，日報　（甲）中央日報　嚴愼予主編、嚴氏曾任上海民國日報編輯。（乙）時事新報　主筆陳布雷，最近陳氏以被任浙江教育廳長，始脫離該報。（丙）益羣報　社設南洋馬來，許傑任主筆，許氏天台人，初肄業浙江省立第六師範學校，繼轉入第五師範學校畢業，喜研文學，撰作頗多，先後曾任赤城日報編輯，上海勤學女校教員，小說月報及文學週報撰著，著有『慘霧』『暮春』等書。（丁）廈門民鐘日報　甯海盧若吾任新聞編輯，紹興陳範予任副刊編輯，若吾畢業上海勞動大學師範科，曾任甯海黨務指導員，範予曾在日本習生物學，嘗任大同日報編輯。（戊）京報　此報自邵振青被害後，即行停刊；至十七年六月十二日，邵妻湯修慧女士，始復刊。次月，北平記者聯合會成立，湯復被選爲執行委員，十八年九月二十九日，因登載電通社稿，當局認爲反動，即令停刊，並將社長湯修慧編輯潘叙倫監視，近又復活。

二，雜誌　甲，奔流日刊　民國十七年六月上海北新書局發刊，魯迅郁達夫等主編。乙，生路月刊　民國十七年六月上海新學會社發刊，胡行之樓桐孫王任叔等主編，旨在討論社會政治，提倡實業，研究文藝。桐孫永康人，法國經濟學碩士，研究基特經濟學，曾任浙江法政專校校長，浙江省黨部委員，以與洪陸東陳希豪等組織救黨運動大會被緝離浙，譯著有「協作」「國家主義」「消費協社」等書，又嘗任東方雜誌撰著。丙，新生命月刊 創刊於民國十七年一月，陳布雷等主編，旨在研究三民主義建設方案，并介紹批評各國社會思想學說及政治經濟制度。丁，新紀元週報 創刊於民國十八年三月，社設南京，分社設上海、邵元沖等主編，其宗旨為一，闡揚三民主義研究建設方案，二，宣傳本國外交政策注意國際情勢（尤注意於日本與蘇俄研究），三，鼓勵科學與實業，四，提倡國民經濟生產事業並謀勞資問題正當之解決，五，介紹或批評本國與世界政治經濟建設事業及文化學術之進步狀況。戊，革命週報 畢修勺主編，修勺臨海人，初畢業回浦學校，旋以勤工儉學遊法國巴黎，精研法國文學，回國後任上海立達學院教員，兼任「一般」「民鐘」各雜誌撰著，譯著有左拉小說集，左拉實驗小說論，克氏全集，給農子的話，論無產階級專政，言啡店談話、及自由叢書革命小叢書等。己，汕頭教育月刊　陳宅桴主編，汕頭市教育會之刊物也，宅桴臨海人，浙江省立第六中學畢業、留學法國巴黎大學多年，嘗任勤工儉學會工餘雜誌編輯主任，回國後，任上海立達學院教員，汕頭市立一中學教員、兼該中月刊主幹，又嘗與畢修勺合譯左拉小說集及左拉實驗小說論。

第七節　浙省之通訊事業

通訊事業，與新聞紙相伴隨，新聞紙發達之區，通訊事業亦隨而發達，通訊事業，實新聞紙所恃爲材料之源泉也。在新聞事業幼稚時期，關於新聞通訊，類多係特訪員與特約通訊記者，其通訊並乏團體之組織；及通訊社興，通訊事業漸臻完備。考世界自有通訊社以來、迄今已及百年，我國人自辦之通訊社，民國五年七月，始有北京祁振清所創之新聞編譯社，通訊事業落伍，言之滋慨！然浙人從事通訊社事業，亦實自茲始。其直接設立於浙江省內者，則始於民十三春朱覺齋等之杭州國民通訊社，時沈雨蒼李劍文等任筆政，覺齋未幾復移交於趙心杲，未及一年，即行停刊，同時復有耳棣電訊社，亦約一年而停；黨軍入浙以後，通訊社之組織，始蓬匕勃匕，蔚然興起，然皆經費支絀，規模窄小，不特不足以言國際消息之宣傳，甚且連電訊而無之；浙江省黨部所設之國民通訊社，雖由黨費支給，經濟較裕，但對於寄遞杭州市內各報，間有停止送稿之事，各報亦頗引為缺憾，玆將各通訊社略狀分述如下：

甲、民國十六年創辦者　(一)國民通訊社　此為浙江省黨部宣傳部直轄，先後主任有張仲孝李和濤朱苴英等，不收稿費。(二)社會通訊社　繼國民社而起，主持社務者，先後有沈雨蒼樊迪民鍾韶王溫良楊玉一飛等，該社不向報館以外之機關團體售稿，實為杭州市各通訊社（除國民社）所罕及，稿亦簡要，兼重社會新聞。(三)新聞通訊社　為杭州記聯會直轄，創於民十六冬，及十八年八月終，因記聯會四屆會員大會議決停閉，主任迭由記聯會推沈雨蒼殷再為樊迪民等任之（另詳記聯會章）(四)工商通訊社　係吳經伯婁薇紅潘起鳳等組織，旋因殷再為發起日日新聞杭州社，邀經伯與俱，此社遂停閉。(五)日日新聞杭州社　社長殷再為，近在京滬閩漢等處陸續推設分社，杭州社社務，迭由吳經伯樓兆楣張廷楨陳恤園等經理。(六)浙江通訊社　王孝先陸離等組織，嗣改組爲國論通訊社，孝先任社長。(七)商業通訊社　孫賓孫倪石奇等組織。(八)微風通訊社　郭清泉陳筱圃顧緣濤等組織。

乙、民國十七年創辦者　(一)杭州通訊社　沈雨香組織，未及半年而停，最近又告復活。(二)杭縣通訊社　杭縣指委會宣傳部直轄，未數月而停。(三)華國通訊社　婁薇紅組織，嗣以滬華聞社出向交涉，改稱大陸通訊社。(四)城北通訊社　鄭善翔組織，未幾即停。(五)教育通訊社　石立民組織，旋立民以受經濟壓迫，服安眠藥水自盡，社亦停閉。(六)中華新聞社　夏子鈞組織，不久即停。(七)文藝通訊社　國立藝術院及上海文藝界孫伏園胡愈之樊仲雲林風眠王代之李樹化克羅多李朴園吳大羽孫福熙林文錚劉既漂等組織，發行無定期，伏園爲負責人，曾任北京京報副刊主作，作品爲北京學界所愛讀，弟福熙，亦以文藝名。(八)民風通訊社　李劍冬組織。(九)公民通訊社及之江通訊社　前者爲浙江省立法校學生組織，皆不久即停。

丙、民國十八年創辦者　(一)工商新聞社　潘起鳳等組織。(二)六和新聞社　何治平沈雨蒼等組織，現已停閉。(三)每日新聞社　馬良治錢鏡西等組織已停。(四)逐日新聞社　孫瓊黃馮元芝等組織已停。(五)農工新聞通訊社　陳幼章組織。(六)新浙江通訊社　徐泰來組織。(七)華東通訊社　馬一笠組織。(九)東南通訊社　孫永組織，已停。(十)新浙江通訊社　厲溥泉組織，已停。

丁、民國十九年創辦者　(一)時事新聞社　創辦人吳嘉生，成立於是年三月。(二)浙事通訊社　樊迪民組織。(三)浙江通訊社　徐泰來組織。

戊、外屬之通訊社　以嘉善通訊社吳興商業通訊社寧波通訊社上虞己巳通訊社括蒼通訊社為最著。查上虞之有通訊社，始於民國十七年，發起人為王仲康王志鵬徐葆瑢王鶴章楊賡德等，當時以邑內雖有上虞聲三日刊，第出版次數太少，且限於局部，因此而有國民通訊社之組織，以發起五人為基本董事，從事籌備，於是年春成立，推王志鵬為編輯主任，王仲康任外勤記者。惟草創之初，發稿既無定日，內容復貧乏，未克引起外埠各報之注意，旋復有人向外募捐，致遭物議，至十八年二月杪，王志鵬與王鶴章遂另組己巳通訊社，志鵬任編輯，鶴章任外勤，其時徐葆璇主編上虞聲報，任務繁重，楊屏德執教紹興，鞭長莫及，亦自動退出國民通訊社，讓渡與王仲康接辦，王鶴章專對於社務，撙濟經營，中經旅外同鄉朱雲樓胡仲持陳雨洲先後贊助，社基漸臻鞏固，及夏，始向縣公安局備案，閱年復以費絀而停。

「附錄」杭縣一區七分部為國民通信社任意停稿呈請遞級轉呈省黨部文：呈為呈請遞級轉呈省黨部，迅令國民通訊社，對於本省已准備案之各報社，不得任意停止送稿事。竊以本黨對於黨員及民衆，應將本黨黨義普徧宣傳，務期深入，使之共同瞭解。浙江省黨部重要宣傳刊物之發行機關，厥有杭州民國日報社及國民通訊社，而國民通訊社，尤為本省各報黨務消息採取之源泉。質言之：即是本省全民衆接受本黨領導之惟一宣傳機關。國民通訊社對於本省所有之曾經省黨部准予備案之各報社，理應按日供給稿本，俾本黨所有關於黨務上之消息，得藉各報之登載，以廣宣傳，期達深入民衆之旨的。近聞杭州國民通訊社對於杭州市內所有各報社，往往任意停止發稿，甚有本黨黨員設立曾經省黨部准予備案之報社，亦任意停止發稿。此種行爲，在各報固未免遭受新聞資料之打擊；按之本黨公開宣傳喚起民衆之旨，乖忤亦多。在本黨對於領導下之所有黨員或民衆團體，如遇認有違反黨紀或作種反動之情事，自有相當之制裁。杭州國民通訊社對於停止發稿之報社，竟有未經省黨部何種警告，任意停止發稿；甚有經報社函請明示情由，置不作答。此不特藐視言論機關，實屬違反本黨宣傳之本旨，抑且傷及黨德！竊杭州民國日報，匝月以來，久告停刊，總理奉安紀念與五卅慘案紀念，以及各級黨部關於桂軍豫軍發生變化之意見，在最近之旬日間，宣傳尤關重要。杭州國民通訊社，竟於此宣傳工作緊張之際，任意停止發稿，致多數之杭州各報，缺乏此種新聞之登載，妨害黨務，阻遏民衆視聽，甯豈淺鮮？爲此備文呈請鈞部速級轉呈省黨部，迅即警告國民通訊社，對於已准備案之本省各報，不得任意停止發稿，實紉黨誼。

「附錄二」文藝通訊社宣言：自從交通便利以來，人類互相接觸的機會增加，而且相互傳達消息也迅速了，所以人類漸漸親密地團結起來。然而在事實上却也因爲接觸的機會多而多利害之爭，因爲傳達消息迅速而反不關痛癢。試觀每日報上所載某處火車出軌，死傷數十，某處江水橫決，死傷數千，飢寒數萬的消息，大家坦然處之，反不如以前耳聽到鄰村，隱約的雞犬聲，而想像老死不相往來的人的生活之更有同情。爲了這事實，我們知道對於人類相互間喚起同情的工作上還欠充份努力！我們要利用交通便利的事實去糾正同一原因所發生的流弊。文藝通訊社的發起，就是以這目標出發的方法之一。這團體的發起，只是一個希望罷了，於實際這是無益；要顯出成績來，必須各地同志的多多加入，多多努力！我們希望各社員將所在地的文藝學術消息報告我們，我們就會集各處通訊，印刷後分贈各社員，這種消息，在當地視爲平常，在他處閱後却覺得很足珍貴的，將來通訊分量多了，我們當出一刊物，定期或不定期，週刊或月刊；不過在通訊尚少的時節，印刷只可簡單些，或者暫送國內各雜誌登載，但一的樣分送各社員。通訊材料，不限性質，只要關於文藝學術者均可，文字體例亦可不拘，不論幾萬字的記載論文或幾個字的消息，均所歡迎—印刷品上暫且全用漢文；但社員之不能寫漢文者，則不妨用他種文字，由編輯者自己或請人譯成漢文登載。關於中國方面的消息，亦常選擇重要者譯成他種文字，寄投國外雜誌，報告於不懂漢文的社員與非社員。社員不限資格，除由發起人介紹有專門研究者外；凡以通訊寄投本社者，或函聲明願意入社，不久即可供給文字者，均爲社員。

「附錄二」中國國民黨浙江省執行委員會宣傳部函杭州市公安局云：在本市各報消息，大半來自通訊社，倘通訊社辦理不善，往往足以淆亂聽聞，妨害治安，而於本黨宣傳，亦每受影響。敝部前爲防患未然計，曾訂定各通訊社立案條例，函請浙江省政府轉飭所屬，一體遵照在案，依照該項條例之規定，各地報館及通訊社均須先呈准當地高級黨部立案認可，再請所在地主管行政機關准予備案後，方得開始營業發稿。近查杭州市內，每有未經立案者，遽行發稿之通訊社發現，亟應嚴予取締，以儆效尤！茲將市內業已批准立案，及業已呈請立案，尚在調查中之通訊社名稱地址，負責人姓名等項，列表抄送貴局查照；其有表中未列入之通訊社，或尚在待查中未經准予立案，而已擅行發稿之通訊社，統希一律查封，嚴予取締！茲將市內已立案之通訊社及待查之通訊社分別如下：市內已准立案之通訊社：為日日新聞杭州社，杭州商業通訊社，微風通訊社，民風新聞社，中國國論社，杭州社會通訊社，大陸通訊社，農工新聞通訊社，浙江通訊社，浙江工商新聞社。杭州市待查立案之通訊社，為杭州民衆通訊社，杭州通訊社，杭州之江通訊社，浙江民聲通訊社，公民通訊社，東方通訊社，新浙江通訊社。

第八節　政警各機關宣傳室之組織

自民國十七年二月浙江省政府創辦宣傳室以來，杭州市公安局及衢縣永嘉各縣縣政府，均相繼有宣傳室之設；最近西湖博覽會亦設有宣傳處，此實開新聞界未有之記錄。

惟黨政之間，隔閡未除，交訌時聞，未免美猶有憾也！茲爲分別述之如下：

一、浙江省政府宣傳室　民國十七年二月，浙江省政府爲政治公開統一施政情報起見，特將秘書處招待新聞處，擴爲宣傳室，派定秘書科長科員辦事員各一人，辦理宣傳事務，然是年八月，浙江省指委會因該室及戊辰社所發之專電及新聞稿等，多與事實未符，致起論辨。爰將兩方往復之函，摘錄如左。

甲、

乙、省府宣傳室之答辯　本政府宣傳室所發稿件，係政聞情報，專爲傳佈政府逐日施政情況，與通信社所發新聞稿絕不相同。今各報以本政府政聞情報，與新聞通訊等量齊觀，未免誤會！至所發表之政情，係根據各屬各機關之報告，與本政府發布之公文，彙集編訂，其發表時間之早遲，亦與普通新聞不同，此應請注意者也。至關於共匪擾亂地方，必須緊急處分，省黨部據報告即函請剿辦者甚多，不知各縣政府軍警機關同時亦直接急電呈報本政府矣。故政府接各縣直接呈報之電，常在省黨部據報照轉公函之先，且有省黨部未有函報，而各縣有文電呈報者。此等往來公文雷同者，則不載出；且所發表者皆已辦之案，已過祕密時期，乃報竟指爲反宣傳，未免發言太輕，不禁嘩然！至於祕書處辦公時間，與黨部工作情況，是否如報所載，事實昭然，社會人士，具有耳目，不暇指駁。即以答復函轉公文論：如黨部七月三十日，函請剿辦溫嶺共匪，本政府於翌日收到，即日辦稿，訓令省防軍司令部轉飭辦理，並於八月四日將復函送達省黨部，距文到日不過四日。又七月三十一日同類函一件。本政府於八月一日收到，二日辦稿，因九日爲星期，故於六日始送達省黨部，亦不過五日。本政府收發公牘大率類是，何得目爲濡滯？至謂上述文件，第一件係七月二十一日，遲至八月四日，始接得省政府復函云云：尤非事實。查本政府接到省黨部第一件來文，係在七月二十三日當日辦稿，同月二十八日送至省黨部，並有省黨部收到戳記可憑，非可憑空虛構。反之本政府函達省黨部之公文，如崇德縣呈控黨部保管經費事，本政府於七月十一日函省黨部，義烏縣呈於七月十七日函省黨部，富陽縣呈於七月二十四日函省黨部，迨八月四日始接復函。又蕭山縣人民婁發黨部不法情事，本政府於七月十六日函黨部，迨八月二日始見復。又如本政府因杭州市各小組工會聯合辦事處是否呈准省黨部有案，於七月二十日備函徃詢，迨八月九日始接到省黨部復函。以上所列略舉數件，均有收發簿册可憑，且有戳記註明月日，究竟辦事誰滯誰速，均爲事實問題，未能以一篇新聞稿即可變更也。（下略）

二、杭州市公安局宣傳室　成立比省府宣傳室稍後，發稿未有定期，因普通消息，多由各通訊社記者隨時探訪也。

三、衢縣縣政府宣傳室　十七年丘遠雄任衢縣縣長時創設，此爲浙省縣政府有宣傳室之始。十八年春，任氏調任永嘉縣長，復有永嘉縣政府宣傳室之設。此外如寧波市政府等，亦間有新聞稿發刊，但出版無定期也。

第九節　省外浙人之通訊事業與京滬各報之駐杭記者

浙江省內之通訊社及政黨機關之宣傳室，已述如上。然以上各通訊機關，大多僅在供給杭州各報之新聞資料；其供給京滬各地新聞紙之資料者，除各報所聘駐杭特約記者之外，尚有浙人在京滬等處所辦之通訊社。茲爲分別述之如下：

一、申報新聞報駐杭記者　倪石奇孫省孫吳嘉生等，倪孫二氏皆杭州商業通訊社記者，，吳氏曾任浙江民報及杭州新聞通訊社杭州民國日報社外勤記者。

二、大華通訊社駐杭記者　鄧力更名毅，杭縣人，曾充上海商報浙江商報及公平通訊社外勤記者，律和報及三五日報編輯，先覺報發行部主任。

三、時事新報駐杭記者　現爲樊迪民及李劍父，迪民曾任浙民日報附刊編輯，新聞通訊社主任，及西湖博覽會日刊編輯主任，劍父曾任杭州報及西湖博覽會日刊編輯。

四、時報駐杭記者　石立民解職後，王一飛繼之，一飛為社會通訊社記者，兼究攝影術，與溫萍楣同為杭州著名之攝影記者。一飛尤見努力。

五，中央日報駐杭記者　周青浩等任之，青浩字起鰲，兼任杭州各報訪員。

六、中央通訊社駐杭記者　民國十七年丁惟汾任社長時，聘樓兆緜擔任，樓氏畢業浙大工學院，曾任全國學生總會及浙江省學生聯合會常務委員，杭州學生聯合會代表大會主席，日日新聞杭州社主任，杭縣黨部執委兼組織部長，現考送赴歐留學。

七、日日新聞南京社　社長殷再為，曾任杭州民國日報外勤記者，杭州新聞通訊社社長，杭州記聯會常務委員，為杭州著名外勤記者。民國十六　，在杭組織日日新聞社。次年在京滬設立分社，近復推設於平漢福州各處，浙人從事通訊事業者，當推此為巨擘。

八、上海國民通訊社　社長湯德民，曾任杭州國民新聞及國民通訊社記者，上海特別市黨部執行委員。為杭州記聯會發起人之一，曾被選為該會第一屆執行委員。

九、太平洋通訊社　吳經伯曾任該社記者，經伯畢業杭州安定中學校，曾任日日新聞杭州社南京社及上海社記者。

十、舊金山之女記者　李文英女士，一千九百二十年，留學舊金山伯特司大學，好學不倦，爲校長所器重，課餘之暇，喜作滑稽小說，散見當地各報紙，畢業後，研究新聞事業，每逢團體機關開會，女士恆到場，執筆記錄，舊金山報界，莫不震其名云

十一、其他　陳愉園凌獨見周商而等，曩皆曾任滬報特約通訊，獨見孔山人，浙江省立第一師範學校畢業，著有中國白話文學史，曾任浙江省政府公報室及宣傳室編輯，現任省府秘書處科員。

附浙省新聞機關一覽　民國十九年五月浙江省黨部宣傳部，統計該部登記之省內日刊週刊旬刊半月刊及通訊社等，得下列一表。黨部辦者：杭州民國日報（浙省黨部），浙江國民通訊社（浙省黨務），海寧民報（直屬海寧縣區黨部），富陽黨部週刊（富陽縣黨部），新餘杭報（餘杭縣黨部），嘉善報（嘉善縣黨部），圖畫壁報（平湖縣黨部），嘉興

黨聲）嘉興縣黨部），嘉興黨務（同上），寧波民國日報（鄞縣黨部），慈谿黨務（慈谿縣黨部），鎮海黨聲（鎮海縣黨部），紹興民國日報（紹興縣黨部），諸暨國民新聞（諸暨縣黨部），蕭山黨務半月刊（蕭山縣黨部），東陽黨報（東陽縣黨部），金華新聞（金華縣黨部），新桐廬旬刊（新登桐廬縣黨部），龍游黨務週刊（龍游縣黨部），晨鐘（建德縣黨部），平陽黨報（平陽縣黨部），麗水黨報（麗水縣黨部），蕭山民國日報（蕭山縣黨部），姚餘民國日報（餘姚縣黨部），浦江先導（浦江縣黨部），江山黨部（江山縣黨部），金華新聞（金華縣黨部）。

屬於其他者：之江日報，浙江商報，浙民日報，杭州國民新聞，紹興新聞報，硤石商報，餘杭報，平民日報，嘉興商報，小平湖人報，中國實業報，椒江民報，新海寧報，新崇德報，甌海民報，時事公報，大杭報（已停刊），蘭谿民國週報，大俠報，新湖聲日報，湖報，鎮海報，新甌潮日報，黃蜂三日刊，湖光日報，平湖商報，金華新報，要報，衞生週報，杭州日報（未出版），飛蛾刊，黄岩民報，浙江通訊社，浙江工商通訊社，臨安通訊社，城北通訊社，民立通訊社，餘姚通訊社，杭州通訊社，嘉善三友聯合通訊社，嘉善通訊社，杭州社會通訊社，大陸通訊社，農工新聞通訊社，慈谿民聲通訊社，括蒼通訊社，日日新聞杭州社，東陽國民通訊社，平陽通訊社，杭州商業通訊社，微風通訊社，民風新聞社，中國國論通訊社，華東通訊社中國國論吳興分社。（按杭州市尚有浙江民聲報，因未向浙江省黨部登記，故該部未爲列入。）

第五章　報社之組織

浙省報社之組織，大多分編輯營業印刷三部，最近始有增加總務部者。此四部中，在大多之報社，均僅編輯一部比較爲完全，營業印刷二部，多數係取包辦制。因浙省從事新聞事業者，對於報社整個之組織，經驗既多缺乏，經濟又復支絀，營業印刷二部出包，則事易舉，而收入支出，又可列入確定之預算。然至近今，編輯一部，甚至亦組織不完

中国近代新闻学名著系列丛书

芮必峰 ◎ 主编

浙江新闻史（下）

—— 项士元 ◎ 编 ——

中国传媒大学出版社
·北 京·

。前此各報類有主筆一職，專司評論撰著，兼任編輯全部之文責；自社會閱報者之心理，移其注視評論之重心，轉而注視社會新聞，評論一欄，遂至視爲無足重輕，或者逕行從缺。兼之最近從事新聞事業者，大多與往昔異趨；蓋十餘年前，新聞事業鮮有營業化者，主持報社社務之人，多爲主持筆政之人，其人若非志在革命或改良社會，當亦具有幾分政治頭腦，故評論實爲一報之精神所寄。自五四運動以還，雜誌刊物競起，需費既省，宣傳復易普遍，而且編輯與發行地址，得以隨時改變，非若日報固定笨重，恆受政府之約束或摧殘，以故凡有政治作用之體，多從事雜誌一類之組織；而報紙一類之刊物，反多轉爲營業化之流所操縱。且社會新聞，類多猥瑣，在具有政治頭腦與革命性者，恆視爲卑無足論，轉不若營業化之報移其注視黨政者注視此點，能博多數閱者之歡迎。此實近來新聞界突變之現象，非僅浙江一省而已。其詳容後分別述之：

第一節　編輯

新聞編輯法，在新聞學中實占重要之地位，蓋與新聞採集法，新聞評論法，新聞經營法，同為新聞事業榮枯之所繫。歐美各大報館，編輯部均係分科辦事，各科多以專門人才任之。浙省向鮮大規模之報社，關於編輯一部，主筆以下，僅設編輯外勤校對等職：自通訊社發達以來，外勤記者除黨報及一二經費較裕之報以外，多概不設；各報編輯人員，大多純恃經驗，曾受相當之報學教育者，寥如晨星。各報之編輯法，在清季時期，可述甚鮮。其分類大多為一，時評，二，選錄，三，公電，四，本城新聞，五，各縣新聞，六，商業新聞，七，轅門抄，八，雜俎。而時評多為長篇論著，彷彿場屋之時務策。至宣統元年，危言報始出附刊「潮報」；民元以後，商報及之江日報相繼添印畫報；嗣後杭州報創闢大事記；之江日報創闢「輿論一斑」，及「國際要聞」，並於本省要聞之首，附加述評；此外浙江民報則創闢上海通訊；大浙江報則創闢今晨消息及新聞提要。各報並於是時注意到新聞之標題，各報附刊亦漸漸注意到藝術方面，編輯之法，一時頓見進步。惟評論相率轉尚短簡，雖精悍之作，固或勝於冗長；而言論界精神之衰頹，亦自此始。最近數年，各報編輯法，視前益進，選電公電等名，均廢不用，凡屬黨報與黨員所辦之報，對於黨務及國際新聞，尤多特別注意，對於標題及排列，亦視前多所變化，前此凡遇重要新聞，僅知用四號字長行排登，現今大多改用頭號字標題，對於新聞仍用普通五號字，此在報紙篇幅上實較前為更經濟，在閱者亦較醒目。其他如社會新聞之花樣百出，銅版照相之隨時插入，皆為前此所不及者也。惟各報編輯記者因通訊社供給多量之新聞資料，鮮有注意於新聞之採集，是缺憾也！

「附錄一」李公凡杭州新聞事業改進芻議節要　杭州的新聞事業，在數量上可算已經很發達；但是在質量上總不能不使我們至少會有一些輕微的失望！現在我熱烈地希望杭州報編製的分類與體裁應該澈底的改革一下才行。（甲）新聞的分類：一，國際　中國在國際地位上並不是沒有地位的，中國的一舉一動，與國際似乎總會發生點兒關係、，而別的國家的行動，至少對於中國也時常發生些影響，我們杭州的幾家報館，都沒有那種經費來採用國際消息，但是剪報又何嘗不是一個辦法？譯報又何嘗不是一個辦法？二，國內　我們是中國的民衆，凡是中國的政治軍事教育財政……都和我們有很密切的關係，但是翻開杭州報紙來看，國內新聞有多少，雖然上海的報紙可以報告我們，可是不見得每個閱者都會預備着上海報吧，根據這種事實來講，國內新聞應和國際新聞處在同等的重要地位。三，本省　我們杭州的新聞紙，對於本省新聞，大都認爲非常重要，往往沒有什麼關係全省的事跡，祇是有一些引人注意能力的，便不問是各縣或各鄉的事情，也都塞到本省新聞欄裏；還有凡是省政府發出的命令，卽是單獨的命令某一個縣，也都在本省新聞裏批露。對於這點，我以爲應該有一番選擇。本省新聞有則頗爲重要，沒有也可不必一定去「強有」四，本市　杭州市和杭縣的範圍，雖然容易認識，假使縣的範圍以內的某鄉，發生一件很大很大的刦案，依現在的編輯法看來，一定編入本市新聞。我以爲凡是的確非常重大的事實，如果他的性質不屬於市，我們斷不能硬將這件事拖來算做在城市裏發生的，又不可以爲不屬這市的範圍而便捨去不用；最好在報紙上我們不必一定一欄一欄的標出本省或本市來，就像那上海時事新報的那種辦法。五，各縣　杭州是個省城，對於各縣的事情，該有簡括的紀述，而且應該分別標明，如有特別重大的新聞，儘可編入，「國內」欄。六，特種紀載　並不是指特別新聞，乃是各報特別注意的一種消息，各報並不一定相同，也並不是一定要各不相同，即使這家報紙不願特別注重一種情形，那也就無須有這種「特種紀載」。(乙)評論　杭州的報紙注重評論的固有，而不注重也不能說沒有。我以為要貫徹記者的主張，盡了記者對社會的責任，完成記者對民衆所負的使命，不能不加以十分的注意，(一)類別　子，時評，丑，社說，或社論，寅，一週大事述評。(二)態度　評論是潮流的指導者，應該抱定，「絕對超然態度」。(三)對象　須對準一件事實或一個人來講，就是應該「言之有物」。(四)藝術化　應以和平的公正的態度來寫，不可偏倚的輕薄的謾罵，因為勸告式的忠實的批評，是要一般人能夠接受，不是和人家宣戰，一定要佔着了對方的上風。(丙)提高編輯權　新聞事業不像商業那樣只光專注於營利，又不像工業那樣會生產出什麼可以供人實際應用的東西，牠是負有無上使命的一種事業，不該為了什麼關係而失去牠的使命。現在回過頭來將我們杭州的新聞紙觀察一下，我相信編輯權一天不提高，便不會消滅下列的不妥：(一)往往因了一種經濟上的「廣告等」關係，不敢對於某一個人或某種事實，說一句話。(二)往往因了廣告或是銷路，一定要將這件事情，或是某個地方消息，不管牠是否有揭載的價值，或是不值得揭載的，都要批露一點出來，為這件事情或是這地方裝裝門面。雖然現在的報館都在發生經濟上恐慌的時期中，最低我們要將編輯權提到與營業權平等地位。

「附錄二」王繼虞「杭州報的編製」一節要　杭州報的新聞，本來分省縣兩種，近來加了一個市政府，於市縣的界限，很難劃清。現在專講報紙上的編制，只有把關於市政府範圍的，屬之市聞；縣政府範圍的，屬之縣聞；一般編編輯先生，對於各縣重要新聞，因為要用四號字，硬把他拉進省聞裝面。這個我甚不贊成！我以為雖偏僻小縣，而發生重大事實，僅關於一縣範圍者，仍宜歸於發生事實的一縣，但可用四號字長行排法，以使人注意。這個編制，有兩種好處：一是報紙的體例，截然劃一；二則現今杭州各報，到第二張都是五號小字，看報者往往視爲不足重輕。倘屬入長行的四號字，使看報人知第二張，也有重要新聞，能夠使兩張報，一樣重視。公電一欄，我的意思，以爲實可不用。因爲不關重要的電報，儘可置之不載，其關係重大者，均可分屬之於國省縣三項新聞以內。長篇的令文呈文，其中往往經數署的承轉，關於此項，均可揭其要點，編成新聞。惟須報館編輯人多，可以照此辦法，否則比在原稿上僅加以點斷者，時間須費四五倍也。但有重要令呈，仍須登載全文。還有一層，講到採輯上海報的重要事實，一般編輯先生，或只顧着幾家——新聞申報——最通行的報。但事實上往往爲甲報所無，而乙報則有，爲丙報所簡，而丁報獨詳。在只看一張報的窮朋友，常弄到「所有」「所詳」的消息不得而知。倘若杭州報的編輯先生，能把各家上海報所有而詳的消息，總匯起來，編成一則有統系的紀事，豈不安慰了看報人許多的光陰和金錢呢？

又王縉塵「報屁拾零」云：剪刀先生對於上報的剪法，往往有兩種簡便方法：一是看上海報的本館專電，如外國通訊的電報，多不注意。二是只選上海最繁銷的如——新聞——申報——等報，拿來一剪，便已大功告成。我還記得民國四年五月七日，日本以哀的美敦，致我政府，至八日滬報到杭，只有一家沒人要看的神州日報，特載其事。民國五年，蔡松坡死於日本，那時在上海有一家日人辦的東亞報，先一日已載其事。我對於這個電，都從沒人要看的報上剪下來，排在杭州報上，結果，能比一般人通看的上海有名報，早發見半天。

「附錄三」徐春潮「新聞事業之我見」節要　(一)各報應注意於其報之本位，如商報應以商業新聞爲本位，地方報紙應以各該地方之新聞爲本位。(二)廢除一切捏造的假新聞，及不正當有作用之謬論。(三)引起國民對於政治觀念之統正與興奮。(四)擔起對國際宣傳之責任。

第二節　印刷

印刷之良否，與新聞紙之銷數，有莫大之關係。歐美各報館，類多備有英美製Duff

Io式平版卷字機，美德製 Rlse 或 Root 式之圓卷字機，及德製 Kalrugdorne 式之印書報機。我國僅上海等埠少數之大報館，置有印報機；其餘大多，以印書機權用，甚至連印書機而不能自備，由印書局代印。浙省自清咸豐之季，創刊報紙以來，迄今七十餘年，報社之設，先後不下百數十家，自備印刷機器者，不及十分之一，初期而且有用木版印刷者，有用石印印刷者，甚且如管溪磐等著期日刊竟用眞筆版印刷。印刷之幼稚，實堪浩歎！今除木板絕未有復用於新聞刊物，其用石印者，仍所在多有，眞筆版則各通訊社稿及臨時性質之新聞刊物，亦恆用之。近來因社會生活之增昂，勞工組合之興盛，印刷經費視三四年前突飛猛進，增加一倍有奇，幸而勞資已歸妥洽，罷工之舉，鮮有所聞，業印刷者亦因營業競爭之故，稍稍整理，新聞紙之印刷，因之比較稍見清晰。茲爲分別述之如下：

一、各報印刷之概況　自備印刷之報社：在杭州者，先後計有杭報，白話報，（後改全浙公報），浙江日報，（光緒間之浙江日報），漢民日報，彗星報，官報，之江日報，嘉言報，浙江民民報，民國日報等十家。在各屬者，先後計有四明日報，越鐸日報，時事公報，赤城日報，甯波民國日報，紹興民國日報等數家。杭報之印機，後歸文藥書局。全浙公報之印刷所，名中合印書公司，民國十五年春，報館停閉，印書公司亦停，全部印機及鉛字，均售於甬江。浙江日報印機後歸浙江官紙局，專供印刷浙江官報及各種公文紙式之用，光復後，官紙局之印機，復分別轉撥杭州貧民工廠及宏文印書局，漢民日報，即由宏文印書局印刷者也。彗星報印刷局名華孚，後改名「云云」，該報停版後，印書局亦停，印機歸於武林印書局，即實報及嘉言報之印刷部也，民國十二年，燬於火，燼餘各件，分別轉歸於程季英葉伯周。之江日報，日民二創刊，即日備印機多架，設立興業印書局，至民國十三年，因經理乏人，適該報編輯程季英，諳練印刷業，遂出租於程，未幾改名華商，至民國十八年，該報舊有股東張樹屏等，因租費久未清收，遂出售於臨安印書局，而華商則另添置機件焉。伯周曾任杭州編譯局經理，爲杭州印刷業先進，編譯局停閉已久，至民十二始重組崇文印書局，此局專印杭州各報，與楚商崇文二局代印，往者不贅，以最近言之，之江日報，國民新聞，民聲報，浙民日報，商報，杭州市報，大杭報，以及蕭山富陽各日報，俱皆由此二局承印者也。然楚商裝有馬達，印刷較速，，崇文各機皆憑手搖，印刷遲滯，其初鉛字等件，亦皆模糊欠缺，近兩局陸續改組，印刷較前稍勝，此皆各報促進之結果也。至於杭州民國日報，因接收前浙江省議會及杭州貧民工廠之印刷機件，專供己用，頻年而且陸續添置整理，故印刷在杭報中爲較精美。其他嘉湖甯紹台温各屬報社，雖自備印刷者，近亦不鮮，然大都未能勝過杭州各報，紹興台州温州各屬之印刷，而且缺乏五號字，印刷之潮，良足慨者矣！

二、鉛印工會之概況　杭州鉛印工人，知識程度，比較其他工人爲高，據調查大都曾經高小學畢業者爲多。民國十二年，程季英倪燮天李鼎元張秉臣等，始發起組織鉛印工人俱樂部，由倪燮天程季英等任正副部長，至十四年，因遭觝融停止，黨軍入浙後，始正式組織杭州市鉛印工會。先後載選爲執行委員者：第一屆爲張秉臣，華八初，李鼎元，丁瑞炎，王雲裳，周雪海，林啓棠，王存增等；第二屆爲趙春祥，趙廸臣，邵蓮芳，等；第三屆爲趙春祥，趙廸臣，沈傳福，田新榮，嚴東森，張秉臣等，旋因經費無着，停止進行，最近始行改組。

（附錄）杭州市鉛印工會要求條件勞資妥洽書　甲、權利，一、工會經過註册有代表工人之權。二、資方無故不得開除工人，工人無故不得向資方辭退，兩者須得工會同意（但省府未有切實辦法公布前暫援照十六年三月二十三日廣州去留店伙問題辦法案）。一、未確定商店店東，每年一日有自由去留店伙之權，此日暫定於舊歷正月初二日執行之；但其商店每年去留店伙不在正月初二者，仍准依照該商店舊習慣，得以每年一日去留店伙，其餘臨時雇用預先聲明以日計月計者，不在此限。二、舊歷年初二，或依舊習慣去留之日，被辭退之店伙，應由商店補回該店伙兩個月原額薪金及伙食；如預先訂有條件規定者應照條件辦理。三、因營業收歇或減少店伙，應由商店補回停去工友薪金及伙食一月，並應通知工人所屬工會；但工會查實商店有意爲難時，得呈請兩製機關處斷之。四、工會職員指入各工會爲執行委員及各部長，其在職期中去職後一年內，雇主不得沿用舊歷正月初二之舊例或舊習慣去留之日開除之，但曠職逾期者不在此限；又在職職員，指各工會執行委員及部長，除政府例定假期外，如辦理工會事務請假，每年合計不得過三十日。三、各公司雇用工人，須在加入工會之工人內聘請，但須經過工會介紹之手續。四、各公司及局所應共津貼鉛印工會每月六十元，俟攤定後由工會直接收取。五、各公司及局所，兩年內不得招收學徒，兩年以後，各店學徒之數，以工友十人收學徒一人；但現在各店以工友十人比例學徒不足時，以補足此數爲限，學習期間以三年爲滿期後，始得招收遞補。乙、工資　一、原有薪水四元至五元加八元，六元至十元加七元，十一元至十五元加七元，十六元至二十元加六元，二十一元至二十五加五元，二十六元至三十元加四元，餘照此類推；但學生原有津貼二元至三元者加二元，惟能擔任個人工作經支部長評定後，照畢業學徒論，每月十元。二、每年須加薪水一次，每次祇少加二元，至五十元爲限度。三、以後新進之學徒，自進公司起每月一元，以後半年加薪一元，至第七個月成爲二元，至十三個月成爲三元，至一年半成爲四元，至二年成爲五元，至兩年半成爲六元，至三年學業期滿，其價遂定爲十元，以後每年加薪，即照工友論，伙食費均在外。四、年假期內仍住在公司者，膳宿費照給，各該公司營業如有盈餘，全體工友得分十分之三。五、薪水按月發給二次，陽曆十五號月底，不得拖欠，亦不得預支，但發生婚姻病痛及父母喪故等時，經證明後，得先借用，其數目以兩個月工資爲限，以後每次分期扣還五分之一，如有不還，由工會負責，但借款時須有工會憑證。六、小工每月日班九元，夜班十一元，煎膠另外津貼二元。丙、工作時間。一、每日工作八小時，報班夜工不在此限，如私人請假時，須請相當能力之人，先一日得公司同意，代理工作工資，由請假人負責，並不得私自在外做工，否則報告工會開除。二、夜工以三小時算半工，五小時算一工，如五小時以外，須店主與工友同意後行之。三、華文排報，每日揀選須在五千五百字以外，但以六千爲限。四、每星期一律休息，工資照給，如不能停工，應另給工半，報班星期不停，每月另加四工。五、凡遇政府認定之紀念日，由總工會通告者，一律休息一天，工資照給。六、陽曆元旦休息二天，陰曆年假休息八天，工資照給。丁、待遇 一、膳食費至少每人六元，其有另加膳之，日班開夜工工作時間至十二時加點心一角，半工亦半數，報班夜點心每月每人給洋一元。二、住宿，凡工友學徒須有正式舖位，以通風透光爲標準，否則須由資方另租寄宿舍。三、因公受傷、經醫生證明者，假期中不得扣除工資，並給醫藥費，如致死亡及殘廢者，須由公司撫恤，其數目最低度四個月工資；工人疾病經醫生證明，得支半數，但病假時間以二個月爲限，如一年內病假積滿二月以上，須自覓替工，花柳病不在此例。四、學徒須接受領工及店主之教訓，但不得有辱罵毆打虐待，如屢訓不悛，以不堪造就論，即開除另補。五、會客時間，公司另定，並定會客室。戊、附則 一、各公司局所對工人工資工作時間及待遇，所在本條件以外者，照舊施行，不得違本條件定例。二，本條件自簽字日起，卽爲有效，但薪資按照三月份薪水遞加，七月一日起實行。三、由工會通告之罷工期間，工資照給。四、各公司之公約由勞資雙方協定遵之。

（附錄二）杭州印書局包印報紙之合同 （上略）一、議定每日排印兩大張，印刷二千份，正面二張完全排廣告，反面八分之一排廣告，其餘八分之七，均排新聞，每月印刷費洋五百元，（按亦有超過或不及者）如超過二千份以上時，每份加印工一厘。一、每日排字限定三版半，（卽兩張報紙八分之七）如酌移半版（三皮）於附張，亦不加費，惟附張每月須加印刷費二十五元。一、議定印刷上材料，概歸印書局置備，如用銅版鋅版插畫，則由報社自備，或貼費由印書局代辦，但用紅墨時則報社不再出費。一、議定鉛字頭二三四五號，悉由報社指定，印書局不得變拗，鉛條均用三開，新聞廣告式樣，亦聽報社指揮。（工人允須絕對聽編輯及校對之指揮）一、發稿時間從下午七時起至十一時止，但時評或特別事件發生時，不在此限。一、印書局必須於次晨五時前將印就報紙交付報社，倘脫班車者，報社不負擔半日之印費脫二車者，罰全日之印費，但每月不得脫兩次。一、新聞由報社派人校對，倘已經校過而仍不更換者，每字罰洋五分。一、每月印刷費分兩期交付，上半月五號前付齊，下半月二十號前付清。一、本合同自訂定之日起，以一年為有效期間（按亦有限半年或若干月者）中途不得毀約違約，否則毀約違約方面須負擔賠償一月之損失，（全月印費）如有特別事故及不照約付款時均不在此限，期滿後，意見融洽，得繼續訂約，報社廣告費收入達一千元以上者，當增加印費每月二十元。一、如印字糢糊在百字以上者，每日罰洋五元。一、本合同照繕兩份，各執一份，簽字後即發生效力。

第三節　廣告

廣告費為報社收入之大宗，歐美日本各國，工商業發達，其間各報廣告費之收入，常占全收入十分之八九，故研究廣告者亦日精月盛，有所謂廣告學及廣告術焉。我國工商業幼稚，廣告事業，殊為落後，雖近來漸見進展，然各報廣告費之收入，大多僅足抵消印刷費之支出，其足抵全報社之全數支出者，除上海申報新聞報以外，未之多見。而且廣告費收入較多之報，其廣告約有三分之二屬於舶來貨品，屬國貨及其他者，總計不及三之一焉。浙省地處東南，負山瀕海，各報社之廣告收入，僅杭甬二屬，稍見興盛，然杭尤不及甬。同一地也，各報因銷數之多寡與其歷史之淺深，收入又恆相差倍蓰。據業報紙廣告者之調查，杭州各報廣告費之收入，在民十五以前，之江日報，全浙公報，浙江民報，杭州報，大浙江報等，當其全盛之時，每月廣告收入，鮮有超出千元以上者；近年廣告刊費增加，籍端亦見擴充，號稱收入最多之杭州民國日報及浙江商報，每月視前至多亦不過增加三分之一，其下焉者，甚至不能抵充印費，其收入甲於浙省各報者，如甯波之四明日報，時事公報，民國日報等，每月亦僅及二千元左右。民國十七年夏，杭州市業廣告者，鑒於各廣告部之任意折價，曾有「杭州市日報廣告聯合營業社」之組織，嚴訂章程，力謀整理，詎行之半年，竟以虧蝕而告停止，；最近該社胡芷香徐竹齋程季英等又捲土重來，承包之價，最高額為杭州民國日報，每月僅一千八百元，最低為民聲報，不及四之一。工商業根本不振，報社之廣告收入，欲期完全發達，亦良難矣！茲爲分別述之如下：

（一）廣告之內容　浙省各報，以杭甬各報廣告爲較多，所登之廣告內容，除暑假期間之學校招生廣告，冬節左右之綢緞業洋廣業放盤廣告；平時大多以醫藥品及奢侈品廣告爲多。黨政機關之各種公告，近來雖亦絡繹不絕，但非各報普徧登載。在杭州市方面，春季香市，商業廣告比較他處爲盛；常年廣告，向以舶來貨品爲多，自五四運動及「五卅」案發生，對於英日貨廣告，均曾相繼拒登，最近浙江省黨部宣傳部奉中執會宣傳部訓令又有優待國貨廣告減少外貨廣告之令知，外貨廣告，益見銳減。惟「有惡影響於社會」之廣告，雖經全國報界聯合會通過勸告禁載，但仍未告肅清。

（二）廣告之款式，民十五以前，浙省各報，對於廣告，罕有注意到藝術方面、廣告標題，類多用正楷書，雖間有仿宋體或隸體，但亦甚鮮。鐫刻亦不外陽文陰文二種；近數年來，講求藝術者漸多，亦頗知應用藝術於廣告，兼之宣傳事業，日益發達，各種商店亦漸曉解宣傳之方法，故各報之業廣告與各商店之登載廣告者，類多注意於藝術化及投機化。所作字體，既匠心經營，不拘一格；所撰語句，復文言白話，不限一體。以篇幅言：大或竟佔一版，小或縮至方寸；以形式言：時或特用彩墨，時或添插圖畫；並有按照廣告性質，爲分類廣告，或預先故意空白，暨以簡短之語，引起閱者之注意，形形色色，奇妙橫生，雖視諸歐美日本各報，遠未能及，要視前此之簡單乏味者，勝多多矣。

三、廣告之刊例　廣告之定價，隨時隨地隨報而異，雖同時同地，亦恆因其報歷史之淺深，銷數之多寡，而呈現種種之歧異。在滿清同治之際，滬上各報廣告刊例，類多定爲每字取錢五文，迄光緒年間，則易錢碼爲洋碼，旋又以地位而定價目之高低，登於論前者，取費尤昂。民國以後，分類愈繁，價目亦漸增，浙省各報廣告，雖視滬報取費爲遜遜，而影響所及，演進亦多。杭屬各報，向來折扣隨報而異，幾乎刊例直等具文，近由廣告公司向各報完全承包，已在積極整頓。他屬除寧屬外，折扣之數，亦無一定，茲特分別表列如左。

甲、杭州各日報廣告價目之比較

民十五以前

(封面)三行起碼　第一天每行大洋四角，第二天至第七天，每日每行大洋三角，第八天起，每日每行二角，長登面議。

(封後)四行起碼　第一天每行大洋二角，第二天至第七天，每日每行一角五分，第八天起

民十五以後

(封面)第一張及評前三行起碼，每行每天大洋五角，長登面議。

(後幅)第二張三行起碼，每行每天大洋二角五分，長登面議。

民十九八月後

(封面)第一天起每日每行洋七角，第十一天起每日每行洋六角，第二十一天起每日每行洋五角。

(後幅)第一天起每日每行洋四角，第十一天起每日每行洋三角，第二十一

，每日每行一角，長登面議。　　天起每日每行洋二角。

（其他）論前照封面例，新聞中縫照封面加半，標題及嵌排大字均照所佔四號字地位計算，新聞欄內，短行五行起碼，每行每天二角，長登面議。　　（其他）新聞欄短行照封面加倍，長期面議。

乙、杭州各雜誌廣告價目之比較：：

民元以前	民十五以前	民十五以後	備考
登一期每字二釐，登兩期九折，三期八折，四期	全面十五元，半面十元，四分之一面五元，三期	封面內及底面全面三十元，半面十六元。正文前全面二十元，半	按上列係普通雜誌廣告價目之概狀，並非

七折，長年對折。	以上九折，六期以上八五折，全年八折，不合宗旨者不登。	面十二元，四分之一面七元；正文後全面十六元，半面十元，四分之一面六元。	一定，最近價徐增高，亦難劃一，姑從略焉。

丙、浙省各日報廣告價目之比較：

杭屬「普通各報」一等，登於正張或評前，三行起碼，每日每行五角。

二等，登於附張，四行起碼，每日每行二角五分

新聞欄面議，長期面議。

按以上廣告刊例，杭州民國日報，國民新聞，之江日報，浙民日報，杭州市報，浙江商報，民聲報均同。自十

九年八月一日以後，各報均增價，詳甲表。

嘉屬　「嘉興商報」　每行五十字三行起碼第一天起每行五角，第八天起每行四角，第八天起每行四角，第十六天起每行二角，附張以方寸計算，每寸計四號字十六字，每月大洋八角，插新每行計四號字十二字每天大洋一角五分，長期以及整頁半頁另議，論前中縫同。

「嘉興民報」　封面評前均三行起碼，第一天起每行大洋五角，第八天起每行四角，第十六天起每一三角，插新聞欄中，每行十一字八行起碼，每行每大行角五分，長期另定。

湖屬　「新湖報」　不論登何地位，三行起碼，第一天每行大洋四角，第二天三角二分．第三天起逐日兩角四分，新聞欄十六字一行，每天每行大洋二角，長期面議。

「湖報與湖光」湖報前幅三行起碼，每行三角半，三日後二角二算，新聞欄四方寸起碼，每方寸半元，三日後三角半算。湖光不論地位，亦三行起碼，第一天四角，次天三角二分，第三天起二角四分，新聞欄及論前加倍。

寧屬　「四明日報及時事公報」均二天起碼：特等，登新聞中間，短行四行起碼，第一天四角，第二天起三角，第八天起二角。頭等，登封面及論前，長行以二行起碼，每行第一天五角，第二天起三角半，第八天起二角半。二等，登第二張後幅地位，長行二行起碼，每日每行二角三等，地位同上，每行百字起碼，每日每字四厘。四等，登附刊地位，每日每方寸一角五分，四方寸起碼。事關重要，須具妥保。（按鎮海報特等頭等刊價與此兩報同）。

「民國日報」封面及新聞騎縫，第一日每行五角・第二日至第七日每行三角半，第八日以後，每行二角半，論前加倍，二等減半，間日登加一成，起碼三行，至少三天。（按此報刊例近已更改，特等與四明及時事二報同，二等與其頭等同，頭等則長行二行起碼，每行第一天八角，第二天起五角，第八天起三角，均一天起碼。長期廣告長行以二行登三月起碼，每行每月三元；普通六方寸起碼，每方寸每月一元五角，遇重要者，均須具妥保。）

紹興「民國日報」一日每字三厘，第二日起每字二厘，第八日起每字一厘，一百五十字起碼，封面及新聞中加倍，長期面議。

「諸暨國民新聞」封面，二行起碼第一期每行六角，第二期至第三期每行二角，第四期以後每行一角半，後幅，三行起碼，第一期每行三角，第二期至第五期每行二角，第五期以後每行一角，一月以上或全年面議。

台屬「椒江民報」封面每行第一日二角，第二日八分，第三日以後，按日五分，三行起碼，長期面議，後幅減一成，新聞中縫加二成。

「赤城日報」封面二行起碼，第一日每行二角，第二日每行一角，中縫加倍，長期面議。

衢屬「龍游日報」四號字二行地位，每月洋一元，五行地位，每月洋二元以下每加三行，加另一元，長年優待，封面加倍，插圖面議，論前中縫，短期啓事另議。

溫屬「民生日報」普通廣告以百字三天起碼，每天大洋四角，一星期作六天算，半月以上登長期面議。封面及論前中縫加倍，商標圖記須木刻者照算，凡關於詞訟鳴冤者，須簽字商保，登後自願縮短日期，刊資概不退還。

「甌海民報」無論何種告白，登三日首字起碼，第一日至第三日，每日每字收大洋四厘，第四日至第七日，每日每字收大洋二厘，第八日至十五日，每日每字收大洋二厘，登一月以上者，每日每字一厘半，按季九折，半年八折，全年七折，但商標圖記，按所登地位及刻工核算，封面中縫加倍，論說前加兩倍，凡關於詞訟鳴冤減倍。須邀殷實商家擔保，刊資先惠，登後如有縮短日期，報資概不奉還。

四、廣告社之組織 浙省各報社，雖皆設有廣告部經營廣告，然近十年來，杭州各報社，鑒於前此廣告收入之短絀，大多採取包商制。初期印刷費低廉，銷數二千份內以之報，每月印刷費不過三百元，廣告包額，最多不過六百元左右，最近印刷費陡增一倍，廣告包額亦隨而增，普通之報，廣告包額類多與印刷費相抵，最多幾達二千元，前此報紙廣告之來源，大都不出：一、商人或登廣告者直接送登。二、報館廣告部人員四出招攬。三、廣告掮客介紹，對於廣告刊例，折扣頗有一定，自民十三以後，各報競爲自由競爭，折扣任意高下，廣告收入，幾乎一蹶不振。至民國十七年夏，杭州各報廣告部人員徐竹齋程季英胡芷香等，因有杭州市日報廣告聯合營業社之組織。計當時出資入社者，竹齋季英芷香以外，有徐德麟，丁克敏，金映波、鄭松舟，徐松筠，顧綠濤，陸佑之，孫環黃，何懷仁，葉伯周，陳子良，徐惠民，袁叔屏，沈寬成，祝俊甫，俞德全等多人，中以竹齋德麟認股爲最多，季英芷香次之，餘則一二三四股不等。當時並訂定章程，選定各部職員，計主任徐竹齋，副主任鄭松舟，金映波，總會計丁克敏，總稽核程季英，監察胡芷香，陸佑之，孫環黃，何懷仁等。然行之半年，各員間或任意支收；承包各報廣告，亦多虧負。因之遂告停輟，近來各報廣告營業，稍稍復振，該社主要各人，於十九年八月一日，又行重新組織，諸所規劃，較前當爲妥善也。

「附錄」杭州市日報廣告聯合營業社章程　第一章，名稱及宗旨。第一條，本社爲整頓杭州市日報廣告營業，以期報社收支適合，集股同人，共得利益爲宗旨，定名爲杭州市日報廣告聯合營業社。第二章，營業之範圍。第二條，本社之營業範圍如左：甲，承包杭州市日報廣告營業。乙，承辦各商行號及其他一切廣告業務。第三條，本社以承包杭州市日報廣告爲根本營業，其餘得於相當時期，由股東會議決先後添辦。第三章，股東。第四條，本社股本總額爲六千元，分爲六十股，每股一百圓，成立時一次繳足。第五條，本社股東之股權，不得轉讓與本社股東以外之人，但得股東會之許可，不在此例，第四章，股東之利義務。第六條，股東之權利如左：一，股東有選舉及被選舉本社職員之權。二，股東有介紹本社職員之權，但錄用與否，須得股東會之通過，由主任聘請之，介紹之股東，並須負被介紹人之一切責任。三，股東有三分一以上之聲請，得召集臨時會稽核本社帳務之權。四，股東除應得官利外，有按股攤派紅利之權五。，股東在二人以上，有提出不信任本社職員之權、但撤換與否，須得股東會之通過。六，股東有介紹廣告捐客之權，但須負担客之帳款（、捐客介紹規則另定之）。七，股東有介紹廣告及本社所經營之業務，有得回佣之權，但股東已任本社所經營之報社職員，則不得對經營之報社，再取回用，餘類推。第七條，股東之義務如左：一，本社成立後，凡股東曾經承包杭州市日報之廣告營業者，須將其營業權全部讓渡於本社承受；但本社為求省手續起見，得仍以該股東之名義出面，向出包人訂約。二，本社股東絕對不能經營同性質營業及承包本社經營之報社廣告及新出日報之廣告營業，倘私有承辦，經本社調查屬實，得無條件沒收其加本社之股本及一切權利，並須賠償一千元以上之損失費。三，本社股東在營業期內不得提取股款。四，本社股東在未分紅利時，不得將應繳廣告藉口截留抵充紅利或官息。五，本社股東介紹廣告，須遵守議決之廣告折扣繳帳，不得以個人私交破壞定規。第五章，本社之組織如左：一，主任一人，副主任二人，總稽核一人，會計助理一人，均由股東會選舉之。二，本社經營之報社，設廣告主任一人，助理一人，經股東介紹，開會通過，交主任聘任之。三，法律顧問二人，經股東議決，由主任聘請之。四，工役一人，由主任雇用之。五，本社業商發展時，得由主任提出經股東會通過，添雇事務員佐理本社事務。第九條，本社由股東會選舉監察五人，組織監察會，監社察中一切業務，其規則另定之。第十條，本社職員以六個月爲任期，連舉得連任。第六章，會議。第十一條，本社之會議，分左列數種：一，股東大會每六個月一次。二，股東常會每月一次。三，股東臨時會由主任或副主任或股東三分一以上之聲請召集。四，職員會每星期一次，但由正副主任或職員二人以上之聲請得召集職員臨時會，其會議規則另定之。五，監察會每月開會二次，其認有特別事務應行開會時得由監察過半數同意自行集會。第七章，盈虧之攤派。第十二條，本社除官息按月一分，每月付給外，盈餘每六個月分配一次，其分配辦法列左：一，盈餘作十股分配，其分配整法如下：甲、股東得十成之七。乙、公積金十分之二。丙、職員獎金十成之一，其分配辦法另定之。第十三條，除官息外，如有虧耗，按股攤派。第八章，附則。第十四條，本章程如有未妥處，得於開股東會時修改之。

第四節　發行

報紙發行，關係報紙之流播，與編輯印刷有同樣之重要，編輯與印刷不良，固不足使其報暢行；然發行不得其人，雖編輯印刷俱臻優良，猶之明珠暗投，未易使社會獲得識面之機會，影響所及，非徒直接阻碍報紙之流播，而且間接不能使廣告發達，影響於報社之經濟。故東西各邦，對於報紙之發行，多不憚殫心研究暨努力宣傳。其法如：一，每日將報中大事揭示於衆人注目之處。二，公衆場合及各機關團體多先行贈送。三，遇有登載關於某人之新聞，必寄報使某人知之。四。隨時答覆讀者之函告並採納其意見。五，停閱者恆連寄數月。六，對於派報者及讀報者之宣傳與聯絡。七，隨時附贈臨時刊物。八、遲到與缺報之注意。九，寄遞便利之設法。十，直接訂閱之優待。吾國報紙之發行，類多視同普通商品，從事新聞事業者，鮮能直接經營，滬粵平漢各埠，除派送郵寄以外，尚有雇人兜售及托商店代售之種種推銷方法，至於吾浙，大多舍派送郵寄外，絕鮮注意其他之方法。杭甬二市，對於派送報紙，均有報業公會之設，限制甚嚴，各報發行，在各該本埠，幾乎完全立於被支配之地位，間雖有數報曾經自行雇人單獨派送，然因寡不敵衆。需費又鉅，屢試失敗而輟。其他各屬，則因閱戶鮮少，地域窄隘，發行一節，更罕足述。至於各報定價，當以杭州各報爲最低廉，茲爲分別述之如下：

一、浙省各日報之定價　浙省各日報，定價以杭屬爲最廉，溫屬及諸暨鎮海爲最昂。杭屬各日報，每日出版三大張者，取費不過二分，（近僅民國日報增至二分四厘）溫屬及諸暨鎮海等報，每日僅出版一張、取費竟與相等，其他如嘉興湖州台州各屬，日出一張之報，取費亦在一分四厘至一分七厘不等，甯波紹興各報，雖篇幅亦達二張，但取費均在二分以上。以論全價，當以甯波各報爲最昂；以論平均價目，甬以外，當以杭報爲最劃一。蓋他報大多以月計者，較以日計者爲廉；以半年或全年計者，更較以月計者爲廉，惟杭甬兩屬，不分久暫，價目均等。此在發行方面，似有更須研究之必要。茲就新近各日報之定價，綜爲表列如下。

屬別	零售	中國境內逐日郵寄 全年	中國境內逐日郵寄 半年	中國境內逐日郵寄 每月	日本 全年	歐美各國全年	備考
杭屬	大洋二分	八元	四元二角	七角二分	十元	十三元二角	惟民國日報最近增價中國境內逐日寄全年八元五角半年四元五角每月七角八分歐美全年二十五元
嘉屬	一分四厘	五元二角	三元二角	五角二分	八元	八元	本埠每月大洋四角二分，半年二元五角，全年四元

湖屬	一分七厘	六元八角	五角	六角一分	未定	未定	上列價目係就湖報及湖光日報而言，尚有新湖聲日報，零售定價與杭報同，因湖報與湖光報皆每日一張，此爲一張半也，本埠較外埠每月減郵費一角
寧屬	二分五厘	九元	四元八角	九角	全境內	十七元	惟鎮海報例外，零售每日大洋二分，中國境內每月三角七分半，半年二元，全年三元八角，外國加倍。

紹屬
銅元七枚
七元五角
三元八角
六角五分
未定
未定

上列定價，係紹興民國日報本埠之定價，外埠須另加郵費，又諸暨國民新聞，定價每期大洋二分，每月大洋三角，半年大洋一元六角，全年大洋三元，外埠另加郵費。

按紹屬蕭山餘姚二縣，最近皆有民國日報之發刊，篇幅窄小，定價亦廉，茲從略。

台屬	一分五厘	五元	二元五角	小洋五角	未定	未定	上係椒江民報之定價，其他赤城日報等，倘有「一個月一元三角」之規定，外埠均須另加郵費，又黃岩溫嶺各小報出一小張者，約減三分之一。
衢屬	銅元三枚	大洋三元		大洋三角	未定	未定	上列係就該本埠而言，外埠每月須加郵費一角五分。
溫屬	銅元六枚	七元	三元五角	小洋七角	加倍	加倍	本埠全年大洋六元，半年三元，每月小洋六角。

右列之外，各報並有報資先惠，郵票作九五折計算，姿函不獲等語，合併誌之。

二、浙省各報銷數之統計　浙省派銷之報，省內之報，不及滬報之銷省內爲多。省內之報，以杭甬兩屬之報爲最盛，然號鼎鼎者，銷數亦罕有逾六千份，他屬之報，則遠更不逮焉。以杭屬而言：如杭州白話報，全浙公報，之江日報，浙江民報，杭州報，大浙江報，其全盛之時，銷數皆曾弁冠全浙，而爲數均未有超過上述。近年報紙較前發達，最著如杭州民國日報，銷數猶未打破以前紀錄。綜合國民新聞，之江日報，浙民日報，民聲報，浙江商報，杭州市報，爲數不滿二萬份，其間銷於杭州市者，已佔三分之一。甯波所有民國時事四明三報，位列杭報之次，總數聞僅及杭報總數三分之一。其他嘉湖溫紹各屬，每屬報紙發行之總數，視甯屬而又不逮強半，台屬而更半之，金屬則僅有五日刊之金華新聞，衢屬則僅有小張之龍游日報二發行之數，聞均僅五百份左右，此外各縣鎮之報，大多亦類是。合全省之報計之：每日至多不過四萬份，京滬平津粵漢及歐美日本各報之在浙銷售者，數幾相仿，而滬報爲尤多。據杭州市派報業報告，滬報在杭銷過最多者，在昔當推中外日報，民權報，民立報，每報皆曾銷過三千餘份，其他新申報曾銷八百份，神洲日報曾銷二百份，餘則不足百數；新聞報亦曾銷至三千餘份、今則已減六分之一，時事新報曾銷一千餘份，今則已減半數，時報曾銷五百餘份，今則只減五分之二。統計最近滬報在杭派銷，新聞報居第一位，凡二千五百份，次爲申報，凡一千五百份，再次爲時事新報，凡六百份，時報凡二百份，民國日報凡百餘份。「小報不計」滬報以外，以南京中央日報爲多，然機關團體而外，購閱殊鮮，他報則益寥寥焉。合全市所有省外與國外之報，爲數正與本市各報相埒。質言之：全杭州市每日銷報之總數，僅一萬份左右，以四十萬人口平均計算，每四十人祗閱一份，若以全國平均每一百六十四人閱報一份較之，則杭州市尚足自豪；然以較之歐美日各邦，則相差猶爲一與十之比。至於就全浙省平均計算，現今省內所有派銷之報，合省內外各報，不滿十萬份，約二百五十人，僅得報一份，視之全國平均每一百六十四人閱報一份，亦尚遜色不多，於此可見浙省報紙發行之急須振興者矣。

三、分館及派報處之組織　報紙發行，除各報本社之外，復爲分館及派報處之組織。分館章程，普通規定須承認銷報五百份以上，（亦有例外者）而且例須預繳一個月報費，作爲保証金，並有一定之界域與期限，每月繳費，大概以遲十日爲限，省外各報在浙設有分館者，現僅新聞報申報時報時事新報民國日報數家，無分館者，大多設有派報處，省內各報，僅杭州少數著名之報，曾在嘉湖等屬設有分館，其係遼遠各屬，大都祇設派報處。派報處亦稱分銷處，向例承銷每報達十份，即可用此名稱，亦須預繳證金，近來間有或憑保人者。報社對於派報處之收費，例以七折計算，亦有按照派銷之多寡，特定遞減之法，繳費手續，與分館同，逾期不繳，報紙停發，有保証金者以保証金抵償，否則向保人追繳。

四、杭州報業公會之組織　杭州報紙發行，民元以前，以王槐卿爲領袖，當時派報營業，向無具體之組織，所有派報事宜，大都由槐卿指揮，旋槐卿以事付托於徐竹齋，至民國六年六月一日，竹齋遂偕周幼堂等發起組織杭州報業公會，並訂立規章，刊發行單，選定職員，設會所於金釵袋巷。迄十八年四月，該會以局勢變遷，同業亦多更易，舊訂規章，不適於用，經全體集議，重訂規章五十二條，改名「杭州市派送滬杭各報同業公會」。現計全市送報人不下六十餘人，內分業主夥友二種，業主爲對會員負責任者，每一業主大都雇有二三夥友，會內職員，正副會長以下，僅設幹事，現會長爲徐竹齋，副會長爲周幼堂，幹事爲姚少春湯湧泉王酉卿等，會長爲對承各派報之負責者，其對杭報繳費，普通僅以四折計算云。

「附錄」杭州市派送滬杭各報同業公會規章　第一條，同業承接閱戶，即向註冊處註冊，註冊後所註之閱戶，即爲該註冊者所有權，他人不得承送，如有私送他人註冊之戶，一經查實，處以一元至五元之罰金，職員加倍處罰，該閱戶仍歸註冊者所有，其未經註冊者，即爲自棄權利，本公會不認處理。第二條，註冊之戶，以現在承送者爲限，其以前送戶或報已停止，而帳目未清者，不得註冊，亦不得爭奪。

第三條，商店旅店以牌號註册附註地址，以後加記換記時應向註册處聲明註册之所有權，至牌號更換時同時消滅。第四條，住戶以閱報者之姓名註册附註地址，如有遷移或更換門牌時，須向註册處聲明。第五條，衙署分官衙科稱等註册，官衙更變時，須向註册處聲明註册之所有權，至該衙署全部改組時同時消滅。第六條，公立市立私立機關團體，以會名校名局名等註册，附註地址，如有遷移，須向註册處聲明註册之所有權，至該名稱更變時同時消滅。第七條，註册時應照本章程規定數目繳納註册費，先行繳納、繳費不足數，不得註册。第八條，新接閱註册及過戶註册者，註册費照規定徵收。第九條，新接閱戶限三日內註册，倘匿不報註，希圖取巧，一經查出，應照第一條私送者處罰。第十條，報告註册時，由註册員給付臨時註册証，俟三日內調查確實，方可正式註册，如報告之戶爲己經註册者，即時由註册處通知原註册者接送，不再調查。第十一條，商店住戶註册，每戶徵收註册費大洋二分，充本會經費。第十二條，衙署局所註册費，以報數爲單位，無論滬報杭報，每份繳註册費大洋一角。第十三條，同業派送杭滬各報，適因生活程度日高，夥友工資較昔提高兩倍以上，本會爲維持生活計，議決各報售價，如商店行棧旅客住宅，杭報滬報報費概照報面刊價計算，凡機關學校要打折扣，杭報照刊碼計算，滬報每份照刊價加上工資大洋四角（每月一角二分）維持同業生活，如有貶價濫售，害及大衆，一經察出證明，由職員會公決執行處罰以爲不守規則者戒。第十四條，無論滬報杭報當日掉報，每月照報面刊價五五折，隔日留報，每月照刊價六折，以資一律。第十五條，甲之閱戶由乙代送，向來乙認付盈餘與甲者，乙註册所有盈餘，照常付給，至該閱戶消滅爲止，盈餘多少，以註册時爲標準，嗣後不得加減，若中途停止時，認付之盈餘亦中止。第十六條，承寄外地包封，憑閱戶之信件註册。第十七條，同一衙署機關團體商店旅店等，有二三人註册者，加增之報，由二三人抽籤決定之，歸抽得者承送。第十八條，同一閱戶，有二人送者分滬杭報字樣註册。第十九條。新設衙署旅店之未經同業註册者，抽籤法定之，歸抽得者註册，註册費之未有規定者，由職員會公决，已註册之衙署更換者，不在此例。第二十條，已註册之住戶閱戶變更，而遷入衙署機關團體旅館等者，即由遷入處所之人承送，衙署等遷入者，由先接送者註册，其已經註册者，歸註册者承送。第二十一條，專賣處送報人不得將閱戶註册。第二十二條，代同業或報館之帶報不得註册。第二十三條，代報館帶送之報，限三日內報告註册處，該戶如係註册閱戶，應歸由註册者帶送，期滿仍歸註册者承送，倘被他人私帶，匿不報告，一經查出，照第一條私送註册戶處罰。第二十四條，閱戶買賣出租等註册過戶須徵求本職員同意，憑本公會發給之允可證註册。第二十五條，同業病故，而子女年幼，未能自立，其所有閱戶，由本公會雇人營業，出入報款，本公會負責經管，每月除付館方報款及開支工資外，倘有盈餘幾何，按月給與該註册人家屬，以資養贍，待至子女能自立營業者，即將全部交還接管，報款仍由本公會負責理處。第二十六條，夥友犯規歇業者，由本公會正副會長議決公佈同業，永遠不得雇用，如敢故違，處以一元至五元罰金。第二十七條，夥友私將閱戶授受，無論有無代價，無論已否註册，處受者以十元以上十五元以下之罰金，閱戶無條件收還，該夥友限十天歇業。第二十八條，夥友私送閱戶，一經查實，限十天內歇業。第二十九條，抵押閱戶，須於抵押前徵求本會同意，以公會同意證爲憑。第三十條，出租閱戶，須全部租與同業一人不得分租兩人及外人。第三十一條，租戶註册時，註册費由租戶負担，至退還出租之時，由出租人照償。第三十二條，租送閱戶，其租金照原定租約，不得增減。第三十三條，租戶將閱戶退還時，須將所租之全部營業退還，如有二三出租人者，照全部盈餘核算，用百分法公派，如有報款糾葛，歸出租人理處。第三十四條，向有自業閱戶而兼租進代人承送之閱戶者，退租時照原租盈約餘退還，以免出租者損失。第三十五條，租戶積欠租金至三個月以上，出租人所有權將租戶承送閱戶全部收回，將報館內欠有款項者，歸收回者償還，如無以上情形者，出租人祇能找價頂絕、不得收回或另租。第三十六條，同業因虧欠報款不得已而宣告破產，則所有閱戶，祇能賣諸同業，躉賣零賣，須提早報告本公會接洽給予許可證，方可隨便出讓，所欠報館款項，由本公會處理，即將閱戶賣得之款償還。第三十七條，註册之戶在註册後六個月以上者，方可出賣，惟須擔保十個足月，如賣出之戶未滿十個月而停止者，以李代桃，應將盈餘補足，以免接受者之損失，如出賣者已無閱戶可抵，不再追償。第三十八條，本公會之閱戶，由同業分別就近義務推送報費，由會計員逐月收取。第三十九條，甲所註册之戶，由乙賤價兜送或託閱戶之親友轉遞，一經查實，照私送註册閱戶罰則外，再按所賤之價額十倍罰償，註册者若因此而甲不能承送者，照一年之全部盈餘罰償，註册之所有權，乃歸甲有，送報方法，由本會議決施行。第四十條，同業不准代他人之夥友賣報，如犯此，則處以一元至五元之罰金。第四十一條，同業子弟繼承父兄之業，如有數子數弟，准其分途承送，除本會認定一人為業主外，餘均作夥友論。第四十二條，調查員有舞弊情事，一經證實，處罰停止營業一個月，其該停止月內盈餘，充入本公會。第四十三條，工役舞弊一經查實，由監督者當即斥退另聘。第四十四條，符號遺失，須登報三天聲明作廢，向本會補領時，須繳納符號費。第四十五條，符號以銅質製造爲橢圓形，上刊杭州市派送滬杭各報同業公會，中刊派報人或賣報人字樣，左刻號數，右刻姓名，背面刊有英文號碼及千字文暗號，雇用夥友時有更變，均刊業主姓名。第四十六條，公會製有銅質同業符號九十六塊，又臨時符號四塊，不得私製。第四十七條，全體大會定常會一次，准陰歷九月二十六日，臨時會隨時召集。第四十八條，職員會定每月逢第一星期日，風雨無阻，如遇陽歷月終，順延一天，臨時會隨時召集，職員缺席，須提出缺席理由事實，正式向議會請假。第四十九條，執行會議隨時召集。第五十條，以上條規未經註明罰金者，由職員會執行處罰。第五十一條，本規則自十五年一月一日實行。當五十一條，本規則如有未盡事宜，由大會修改之。

第五節　立案

言論出版，關係國家政治學術之良窳及進步，英美各國，多取放任主義，美國憲法並規定「國會不得制定何種法律減縮言論出版之自由」，故世界新聞事業，以美國為最發達最進步。吾國新聞事業，在滿清咸豐以前，向無完全具體之組織，雖秦漢以降，文獄之興，史不絕書，而報紙專律，則絕對未有。惟清律例刑律盜賊類，列有「造妖書妖言」之條，清光緒二十四年六月二十九日，始有報律名詞見於諭文，及光緒三十二年六月，商部警察部學部，始會同制定印刷物專律，所謂報館立案之手續，自此肇興矣。嗣後言論出版，束縛層積，有所謂報章應守規則焉，報律草案焉。民國以後，始而南京政府內務部發表暫行報律，繼而袁世凱公布報紙條例及出版法，及民國十四年四月，安福系專政，為壓制輿論計，復由京師警察總監朱深頒布管理新聞營業條例，雖先後迭經各報反對，旋興旋廢，而言論出版之枷鎖，迄未擺脫。本黨革命統一以來，言論自由，雖在對內政綱早有明白之規定，但黨政當局，鑒於反動勢力之未清除，限制仍嚴。吾浙方面，省黨指委會宣傳部於民國十七年十一月，曾公布各報館各通訊社立案條例，及至近今，鑒于中央規定報館通訊社登記辦法，始決議將立案問題，改歸行政機關辦理，該部則專管登記與指導事宜。茲爲分別述之如下：

一、清季之立案手續　（甲）清印刷物專律，是律定於光緒三十二年六月。分六章：一、大綱；二、印刷人；三、記載物件等；四、毀謗；五、教唆；六、時限。內第二章第二款載：『凡以印刷或發賣各種印刷物件爲業之人，依本律所頒就所在營業地方巡警衙門呈請注册，其呈請注册之呈須備兩份，並各詳細叙明實在及其呈人之姓名籍貫住址及有股份可以分利人之姓名籍貫住址』違犯者處一百五十元以下之罰鍰及五個月以下監禁之科罰，餘從略。（乙）報章應守規則，光緒三十二年巡警部以報律頒布需時，先訂規則九條，末條云：『除已開報館之外，凡欲開設者，皆須來所呈報批准後再行開設』餘從略。（丙）清報律，光緒三十三年商部仿日本報紙法，擬具清報律草案，經巡警部略加修改，於是年十二月，由民政部會奏交憲政編查館議覆，奉旨頒布，但各報館延不遵行；宣統二年，遂由民政部再加修改，交資政院議覆後請旨頒布。迨民國三年四月，袁世凱頒布報紙條例，此律始失效力。計全律凡四十五條，內第一條規定，凡開設報館發行報紙者，應具名稱，體例，發行人編輯人印刷人之姓名履歷及住址，發行所及印刷所之名稱及地址，於發行二十日以前，呈由該管地方衙門申報本省督撫咨民政部存案，發行人編輯人及印刷人之資格，須年滿二十歲以上之本國人及無精神病與未經處監禁以上之刑者，其他並有印刷人不得充發行人或編輯，與發行人呈報時須分別附繳保押費種種之規定，餘從略。

二、民十五前之立案手續，民國元年臨時約法，一方規定人民有言論著作刊行及結會之自由，一方又規定『本章人民之權利，有認為增進公益維持治安或非常緊急必要時，得依法限制之』。故是年三月，內務部即布暫行報律三條，仍有『非經呈明註冊不准發行』之規定，雖當時經全國報界俱進會嚴電反對，立即取消；而同年十二月十五日所布之嚴法，對於新聞雜誌圖書告白認為有妨時機者，仍有得令停止不得請求賠償之規定。及民國二年憲法起草委員會出謀補救，規定「中華民國人民有言論著作及刊行之自由非依法律不得限制」，但迄未實現。民國三年，袁世凱簒謀帝制，先後複公布治安警察法，報紙條例及出版法，對於言論出版，皆束縛有加。報紙條例共三十五條，內第三條規定『發行報紙，應由發行人備具左列各款，呈請警察官署認可。一、名稱，二、體例，二、發行時期；四、發行人編輯人印刷人之姓名籍貫履歷住址；五、發行所印刷所之名稱地址；警察官署認可後，給予執照，並將發行人原呈及認可理由，呈報本管長官，轉呈內務部備案』。迨黃陂入京，始告廢止。出版法共二十三條，公布於三年十二月五日，與報紙條例適足相濟，內第四條規定，「出版之文書圖畫，應於發行或散布前，稟報該管警察官署，並將出版物以一分送該官署，以一分經由該官署送內務部備案，官署或國家他種機關及地方自治團體機關之出版，應送內務部備案」。其對於著作人發行人印刷人及發行年月印刷年月等之注意，亦未稍寬假，尤以第十一條所列各款與報紙最有關係，當時報界每每因此獲咎。民國十四年四月，安福系專政，爲壓制輿論計，京師警察總監朱深，復頒布管理新聞營業條例（京外亦須遵照此項條例），當時雖經報界一致反對，要求廢止，但朱只將規定過嚴之點，加以修正。其中所列，如第三條規定，發行報紙雜誌須由經理人依照左列各款呈報於警察廳，以憑發給執照。（一）名稱（二）體例（三）發行時期（四）經理人編輯人發行人印刷人之姓名籍貫履歷住址（五）發行之地址（六）印刷之名稱及地址（七）資本數目。此外復有所謂取具妥實舖保及發行所社址須商得房主許可各節，規定嚴密，實爲前此所未有。

三、浙江省黨部規定之立案手續　民國十五年以前，浙省各報社及各通訊社，祇依照部頒之立案規定，分別向所屬警察官署呈請立案，省內並無單獨之特別規定。盧香亭任浙司令時，雖有取締報館之擬議，然以杭州各報反對而中止。民國十六年春，浙江省市縣各級黨部正式成立，浙屬各地報社通訊社之創設，始於警察官署之外，兼呈請各所在地之最高黨部准予備案。清黨之後，黨部屢次改組，各報社及各通訊社，漸多玩視，或竟置之不顧，至十七年夏，浙江省黨務指導教員會第十三次常務會議，始議決通過浙江各報館各通訊立案條例，當經登報公布，並分令浙屬各縣市黨務指導委員會及登記處暨函浙省府轉各縣政府查照。但原定立案條例第一條，僅規定「本省各報館各通訊社須先呈請中國國民黨浙江省黨部立案認可再經各所在地主管行政機關准予備案後方得開始營業」。旋以常山縣指委會呈請將再經各所在地主管行政機關准予備案句，應改為再經各所地之最高黨部及主管行政機關准予備案；其意以為報館及通訊社之設立，原為傳通消息宣揚黨義起見，若不向所在地之黨部備案，深恐有反革命之言論及故意攻訐所在地黨部之舉動，故須增修，以提高當地黨部之黨權，並防制反革命之言論。省指委會據呈後，即付第四十次常會討論，經議決通過准如所請，並於是年十一月十三日將修正條文分令浙屬各市黨務指導委員會及登記處暨函浙省府轉各縣政府知照。又省指委會宣傳部於同年十月，因杭州市政府函請取締市內各報機瑣新聞，經該部二十二次部務會議，議決通過取締辦法六條，爰爲分錄如下：

（甲）浙江各報館各通訊社立案條例　浙江各報館各通訊社立案條例，第一條，本省各報館各通訊社須先呈請中國國民黨浙江省黨部（以下簡稱省黨部）立案認可，再經各所在地之最高級黨部及主管行政機關准予備案後，方得開始營業。第二條，各報館各通訊社，應由負責人員開具左列各款，呈請省黨部立案認可。一、名稱；二、組織；三、宗旨；四、負責人員之姓名年齡籍貫履歷及住址（分永久與現在兩種）；五、報館或通訊社之館址及社址；六、經常費數目；七、經費來源。第三條，有左列事情之一者，不得充報館或通訊社之負責人員。一、年齡不滿二十歲者；二、在國內無一定住所或居所者；三、有反革命行爲者；四、有精神病者；五、褫奪公權尚未復權者；六、現在海陸軍人；七、現在行政司法官吏；八、在校學生。第四條，各報館各通訊社，應於省黨部立案認可後，在報紙或通訊稿件發行十五日前，覓定殷實舖保。第五條、第二條所列各款，如呈請立案認可後有更變時，應於十日內另行呈請認可。第六條、各報館各通信社所出之報紙或通訊稿件，應自發行日起，按日送一份至省黨部宣傳部存查。第七條、左列各項稿件，不得登載或發行：一、反革命言論，二、淆亂政聞者，三、妨害治安者，四、外交軍事政務及黨務秘秘文件或消息，經各該主管機關發表者，五、捏造事實，攻訐個人者。第八條、本條照第二條及第三條之規定呈請立案認可之報館或通訊社，省黨部得隨時決議處分。第九條、犯第七條規定各項之列者，依其情節之輕重，由省黨部議決處分辦法，函請行政機關執行之。第十條、報館或通訊社負責人，於呈請立案認可後，逾兩個月不發行報紙或通訊稿件，或發行後中止逾兩個月不呈報理由者，即撤銷其立案。第十一條、在本條公布施行前成立之報館及通信社，均應按照本條例第二條之規定，補行呈請立案認可。第十二條、本條例如有未盡處，由省黨部隨時議決修改之。第十三條、本條例自省黨部議決公布日施行。

（乙）取締杭州各報社會新聞辦法　一、令民國日報以後關於社會小新聞應慎重選擇。二、函知各報館關於捏造事實之社會小新聞，如經登載，應各自負責。三、函知各通訊社，如登發不符事實之社會小新聞，應各自負責。四、各通訊社或各報館如有送發或登載捏造事實之相當處分。五、未經立案之通訊社及報館，最易捏造事實，淆亂聽聞，公安局如發現此等通訊社或報館登載不符事實之新聞，得逕請市政府予以嚴重處分，如情節較重者並得封閉之。六、將本市業經准予立案之通訊社及報館名目通知市政府。

(丙)中政會通過之出版條例　中宣部所擬出版條例原則，經二十九次中常會議決送中政會，經中政會一九一次會議決議修正通過，送立法院查照。茲錄原則全文如下：第一條、為保障出版自由，防止正當出版品之流行，應製定出版條例。第二條、凡用機械印版或化學材料印製之新聞紙類書籍圖書影片及其他文書出售或散布者，均認為出版品。第三條、構成出版品之關係人如左：一、編著人。二、印製人。三、發行人。第四條、一切出版品之登記審查，由國府所屬之主管機關辦理，其登記審查條例另訂之。第五條、凡出版品有左列情事之一者，不得登記，其已登記者應撤消之。一、宣傳反動思想者。二、違反國家法令者。三、敗壞善良風俗者。四、妨害治安者。第六條、出版品之處罰辦法如左：一、糾正。二、警告。三、查禁或拘罰

（丁）浙江省黨部宣傳部之日報登記通告　中國國民黨浙江省執行委員會宣傳部，於十八年十一月二十六日發表第七九二號通告云，爲通告事，案奉　中央宣傳部訓令開爲令遵事，案查日報登記辦法業由本部先後提經中央第三十三次及第三十七次常務會議修正通過各在案，自應遵照舉辦，以正輿論而利宣傳，除分行外，合亟檢發原辦法及日報登記須知並各種應用圖表各十份，令發該部遵照，限文到一星期內籌備完竣，開始登記仍將奉文日期先行具復查考，此令。又奉中央電開，查通訊社性質與日報相同，應一同履行登記；書報之逐日刊行者，亦應同樣辦理各等因，奉此，除各縣日後通訊社書報登記期間手續等項另行規定外；玆經本部決定杭州市日報通訊社及逐日刊行之書報登記期間，自十八年十一月念六日起至十二月念五日止，每

日上午九時至十一時下午三時至五時，在本部樓下日報登記處辦理登記手續，仰即按期來處登記，毋自延誤，除登報外，合行通告杭州市各日報通訊社及逐日書報公鑒。

附『日報登記辦法』一，在出版法未頒布以前，各種日報均須遵照本辦法辦理登記。二，日報之登記機關，爲各省黨部宣傳部各特別市黨部，宣傳部登記之最後審核，由中央宣傳部辦理之。三，中央直轄及受中央津貼之各項日報，其登記事宜由中央宣傳部辦理之，但須通知所在地之高級黨部。四，凡非中央直轄或中央津貼之報紙，請求在中央宣傳部登記經許可後，得免在地方黨部登記；但仍通知所在地之高級黨部並受其指導監督。五，凡登記手續辦理完畢之日報，由各省黨部宣傳部各特別市黨部宣傳部給予收據，經中央宣傳部審核決定後，發給日報登記證。六，凡請求登記之日報，其主辦人須至當地辦理登記機關履行下列登記手續：1填繳志願書。2呈繳最近一個月所出版之刊物。3填寫登記考查表。4答復登記員之詢問。七，日報經登記合格後，如發見有反動之言詞，經當地黨部之檢舉，上級黨部宣傳部之審查確實，中央宣傳部之核准者，得撤消其登記資格，禁止出版。八，凡登記不合格及不履行登記之日報，得由當地高級黨部呈准中央宣傳部禁止出版。九，各地報紙之登記期間，由中央宣傳部按各地情形定之。十，日報登記手續發見錯誤者，須重新登記，但若隱匿實情，冒領登記證書，經發見後，其登記即作爲無效。十一，日報之登記概不收取費用。十二，本辦法如有未盡事宜，由中央宣傳部隨時決定之。十三，本辦法由中央常會議決施行。

(戊)中央執委會之訓令　中央執委會訓令各省市黨部云：查各級黨部主辦之黨報，按之指導黨報條例之規定，原應由該黨部直接管轄；近查各級黨部黨報，間有直接隸屬于各級執行委員，而不受各級黨部宣傳部之管轄者，是無異於宣傳之外，另設單行宣傳之機關，於宣傳統一及指導不免發生窒礙。爲此通令各級黨部，凡各該黨辦之黨報，均應直轄於各黨部宣傳部直接負責管理監督指導之。即以前直接隸屬於各級黨部者，今後亦宜改隸于各級黨部宣傳部，而利宣傳事業之進行。仰即遵照，並轉行所屬各級黨部，一體遵照爲要。

第六章　記聯會之組織

新聞記者之團體組織，以範圍言：有合世界共同組織者，有合一國共同組織者，有合一省或一市一縣共同組織者。以單位言：有以報館爲單位者，有以記者爲單位者。全世界之記者團體，始於一九五年七月舊金山之世界報界大會，當時加入者三十四國，一九二一年十月十日第二次大會開會時，我國上海天津廣州各報，始派代表許建屏董顯光錢伯涵黃憲昭王天木王伯衡六人與會，大會既畢，復有所謂太平洋記者大會之召集，旋復有所謂國際新聞協會，此實世界記者之大聯合。至於全國記者團體之組織，其動機實始於光緒三十一年春時報揭載之「宜創中國報館記者同盟會」一文。迄宣統二年，南洋勸業會開幕，時報與神洲日報始發起成立中國報界俱進會，當時滬杭京津寧奉吉哈港汕粵漢閩贛皖黔各報參加者四十二家，吾杭參加者爲全浙公報浙江日報及白話新報；及民元六月開特別大會於上海，加入者復二十四家，吾浙紹興之越鐸報亦參加焉；然未滿三年，以經費無着而瓦解。民國八年，南北和議開幕，由廣州七十二行商報與新民國報提議，藉各報記者聚集上海之便，組織全國報界聯合會，於是年四月十五日開成立會於上海，是時計到報館八十三家，代表八十四人，推葉楚傖爲主席，議決要案六件；次年五月五日，開第二次常會於廣州，到會報館及通訊社一百十二家，代表一百九十六人，推羅嘯翺爲主席，議決要案十四案，內有加入國際新聞協會一案，關係新聞界尤要。吾國記者方慶從此國內新聞事業得以發揚遠播於世界各國；詎第三次開常會於北京，以受政界津貼之故，會員忽而分爲北京日報與晨報之二派，各自開會，互相攻訐，以致四次常會地點，北京日報派則主定在福州，晨報派則主定在漢口，各報館左右爲難，此會遂歸消滅，計其爲時，亦不滿三年耳。其他合一省或一市一縣而組織之記者團體，當以光緒末年上海日報公會爲最早，此實爲我國報界有團體之始。然係以報館爲單位，不足以語廣義之新聞團體。及民國十三年八月，上海新聞記者聯歡會成立，上海記者始有較大之集團。民國十五年九月，廣州報界始發起組織新聞記者聯合會。嗣後江浙各省，相繼踵興，十六年三月，寧波民國日報記者倪瘋人李花白等，始發起組織甯波新聞記者協會，然未一月即行停輟；是年六月，杭州新聞記者聯合會，繼之而起；至十七年，無錫鎮江蘇州南京地，此種團體之組織，風發潮湧，影響所及，遂被長江流域。十八年，蘇省竟有全省記記聯會議之召集，滬埠亦嬗變其舊有之組織而有上海記聯會之創設。憶自杭州記聯會成立以來，迄今已達四屆期滿，踵嘉興黃岩及吳興之南潯等處，先後有組織同樣團體之呼聲，而迄未實現，其發策努力，幸而克告完成者，惟寧波之記聯會耳。茲爲分別述之於下：

第一節　杭州記聯會之籌備

杭州新聞記者，向因各報背景之不同，意志未能統一，缺乏團體之組織。自黨軍入浙，言論界空氣變換，各報所有之壁壘，同時宣告隳撤，兼之通訊社勃興，新聞記者之數量，陡行激增；而社會各方，如商民農民以暨勞工之輩，復有商民協會農民協會各種工會之組織；新聞記者覺悟到處此新時代新環境之下，非有具體組織，不足以促同業之進步，資社會之領導。因之民十七之秋，杭州民國日報記者陸舒農，國民通訊社記者湯德民，章正範，國民新聞記者項士元，浙江民報記者殷再爲，浙江商報記者沈雨蒼，杭州市報記者羅越凡等，杭州新聞記者聯合會之發起，嘗於八月十八日開第一次籌備會於杭州民國日報社，決定實行組織。旋經三次集議，各報社各通訊社記者李誦偕，程季英，樊迪民，楊企成，蔣定豪，羅正履，金映波，張仲孝，俞雪塵，李公凡，祝晴園，孫環黃，章九如，鍾以智，張雄潮，馬克俊，黃鳥孫，任壯飛，吳欣木，龔伯周等陸續加入，各項會務籌備事宜，一致積極進行，籌備經費，由杭州各報共同担任，籌備時間限以一旬，並推定陸舒農湯德民章正範等起草宣言及會章，詎籌備會正在進行，浙江民報記者祝晴園即與民國日報記者發生論戰，旋復以議決籌備事項，內有「成立大會開會時舉行游藝會」一節，晴園竟於八月二十一日在該報端揭載所撰「對於杭州新聞記者聯合會之意見」一文，內容略謂「前方武裝同志，斷頭瀝血，正在艱難苦鬥之際，吾輩臥薪嘗胆，愧不能赴湯蹈火，而乃酣歌恆舞，未免太不近人情矣，每念如此熱天，戰地上傷心慘目之狀，輒爲之不能自安，……」當時籌備各人聞及，咸抱不平，因晴園向多反動論調，對於孫傳芳常致諛詞。記聯會發起人陸舒農湯德民項士元章正範等，在本黨革命上均有相當之歷史，其主張舉行游藝會，無非爲擴大新聞事業之宣傳，因之各報對於晴園多提出警告。民國日報及國民新聞，對於記聯會之組織，復一再鼓吹，當時有AB者，曾摘述晴園大捧孫傳芳之事實，揭於杭州民國日報。「另附」旋浙江民報又揭皓月記者評論一篇，說「這個問題的中心，全在應不應開游藝會，……和新聞記者聯合會大體無關，尤其不涉晴園君個人任何問題」，舒農閱及，復起而駁答。然記聯會之發起，雖經更番論戰，但大多數均向記聯會表示同情，熱烈擁護，原有議決各節，並未稍受挫阻，杭州新聞記聯合會，遂於五月六日正式成立。

「附錄」AB記者摘述晴園在浙江民報大捧孫傳芳之事實：甲、「孫氏智者……………所謂人不犯我，我不犯人者，與向來之宗旨，尚無變更也」見一五，八，五。浙江民報晴園評論「孫馨遠氏之否認主和」。乙、「………是粵軍犯贛業已證實，而孫總司令保境安民之志，至今未渝，其萬一之希望，仍冀敵方有最後之醒悟也。」見九，八。同報同人評論「境不得保民不得安」。丙、『蔣氏之原電曰：「上海全浙公會褚慧僧先生鑒。公會電悉，甯漢如有和平之誠，請撤贛境蘇浙各軍可也，」』。其詞簡單，其意明瞭，然吾人（晴園自稱）細按之，則此電與和平，固相去甚遠也，孫氏之保境安民，以五省為範圍，贛為五省之一，孫氏之出兵贛省，固以保障五省之和平耳。今蔣氏必欲孫氏撤回贛軍，是認贛省非孫氏之所保障也，孫氏其能許之乎？……………全浙公會盡力運動和平，而乃僅得如此之成績，誠可嘆也。』見九，一八「全浙公會運動和平之成績」。丁、「與蔣之出師北伐也，一面宣傳其打倒軍閥，打倒帝國主義之大目的；一面又僅標榜對吳之名，一若國中惟吳氏一人為軍閥，惟吳氏一人為帝國主義之走狗也者，其自相矛盾，已百喙無以自解矣，乃今竟以聯奉聞。夫奉為目下國中最大之軍閥，誰不知之？蔣豈以目下力不敵奉，故遣人游說其間，以冀緩和其南下之師乎？……………非堂堂正正之師也」見九，二六。『蔣介石之遠交近攻』第二段、戊、「黨軍自侵入陽夏以來，所向無敵，而此次南昌附近之激戰，足以挫其銳氣，於是吳軍始能乘機反攻矣，奉魯軍亦決定南下援助矣。此後之黨軍，恐首尾不能相顧，大局之轉機，或即在南昌之激戰歟。」見九，二九。「南昌附近之激戰」末段。巳，「……而下級幕屬，雖有善策，無由上達，言路擁塞，其害不可勝言，孫氏有鑒於斯，故翻然覺悟，特大開言路，其具有改進之勇氣，殊可欽也！……嗚呼！孫氏方為集思廣益之計，而善體孫氏之意者，更烏可忽視輿論耶？」。見二，二。「集思廣益」。庚、『孫馨遠氏之由九江而退南京，衆料其必收全江浙之兵，進而與黨軍為第二次之決戰，即不然，亦當固守一隅之地，以徐圖恢復；乃皆不出此，竟飄然赴津養痾，臨行時語人曰：「不願以個人地位問題，而使地方糜爛」，斯可謂藹然仁者之言矣』，見二，二四。「孫馨遠氏之不願糜爛地方」。辛、「故目下江浙多數人之心理，為一時之自保計，惟有希望孫氏從速南歸……能統東南全局者，舍孫氏外，更有誰能負此責任耶。」見二，二九。『浙江人所望於孫氏者』末段。壬、『……至於孫馨遠氏，觀浙江如第二故鄉，其愛浙之念，亦豈後於人……」見一二，一三。「黨軍先出浙境矣」末段。

第二節　杭州記聯會之成立

杭州新聞記者聯合會自醞釀及籌備，未及匝月，遂於民國十六年九月六日，在舊省教育會開成立大會。當時杭州各報多著論鼓吹，各機關團體均派代表致詞，會員到有陸舒農，湯德民，章正範，項士元，李誦橋，羅越凡，殷再為，沈雨蒼，程季英，樊汕民，楊企程，蔡定豪，羅正巖，金映波，張仲孝，葉伯周，俞寄塵，李公凡等：公推項士元主席，來賓蔣志澄嚴逸步趙承般會員湯德民陸舒農等，均有懇摯之演說：宣言及章程當場通過。選舉結果：項士元湯德民陸舒農羅越凡殷再為程季英章正範七人當選為執行委員，沈雨蒼祝晴園孫環黃三人當選為候補執委。繼復舉行聚餐會及遊藝會，而尤以游藝會參加人數為最盛。於游藝歌舞之餘，參以提倡閱報之演講，兼之會場及街衢，到處張貼改進新聞事業及喚起民衆留心新聞事業之諸種標語，杭州市各報社各通訊社，亦一律停止工作一天，以故全市頓時充滿新聞運動之空氣。茲錄當時該會發表之宣言及通過之章程如下：

一、杭州新聞記者聯合會宣言　在幼稚而灰黯的杭州新聞界服務的同人，本如一盤散沙，漫無組織，甚至有見面不相識的；這樣各自爲政，缺乏相互切磋和競進的精神，無怪吾杭新聞事業至今還是十分幼稚了！同時因爲新聞事業的不進步，輿論權威就不能健全，民衆對政治的興趣，也無從誘發，於是野心家以及共產黨便乘機暗地裏煽動素無訓練的民衆，做他們的工具，結果造成了一種僞民意來滿足他們反革命的慾望。我們偶不詳加考察，有時附而從之，就於不知不覺間做了反革命的工具而不自知。所以要使民衆對於政治興趣的提高，必須要負指導之責的新聞紙的健全，反之，社會有眞正能代表民意的報紙，使輿論的權威超越一切，隨時去督促政府實行民衆的要求，政治才能走上軌道。因此杭州各種民衆運動所以幼稚，和眞正民意無由代表，而發生對於革命的怨望，這是無論如何我新聞界不能辭其咎的。我們要發展杭州的新聞事業，自然需求共同的努力，因此新聞記者聯合會無論在客觀方面的事實和主觀方面的要求都很迫切的需要。過去我們也曾發起過好幾次，但都因種種關係而無形中止，這是我們最痛心的一件事！到了現在卻又飽受了時間和空間一切的暗示，自然覺得不能再不組織起來。雖然在杭州各民衆團體組織早有頭緒的今日，站在領導民衆地位的我們，還剛然學着開步走，自己覺得十二分的慚愧；但我們借着「來者可追」自解自慰的話，下一個決心，縝密地堅固地組織起來，這不可說不是杭州新聞界的一綫曙光吧。我們既然迫於純正的動機而成立這個會。還須確定今後所希達到的目的和必要的途徑，堅決我們的信仰，做我們奮鬥的目標。中國報紙鼓吹革命幫助革命，在辛亥以前，已是卓著勳功的。可是民元以後，輿論界潛移默轉，氣節蕩然，竟成了軍閥和帝國主義的御用機關，或反革命者的工具，這是何事令人失望呵！就是我們杭州新聞界，在革命軍還未到杭時，也瀰漫着濃厚的反革命空氣，這或者因懾於軍閥淫威，除坐獄就刑以外，自然不敢暢所欲言，但黠者之流，竟有其奴顏卑膝，獻媚軍閥，見好官僚，種種反革命和反民衆利益的事實，更令我們十二萬分的痛心！自國民革命軍今春克復浙江，於是慴伏在軍閥淫威下的杭州新聞界始得重見青天白日。一齊獲得解放，除了甘心反革命的敗類隨軍閥以俱去外，自新聞界也迴風轉舵，各向革命的道路上努力前進。可是我們因爲平時沒有愛的聯絡的機會，雖然在大體上已同向一條革命戰線去努力；

「新聞界乃無冕之王」這可以表示與論界權威的崇高。回顧杭州的新聞界究竟怎樣的呢？就在國民政府統治之的杭州，政綱上雖然明白規定言論出版的完全自由，而我們服務新聞界的，都還有欲言未盡的痛苦：固然在反革命餘孽尚未完全肅淸的杭州，同業中也有時不無攻訐標榜不符事實的記載，政府應該有相當的干涉；但這不過是偶然發生的事，不能就此概括一切把我們的自由權一同完全剝奪了。所以我們祇認定在孫文主義的立足點上所發生的輿論，是無上的權威，可以制裁一切，這就是總理「以黨治國」的眞諦。我們以三民主義爲基礎，一方秉承黨國的意志或策略去指導民衆，一方代表民意造成健全的輿論，去監督政府以完成新聞紙的眞責任，所以我們此後要求政府予以言論絕對自由的保障，同時要自己互相惕勵，處處以民衆的利益和黨國的發展爲前提，輿論才有力量。在言論自由的原則上，有了切實的規定，同時新聞記者生命的法律保障，雖然在軍閥鐵蹄下的犧牲者，如黃遠生，邵飄萍，林白水等，終不會重演於國民政府統治下的杭州，却覺得在任何地有嚴密規定的必要。此外如生活與趣的增進，待遇的改善，各種公共機關採訪新聞的自由，交通機關之優待，我們當一致要求實現。至於外界對會會員有不正當的危害時，本會亦必盡力一致，依法抗爭，以維同業的人權。至於出版技術問題，在杭州幼稚的新聞界，眞覺得堪笑堪憐！消息的不迅速，編輯的不醒目，印刷的窳敗材料的枯燥，藝術性的缺乏，和一切設備的不全，誰都是承認的，雖然這是的和報館的經濟與社會的背景有關，可是只要同人等自己的努力，互相探討，研究，合作，互助，我們相信一定能夠從困難中，打開新的光明的途徑來。綜上所述：我們可以歸納到本會所欲尋求實現的左列幾點爲我們奮鬭的目標。一，努力統一革命的宣傳。二，提高輿論的權威。三，確定自由的保障。四，尊重新聞記者的人格。五，打倒一切反動宣傳。六，促成三民主義的實現。七，切實負起指導民衆的責任。八，明白指出共產黨的陰謀。九，改良出版技術。十，杭州新聞記者聯合起來。

二、杭州新聞記者聯合會章程　第一章，總則：第一條，本會定名爲杭州新聞記者聯合會。第二條，本會以統一革命宣傳，增進輿論權威，改良出版技術，擁護新聞記者本身利益爲宗旨。第三條，凡具左列資格之一者，經本會會員二人以上之介紹，執行委員會之通過，得加入爲會會員。甲，現任杭州各報館或通訊社主筆，編輯及外勤記者。乙，外埠各報或通訊社駐杭之特約通訊員。丙，經本會特許加入之週刊或其他定期刊物之主編人，但須含有新聞性質者爲限。丁，凡富有新聞學識經驗，爲新聞界所同欽者，得請爲本會名譽會員。戊，會員在失業滿三月後，得取消其會員資格。第四條，本會會址，(按初設青年路今設柳翠井巷)。第二章，執行委員會：第五條，本會由全體會員大會選舉執行委員七人，候補執行委員三人，組織執行委員會，爲大會閉會後之最高權力機關，執行委員開會時，候補委員得列席發言，但無表決權，如正式執委出缺時，得依次遞補。第六條，執行委員會互選常務委員三人，以主持日常事務，開會時並輪流主席。第七條，執行委員下列四部，每部設主任一人，由執行委員互選兼任之：甲，總務部設主任一人，掌理本部一切事宜，下設左列各股：一，文牘股，設股長一人，幹事若干人，掌理本會出入文件，及開會紀錄事宜。二，會計股設股長一人，幹事若干人，掌理本會銀兩出納，以及製造預算決算事宜。三，庶務股，設股長一人，幹事若干人，掌理與購置會內一切應用物件，及布置會場事宜。四，交際股，設股長一人，幹事若干人，掌理本會對內對外宣傳事宜，下設左列各股：一，出版股，設股長一人，幹事若干人，掌理編緝書報，標語，插畫等項。三，圖書管理股，設股長一人，幹事若干人，掌理搜集各種參考書籍，報章，雜誌，照片等事項。丙，社會部，設主任一人，掌理本部一切事宜，下設左列各股：一，調查股，設股長一人，幹事若干人，掌理一切社會調查事宜。二，統計股，設股長一人，幹事若干人，掌理本會所需要之一切統計事宜。丁遊藝部，設主任一人，掌理本部一切遊藝事宜。下設左列各股：一，戲劇股，設股長一人，幹事若干人，掌理編輯排演戲劇事宜。二，音樂股，設股長一人，幹事若干人，管理樂器，並指導會員學習音樂事宜。附則，上列各股長及幹事，由各部主任提出經執行委員會通過聘任之，如有特別事宜發生時，得設專門委員會，委員由執行委員會聘請，各部辦事細則另定之。第三章，職權：第八條，執行委員會之職權如左。甲，召集全體會員大會。乙，督促各部工作。丙，對外代表本會，但遇重大事件發生時，須召集全體會員大會解決。第九條，本會執行委員及各部主任任期爲半年，連選得連任，但不得超過三次。第四章，義務與權利：第十條，本會會員有左列之義務：甲，遵守本會章程及一切議決案。乙，按期繳納會費。丙，維持及發展本會會務。第十一條，本會會員有左列之權利：甲，贊助權。乙，選舉及被選舉權。丙，本會一切出版圖書閱覽權。丁，在黨會工作上，得享受本會之保護權。第五章，懲戒：第十二條，本會會員有違背本會章程或決議案，或陰謀破壞本會者，須受左列處分：甲，警告。乙，開除會籍。丙，交政府機關懲戒。第六章，開會：第十三條，全體會員大會每半年開會一次，由執行委員議決召集之。第十四條，執行委員每兩週開會一次，由主席召集之。第十五條，各部聯席會議每一月開會一次，由常務委員召集之。第十六條，臨時會議，經執行委員會之提議或會員全數三分之一之提議，得隨時召集之。第七章，會費，第十七條，本會經費分下列四種：一，會員會費。一，入會費每人大洋一元。二，常費每月每人大洋五角。附註，逾三月不繳常費者，得開除會籍：乙，黨部及政府之補助。丙，於必要時經執行委員之通過，得向會員捐款。丁，經大會之通過，得向外界募捐。第八章，附則：第十八條，本章有未盡善處，經會員三分之一之提議，得提交大會修正之。第十九條，本章程經大會通過後施行。

「附錄」項慈園「記聯會成立後之希望」　本市新聞記者之聯合，余已略發芻論。期共策勵。今日爲斯會正式產生之晨，朋簪咸集，賓友如雲，吳山聖水，覩斯盛會，不徒本市新聞界之幸，諒浙中各界同志，當亦引爲欣慰也。惟新聞記者之聯合，非惟各個記者形體之集合，尤須切磋琢磨，開誠布公，進而謀新聞之刷新，圖新聞之精進，俾各界民衆，咸曉然新聞對於人生暨社會之需要，庶不負此番組織之旨。茲除本會宣言曾述及者不贅，其有尙須商確者數事，爰爲分別陳之：一，訪員問題。査本省各地訪員所投新聞，事實既鮮眞確，材料復極瑣碎，兼以索詐攻擊，或其他感情上關係，種種缺點，不可勝數；而行文之乏趣，字跡之潦草，尤其餘事。其原因固多由職責不專，而平日對于新聞學，缺乏研究，亦實主要之一因也。倘長此不加促進，在各報編輯，既感困難，而訪員自身，亦必因稿多見棄，愈覺難安，此須商榷者一也。二，設備事項，新聞事業，囊括萬有，燈除短晷，編撰倥傯，欲求完善，原非易易，東西各邦，報館內俱購備大宗書籍，供給參考，其下焉者，亦或特設剪報一料，以備考覈、本市各報，設備一項，向甚簡單，剪刀漿糊以外，殊鮮長物，以故諸所紀載，恆乏系統、甚或茫昧本原。苟欲矯除此弊，事實困難，自在意中。玆爲謀比較上之便利起見，應由本會設一記者圖書館，專供會員之參考，於補偏救弊之中，寓公餘探討之用，此須商榷者二也。三，編印款式。本市印刷業幼稚，一家印局，印報恆達數份，如遇變更格式，印家每生異議，以是各報排多因陋就簡，閱者以乏美觀，動輒厭棄；加之編輯人員，任務繁重，編輯之時，既鮮甄擇，復少點竄，東塗西抹，枯燥猥瑣之弊，不一而足，此須商榷者三也。以上數端，不過舉其犖犖大者。其他須改良之處，尚難僂指，還希在野同志，羣策羣力，糾正已往之缺陷，力圖進展也可。

第三節　第一屆之杭州記聯會

杭州新聞記者聯合會，規定全體會員大會每半年開會一次，執行委員及各部主任，任期爲半年，故每半年爲一屆。首屆當創立之初，篳路藍褸，基礎未奠，兼之本黨革命，尚在軍政時期，反動勢力，觸處橫生，該會於此時期，卒能籌集經費，樹立規模，反動如浙江民報，不憚多方搜集證據，力加鏟除；束縛言論自由之報紙檢查惡例，亦以請求而達廢止；其他如新聞通訊社之設立，各報被害記者之救助，類能依次積極進行。雖職員屢更，諸所議決，尚多未克實現；而芽蘗甫萌之記聯會，乃能獲有如斯成績，其艱辛奮鬥之精神，亦足多矣。茲爲分別述如下：

一、職務之分配　（甲）常務委員。初爲項士元陸翰農湯德民，旋陸湯二氏均以離杭辭職，推殷再爲章正範繼任，執行委員則由沈雨蒼孫環黃遞補，項氏並兼文書股長。

（乙）宣傳部。主任初爲殷再爲，旋殷氏辭職，由沈雨蒼繼任。所屬編輯股長爲李誦嶠，圖書管理股長為祝晴園，祝氏旋以反動開除會籍。（丙）總務部。主任初為程季英，旋先後改由羅越凡李公凡繼任。所屬會計股長楊企程，庶務股長章九如，章氏後亦以反動開除會籍。（丁）社會部。主任初為羅越凡，旋迭改為孫環黃李公凡程季英。（戊）遊藝部。主任初為章正範，旋迭改為程季英羅越凡。所屬戲劇股長為樊迪民，音樂股長為沈雨蒼。（巳）法律顧問。初聘沈尉喬樓桐蓀，旋樓氏離杭，改聘陳天民。

按該會執委會議，每星期日開會一次，凡執委請假，除離杭或因病或有特別事故經執委會許可者，概作無效缺席論。缺席三次以上者，取消委員資格，遲到三次者，作一次無效缺席論，平時會務，則由常委三人論值，每逢值日，辦公時間以二小時為度。

二、同業之援助　（甲）時報駐揚記者許藹如被孫傳芳殺戮，經第三次執委會議議決發表宣言聲援，並函時報館優予計氏家屬恤金。（乙）嘉興商報經理陸初覺被該縣黨務指導委員姜維賢陳正浩毆辱，經第三次執委會議議決援助；並請省黨部將姜陳等停職查辦。(丙)浙江民報訪員吳嘉生，因發表捕救黨運動人犯新聞，被該報告知杭公安局被拘，經派代表向公安局請釋。(丁)湖聲日報記者吳非非被人慘殺，發函聲援。(戊)峽報被當地轉運公司武力干涉，發函聲援。

「附錄」杭州新聞記者聯合會爲駐揚時報訪員被戳嘉興商報經理被辱宣言　本會誕生未久，接連聽到同業被壓迫被摧殘的消息：一是上海時報駐揚訪員許君蔼如，被孫傳芳殺戮，還有是嘉興黨務指導員姜維賢陳正浩毆辱商報經理陸初覺的事件。生活在中國軍閥統治下的民衆，本是十二分的不幸，而從事於新聞事業的人，更隨時隨地都有殺身的危險！這次孫逆傳芳在揚預備渡江之前，時報特約訪員，擬就電稿拍發上海，事前曾將電稿呈請檢查，詎料就此竟被定洩漏軍情，形似坐探的罪，而執行鎗決。軍閥的蠻橫暴虐，草菅人民，我們民衆早已痛恨入骨！人道法律都不能作軍閥盤踞下人民的保障；而我們在黨治下的民衆，卻安閒地享受平等自由，幸福，未免自愧，我們只有加倍努力，喚起民衆，督促武裝同志努力繼續北伐，掃除孫傳芳，張宗昌，張作霖的惡勢力，以拯救被壓迫民衆的生命。關於嘉興黨務指導員姜維賢陳正浩毆辱商報經理陸初覺的事件，我們認爲這不僅是新聞界的不幸；實在是黨國的奇恥大辱！同在青天白日黨治之下，居然竟有這樣野蠻行爲的指導員，這眞是遺憾萬千！我們希望同志們對於玷辱黨國的嘉興黨務指導員，加以嚴厲處分！並且設法使這樣不幸事件，不再重演於國民政府底治下。我們除函請上海時報請厚恤駐揚訪員許君藹如家屬，及呈省黨部請開除嘉興指導員姜維賢陳正浩黨籍而加以懲辦外，謹此宣言。

三、民報罪惡之揭發　浙江民報晴園記者當記聯會籌備之時，恣意攻擊，曾被記聯會發起諸人歷舉反動事實，加以詰責。（已詳前節）詎記聯會成立未幾，會員吳嘉生，以任浙江民報訪員，發出「緋衣救黨運動主使人」新聞，公安局認爲洩漏秘密，勒令交出訪員，該報社據實告知致嘉生被捕，記聯會以訪員投稿報館，只負新聞是否眞確之責任，吳嘉生所投新聞，既屬確實，當然不負其他責任，該報諉責訪員，公安局復認吳爲漏泄秘密，實屬蹂躪新聞界人權。」即於十月八日召開臨時執委會議決：一、派代表見公安局長章烈，請立即釋放吳嘉生。二、請浙江日報登杭州各報封面廣告三項：甲、向吳嘉生道歉。乙、向杭州各報館全體訪員道歉。丙、向新聞記者聯合會道歉。三、浙江民報歷來反動認爲杭州新聞界之恥，議決：呈請省黨部查封。四、即日召集各報記者及訪員大會。未幾，嘉生雖即釋出，但各報記者及訪員，仍一致主張停送民報訪稿，旋復由記聯會議決組織舉發民報罪惡委員會，嘗將浙江民報歷來關於反動之言論及記載擇要檢出三十三則，草成呈文，呈請浙江省黨部臨時執委員會查辦，（原呈另附）經省執委員會第七次會議議決通過，轉咨浙江省政府執行。浙江民報聞訊，一面具呈省府聲辨，一面停版三天，登報通告佯稱改組。記聯會洞燭其奸，再發宣言，其呈文中措詞之極荒謬者三端，加以駁斥。（宣言已詳前浙江民報篇內）詎及第四日，民報繼續出，當晚省府即令公安局封閉。茲附記聯會呈省黨部原文如下：

「附錄」杭州記聯會呈請浙江省黨部查辦浙江民報文

原呈如下：呈爲檢舉浙江民報歷來言論反動，造謠惑衆，諂諛軍閥，破壞革命，懇予查辦，以肅法紀、而便提高輿論權威事。竊報紙爲民衆之喉舌，輿論之中樞；新聞事業之發展，即是見民主政治之良窳。故新聞紙之責任，在忠實代表眞正民意，反抗一切不利於民衆利益之個人與團體。若置公共意見於不顧，而爲虎作倀者，自無存在之理。溯自本黨開始北伐以後，誓以剷除軍閥及帝國主義爲與全國民衆共同奮鬭之兩大目標，民衆亦熱烈渴望本軍之早至，軍閥之速亡。武漢既下，更予民衆革命力量之暗示，故各地民衆羣起而事軍事，或政治上之幫助，否則亦爲精神上之聯絡；尤以江浙民衆，因受孫逆宰割之創痛過甚，渴望本軍之殷，逾於他省，是則當時江浙民衆已大致在反孫旗幟之下，無庸諱言。浙江民報擁有十數年之歷史，與廣大銷路，自當代表大多數民衆意志，起而抗孫，即以迫於情勢，未便公開反對，則當以公平之精神，對本軍消息忠實披露，最低限度，亦須暫守緘默耳。乃該報喪心病狂，雖無勾結帝國主義之力，竟被孫逆賄買，甘為軍閥走狗；當我軍在贛與孫逆開始接觸以後，該報亦同時起而向本黨進攻，言論之反動，無以復加，不曰孫總司令為保境安民而戰，（見十月五日和戰兩難之局）即曰黨軍北伐亦屬軍閥爭地而來。（十月二十八日和議之難成）更宣示大衆曰：其能統籌東南之全局者，舍孫氏外更有誰能負此責任耶？（見十一月二十九日江浙人所希望於孫氏者）其反對我軍東下也明甚，又復仰承孫逆意志，對於我軍極盡造謠惑衆之能事，十月二十六日大載蔣介石中彈致亡之電訊，惟恐觀衆之不甚注意，更附以小標題曰黨軍大勢已去，大局可砥定；不特此也。當孫逆潰退江浙，毅然北上。衆以孫逆從此可以匿跡，使我軍專力掃除奉魯軍閥，而該報反著論促其南下；（見十一月二十九日江浙人所希望於孫氏者）當全浙公會主張和平，為我軍攻孫策略之一，如能實現，亦得縮短戰爭，乃該報又據以宣布大衆，並慫孫逆繼續與我軍抵抗。（九月八日境不得保民不得安矣）其違反江浙人民希望和平之公意，破破革命之進行，又灼然可見。凡此反動言論，不勝枚舉，總其要點，不外擁護五色國旗，就是反對靑天白日旗（見十五年雙十節感言）之反革命耳。該報言論，反動至於極，諂諛軍閥，破壞革命，尤屬罪不容誅！本黨及早請予查辦，以資儆戒；乃我軍入浙以後黨務政治，百廢待舉，該報論調，亦觀風轉舵，致向之反動事實，無人顧問，亦無暇顧問，該報之得以苟延殘喘至今日者，職是故也。竊念革命在求澈底，縱或以才力所限，不能同時並舉，當此吾浙黨務政治稍有秩序，並欲求改進之際，對此顯著反動之報紙，倘若任其逍遙，不加取締，將何以維持法紀之尊嚴？況該報自革命勢力入浙以後，看風轉舵，竟大捧軍閥之論調，一變爲擁護本黨之文章，其投機也可知。近更對於省政逕往迎來，一仍軍閥官僚時代之卑劣手段，非惟眞正民意無由代表，反使輿論失其中心，民衆對本黨之認識，愈形隔膜，其無代表輿論之資格，亦彰彰明矣。本黨政綱，雖確定言論出版之自由，但對於反革命之言論出版，當非視同一律，自宜有適當取緒，浙江民報勾結軍閥，素著反動，此應請查辦者一也。再敝會以保障言論出版之自由，提高輿論權威為奮鬥之目標。欲達到此目的，除消極的聯合一致，共同對外，同時必須積極提高自己人格，始克有濟。若浙江民報既反革命於前，復投機於後，非惟在革命觀點上所不容；若長此以往，輿論權威，終以不振，誠為新聞界之蟊賊，夫豈敝會所能容忍？茲為肅清反動投機份子，積極提高輿論權威，發揚民主精神起見，不得不呈請查辦者二也。惟事隔多時，遽爾查辦，易滋社會之疑惑，用是敝會臚列浙江民報年來反革命之證據，自動呈請嚴為查辦，以肅法紀，而為積極提高輿論權威之謀。所有呈請查辦浙江民報緣由，理合備文呈請，仰祈鑒核施行，不勝迫切待命之至！謹呈中國國民黨浙江省黨部臨時執行委員會。

三、報紙檢查之撤消　出版物之須受地方政府檢查，始於光緒三十二年六月清印刷物專律，旋復有清報律之頒布，規定「每日發行之報紙，應於前一日晚十二點鐘以前，其日報旬報星期等類，均應於發行前一日午十二點鐘以前，送由該管巡警官署或地方官署，隨時查核，按律辦理。」至民國元年，言論自由，載在約法，雖戒嚴法治安法警察法暨管理新聞營業條例，仍有種種之限制，而報紙條例所載，僅有「每號報紙應於發行日遞送該管警察官署存查。」出版法亦僅規定。『出版之文書圖畫，應於發行或散布前，稟報該管警察官署，並將出版物以一分送該官署，以一分經由該官署送內務部備案。』故民國以來，浙省報紙檢查，迄無規定，大都值戒嚴時期，暫或行之。本黨政綱對於言論出版，雖明載絕對自由；然民十六之際，省政府仍令杭公安局按夕檢查，旋經記聯會派代表向何主席應欽請求撤消，僅改由省府直接檢查。未幾，記聯會以省府檢查，與杭州市公安局檢查，同爲箝制言論自由，復由全體執委同赴蔣代主席伯誠處請求澈底取消檢查，並具正式呈文，當蒙允許即日撤消，時民國十六年十二月也。附錄原呈如下：呈爲呈請免予檢查新聞紙，以符言論出版絕對自由之政綱事。竊杭城各報，在昔本不受檢查，自孟昭月二次入浙，因懼於各報之宣傳，藉檢查箝制輿，民怨沸騰，嗣後國民軍底定浙省，言論還我自由，迺者貴政府復有檢查新聞之舉，非特新聞界所不滿，即社會民衆，亦多疑竇。蓋中國國民黨政綱載定言論出版絕自由，浙江省政府在國民政府統治之下，此不應檢查新聞者一也。政治公開，爲國民政府下之政府應有認識，而亦民衆惟一所期望者，紙報爲宣傳政府政策，監督政府行爲，此不應檢查新聞者二也。即使政府有未便不宣檢未至宣布時期之消息，則僅可監督僚屬，嚴防洩漏，不應因噎而廢食，此不應檢查新聞者三也。

國家法令，任何人皆須遵守，苟報館蓄謀反動，或記錄失於於檢點，有言論荒謬記載失實者，政府儘可執法以繩，此非須檢查新聞者二也。以上事實均爲當今之世，新聞不應有檢查之例舉。其他尙有報紙，一經受政府檢查，其困難情形，敢爲我鈞府詳述之：報紙因營業關係，偶有迅捷之消息，檢查時輒被刪去，營業上遂受影響，困難者一。絕對可以公布之消息，省政府以爲未經公佈時期，加以刪除，多爲閱者所詰責，困難者二。新聞記者以採訪新鮮材料供給社會爲天職，而費時勞神所採得之新聞材料，每致不能付刊，困難者三。報紙編排時間，每在午夜，復經檢查，印刷不及，清晨不能出版，營業因之虧損，困難者四。屬會茲於上列種種情形，爲鈞府計，爲報館計，爲屬會會員計，不得不呈請鈞府，請求即日取消檢查，以符言論出版絕對自由之政綱，實爲公便。謹呈。

四、歐舞會之舉行　杭州新聞記者聯合會因組織伊始，經費缺如，特於民國十六年九月五日，敦請中華歐舞學校黎明暉等來杭，舉行籌募基金歐舞大會，當時由會內執委及會員等分投銷券，計集券資千餘金，會之基礎，遂告奠定。茲錄宣言如下：

新聞界的地位，用不着我們自己說，當然是代表輿論的最高級機關。然而中國的新聞界，尤其是杭州，却始終非常的沉悶。這是很不好的事情吧！我們想，所以在新聞記者聯合會成立的時候，散沙般的杭州新聞界，便立刻將整個的團體的力量表現出來，有了組織，我們的輿論便立刻走上同一條大路，引導民衆對於社會國家和世界的澈底的認識。但是，我們並沒有滿足，我們還要希望着發展，因爲我們的工作，待做的還很多哩，很明顯的在現代的社會上工作，無論誰都知道經濟上應該有相當的預備，我們自然跳不出這個範圍。我們雖然要做工作，但是沒有經濟的幫助，同時我們不願受任何方面的津貼，而封閉我們的喉舌，也不願用一種別的什麼方法去向外募捐，致引起社會上的疑慮。同業們過的是筆耕墨耘的苦生涯，巨大的經費，當然不是我們的力量所能及的。在這個狀態之下，我們緣着痛苦，不能對社會有很大的貢獻，也是無庸諱言的。然而我們不肯就這個樣兒算了，我要做工作，我們不肯放棄責任，所以經過多方的推究之後，便決定舉行一次盛大而有價值的歌舞會，以資補救這個遺憾。但是我們既決定舉行歌舞大會，同時便感覺到杭州藝術界空氣的沉寂，遊藝會時常有得出現，但我們相信是得不到社會的同情，所以。然有了這種計劃，終於不敢嘗試，而博得對於藝術不忠實的罪名。中華歌舞專校，在國內藝術界是已有相當的地位，在社會上已得到普遍的贊美，這次趁他們來杭之便，就請他們替我們盡一天義務，幫助實現我們躊躇已久的計劃，並且更懇該校校長黎錦暉先生拍電到上海無錫去，增請鄒韻清李璎徐志芬徐志馨四女士來表現，此外再邀杭州擅長歌舞的各位女士來參與杭州空前盛大的歌舞大會，我們應爲杭州愛好藝術的人祝福這個歌舞大會！一方我們可以得着努力向前工作的機會，另一方面更可以給予杭州人士對於藝術的一個深刻印象，而鼓起了沉寂已久的杭州藝術界的生氣，我們的原因起於此，極誠懇的希望社會同情，謹此宣言。

五、新聞社之設立　該會會章規定設有宣傳部，故第十一次執委會議，即通過新聞通訊社組織大綱，至第十三次執委會議，復通過新聞通訊社辦事細則，並由執委會議決聘沈雨蒼爲該社主任，旋復改由股再爲繼任，所發新聞稿，頗爲各報所歡迎。茲錄該社辦事細則如下：

第一條，本通訊社直隸於記聯會宣傳部，根據該部理事細則，辦理新聞通訊事宜。

第二條，本通訊社設主任一人，負責總社一應事宜，編輯一人，專司編輯新聞撰著新聞事宜，外勤記者一人，專司採訪新聞事宜，事務員三人，分司繕寫收發稽核等事宜。第三條，本通訊社直接受記聯會宣傳部監督，間接受執行委員會監督，如有下列事項，執行委員會得提出彈劾之。一、有背新聞記者聯合會之宗旨者。二、任意攻訐，無新聞價値者。三、發生損害新聞記者聯合會之事端者。第四條，本通訊社每日辦公時間，為上午九時至十一時，下午一時至七時。第五條，本通訊社發稿時間，至遲不過九時。第六條，本通訊社存稿，一送常務委員室，一送宣傳部，一送本社。第七條，本通訊社如有發生疑難新聞事件，得由主任提出執行委員會議處理之。第八條，本辦事細則經執行委員會議決後行，如有未盡事宜，得隨時提出執行委員會修正之。

六、議决之要案　是屆自民國十六年九月至十七年二月，共開執行委員會議十九次，議决案多件，爰摘錄概要如左：

十六年九月八日，第一次執委會議，議決：徵集上海北平天津廣州南京漢口各大埠新聞刊物。

九月十二日，第二次執委會議，議決：呈請浙江省黨部備案。（按十七年一月奉批准予備案）。

九月十七日，第三次執委會議，議決：一、發表時報駐揚訪員被殺及嘉興商報經理被辱宣言。二、委託法律顧問，辦擬記者法律保障問題。

十月二十四日，第四次執委會議，議決：一、發表宣言駁斥浙江民報誣蔑本會，並披露該報反動證據。二、開除會員章九如祝晴園會籍。三、發函聲援湖聲日報記者吳非非被慘殺，及峽報被轉運公司武力干涉。

十一月七日，第五次執委會議，議決：確定開會日期及委員缺席罰則。

十一月十四日，第六次執委會議，議決：一、登報徵求貪污土劣事蹟。二、函請杭州軍警當局免予本會會員夜間行路檢查。

十一月二十一日，第七次執委會議，議決：草擬各部工作大綱。

十一月二十七日，第八次執委會議，議決：一、派代表向何主席應欽請願廢除報紙檢查及省政府宣傳室提早發稿。二、定期舉行籌募基金歌舞大會。

十二月三日，第九次執委會議，議決：函各報館編排新聞須以黨政軍依次排列。

十二月十一日，第十次執委會議，議決：遷移會址於青年路，並組織舉發浙江民報罪惡委員會。

十二月十八日，第十一次執委會議，議決：一、通過新聞通訊社組織大綱。二、通函市內各遊藝場所及輪埠車站准予本會會員自由出入。三、徵集各地圖書及報紙雜誌。四、確定剪報辦法。

十二月二十五日，第十二次執委會議，議決：一、通過不執行議決案罰則。二、通告會員尊重自身人格。三、函請交通部優待新聞記者。四、擬訂委員勤惰考核辦法。

十七年一月八日，第十二次執委會議，議決：一、通過新聞通訊社辦事細則。二、函各報館重登載軍事消息。三、發表督促本省禁烟宣言。四、調查全省報社通訊社及新聞記者。五、籌備組織新聞學術研究會。

一月十五日，第十四次執委會議：議決，廢除陰曆新年會員宴集。

二月十三日，第十七次執委會議：議決，通函各報館優給訪員稿薪。

二月十八日，第十八次執委會議：議決，一、舉辦會員登記。二、援助嘉善難女馮桂寶。

二月二十四日，第十九次執委會議，議決：編纂本會第一屆會刊。

第四節　第二屆之杭州記聯會

杭州新聞記者聯合會第一屆之過去工作已述如上：十七年三月十日，舉行第二屆會員大會，經審查合格會員：計章正範，項士元，殷再爲，羅越凡，樊迪民，張馨谷，温萓楣，沈雨蒼，王一飛，王蘇香，陳蛻園，鍾嬰士，楊企程，程季英，楊虹郵，許瀚，李公凡，張人權，陸翰芹，蕭從雲，吳嘉生，徐雲波，朱育英，馮世範，高越天等二十七人。當時所提議案，重要者：有（一）確定本會工作進行方針案。（二）努力提高輿論權威案。（三）新聞記者人格之維持案。（四）新聞記者之常識修養案。惜皆忽忽未及通過！幸而會章得經討論修正，執委照章正式選出，仍能繼續前進，維持不墜，是屆之成績，新聞事業上雖鮮特殊之可述，而對於反日運動及廢約運動，均備極努力於茲爲分述如在下：

一、會章之修正　可述者計有下列數點：一、原定會章，凡會員失業滿三個月後，得取消其會員資格，茲修正爲會員失業後轉入別業者得取消其會員資格。二、原定會章，執行委員會分設總務宣傳社會文藝四部，總務部下設有文書股，茲經修正：宣傳部改爲研究部，復於四部之外，添設秘書處，原有文書股取消。三、原定會章對於常務委員僅規定主持日常事務並輪流主席，茲則於執行委員會之職權章，添列「本會日常事務由常務委員處理」一項。四、原定會章規定執行委員會由主席召集，茲修正爲由常務委員召集。

二、執委之選出及各部工作之分配　一、當選執行委員爲章正範，殷再爲，項士元，張嚳谷，程季英，李公凡，羅越凡，候補執行委員爲温晉楣，鍾韶玉，蕭從雲，迄後章正範殷再爲程季英相繼辭職，由候補執委完全遞補，所有候補執委，則由臨時會員大會補選，當選者爲戴世勛，楊虹村，胡健中，最後李公凡蕭從雲又以共嫌開除會籍，温鍾二執委以事辭去，候補執委又完全遞補。二、常務委員，初由執委會推定章正範，項士元，程季英三人，項氏兼任祕書，旋程氏以事辭，補推殷再爲繼任，後殷氏復辭，再推戴世勛繼任，章正範亦以赴法考察之故，常委一職，推楊虹村代理。三、各部主任及各股股長，總務部主任初爲殷再爲，殷辭，羅越凡繼，所屬會計股長爲楊企程，交際股長爲王蘇香，庶務股長爲葉薇紅旋改馬儆予。其餘研究部主任，則爲李公凡，社會部主任則爲張嚳谷，游藝部主任則爲羅越凡，後李氏被特刑庭逮捕，嚳谷則屢不出席，部務頗多廢弛。

三、新聞通訊社之改組　記聯會附設之新聞通訊社，在第一屆期內，社長沈雨蒼任職未久，即行辭職，至十七年四月二十九日，第二任社長殷再爲又告辭，當時因主持乏人，暫行停頓，及五月六日，始由第二屆第四次執委會議，議決聘樊迪民繼任，八月，遵照省指委會公布報館通訊社立案條例，再行呈請立案，次月奉批照准。

四、反日運動之提倡　自日本出兵山東，杭州記聯會同人，即一致發起倡議反日，十七年四月二十九日第二屆第三次執委會議，即議決通告各報社盡量發表反日運動文件。「五三」濟案發生以後，並接連發表日兵在濟暴行之宣言及通電，函對日經濟絕交委員會，貢獻意見，通告各報館禁登日貨廣告，并請各報附刊多載反日文字，一面又徵求反日宣傳作品，編印反日專刊。

五、廢約運動之努力　十七年九月，杭州各界，組織浙江民衆廢約運動委員會，記聯會推派項士元出席，被推爲宣傳科主任，所有該會廢約運動宣言及宣傳大綱，概由項氏起草，各報社各通訊社亦多派代表參加，擔任宣傳工作。當廢約運動宣傳大會開會時，杭州民國日報國民新聞及杭州市報等，並各出廢約特刊，復由記聯會新聞通訊社主任樊迪民出任遊藝股主任，組織化裝演講，一時反日空氣，瀰漫全省。

六、新聞審查委員會之組織　杭州各報新聞之來源，大多仰給於各通訊社；其次則來自訪員，及外勤記者；再次則為各方投稿及剪報。杭州記聯會於十七年七月間，鑒於新聞稿時有失實或含他種之毒素，發起組織新聞審查委員會，由執委羅越凡草擬組織大綱，經二屆第十次執委會議議決通過，旋由記聯會及杭州市各報社推定羅越凡，蕭森，項士元，楊企程，朱萱英，張學谷等七人為審查委員，但屢次集議，迄鮮成績產生。

七，議決之要案　是屆計開執委會議十五次，臨時執委會議二次，對內工作，不及對外工作緊張，爰錄要案如下：

十七年三月十七日，第一次執委會議，議決：嚴定會員入會手續，并取締類似投機之活動。

四月十五日，第二次執委會議，議決：一，各通訊社須具組織大綱及現任職員履歷送交本會存案。二，組織新聞記者參觀團。三，發行新聞學週刊。

四月二十九日，第三次執委會議，議決：一，各通訊社記者入會，應以曾向省黨部立案之通訊社爲限。二，通告各報社盡量發表反日運動文件。

五月六日，第四次執委會議，議決：一，發表日兵在濟案暴行之宣言及通電。二，推派代表向杭市政府及市公安局請懲毆辱本會會員沈雨蒼之共舞臺各當事人。

五月二十日，第五次執委會議，議決：一，函對日經濟絕交委員會通告各報館禁登日貨廣告。二，函各報館附刊多載反日文字，勿登誨淫誨盜新聞。三，徵求反日宣傳作品發行反日專刊。

五月二十七日，第六次執委會議，議決：一，函請省府宣傳室同時發寄滬杭各報新聞稿。二，函催省黨部從速規定通訊社立案標準。

六月二日，臨時執委會議，議決：派代表携帶呈文向省黨部省政府請宣佈封禁民聲報之理由、並函各報主持公道。

七月八日，第八次執委會議，議決：一，開除會員李公凡，蕭從雲會籍。二，函各報館鼓吹裁兵。三，再派代表向省政府交涉，宣傳室發稿不得先滬後杭。

七月十五日，第九次執委會議議決：一，函告三五日報愼重言論。二，推派章委員正綸赴歐考察新聞事業，並定期舉行全體會員歡送會。（按章氏在歐編有「報紙世界」一書，並任京滬各報特約通信，次年夏返國，由中宣部派赴漢口任武河日報指導）。

七月二十九日，第十次執委會議，通過新聞審查委員會組織大綱。

九月二十日，第十三次執委會議，議決：一，通函各報附編廢約運動特刊。二，通函各報社各通訊社推派代表參加廢約宣傳。三，電請交通部實施新聞電優待辦法。

十月二十三日，第二次臨時執委會議，議決：調查記者保障成例，呈請政府保障本會會員。二，勸告會員提倡短裝。三，組織杭州新聞史編纂籌備委員會，推項士元起草編纂大綱。

十月二十八日，第十五次執委會議，議決：函各報一律登載省黨部省政府每次總理紀念週報告。

「附錄一」項士元援助上海日報公會抗爭郵電之建議　吾國新聞事業之落後，久已爲世界所嗤，據最近之調查，全中國每日報紙之總銷，僅六十八萬餘份，視之英倫一家報紙每日銷二百萬份，日本全國每日銷報一千一百萬份，相去不啻霄壤，以四萬萬之人口計之，每五百人僅一人閱報，視歐美日本不啻百與一之比，此實國家文化衰頹之原因，亦吾國積弱不振之由來也。上海日報公會，目擊心傷，以郵費未能劃一，電費過於增昂，爲新聞事業不振之原因，屢次起而請求政府改善郵電辦法，最近幸蒙國府批令照准，中央各委員及王交部長亦表示贊同，而工商部及大學院復先後起而聲援，并經交通會議正式通過，此固吾國新聞界一線之曙光，亦國家文化政策發展之一端也。詎郵政當局，藉詞營業有礙，對於劃一郵費之辦法，始終堅持不允，上海日報公會，以主張未能貫徹，最近又起繼續抗爭，此固關係全中國新聞事業之前途，凡屬國內報界同業，，應羣起聲援，不能袖手作壁上觀也。浙江負山瀕海，交通建設，市屬萌芽，郵費倘不劃一，在郵政未通之處，欲求報紙之推銷，更屬非易。杭州市爲浙之首區，總計六家報社每日之銷數，不滿一萬五千份，以最近調査之二千餘萬人口計之，得閱杭報者不及千分之一，浙省如是，其他不更可知乎？此實非特新聞界之不幸，實亦浙省訓政前途之隱憂也！本會爲全杭州市新聞記者之集團。質言之，即爲全浙省民衆總領導之機關。果欲宏播黨義，宣揚文化，傳遞消息開發民智，對於此種直接關係新聞事業之郵電，務須羣策羣力，速爲一致要求。否則，新聞事業固未易與歐美日本並駕齊驅，即凡訓政事宜之進行，以及人民智識之啓迪，恐亦難期速效：或者因消息之隔閡，轉使窮鄉僻壤之優秀者，馴致閉塞靈，埋沒蓬蒿，寧黨治前途之福利哉？爲此提出改善郵電抗爭案，敬希公決。（按此案經十三次執委會議通過。）

「附錄二」項士元二屆任滿之宣言　杭州新聞記者聯合會，自去秋組織以迄今茲，幾經艱艱辛苦，始得略具規模；惟是勞燕分飛，在職同人，陸續解職以去，會務進行，諸多延滯。鄙人忝叨不棄，連任常委，槧鉛羈絆，建樹毫無，深滋內疚！茲者二屆任滿，改選在即，私幸仔肩待卸，曙光在望。然鑒往昔之軌轍，有不得不掬誠奉告者，還希同人加以熟慮焉：一，會員須一律限定曾經省黨指委會宣傳部准予立案之報社通訊社記者。查黨治之下，言論機關，一律受中國國民黨之指導，此當毫無疑義；本會成立伊始，因省黨部未曾有通令各報社各通訊社重行立案之明文，以故會員初無此種之限制，前月浙省黨務指導委員會宣傳部已明佈各報館各通訊社立案之通告，則本會會員自當以曾經立案之通訊社報社記者爲限，庶合尊重本黨之旨。否則在該記者之報社通訊社既未得黨之認可，其本身又或非是黨員，倘使概行攔入，其能勝任指導民衆之職責乎？此應熟慮者一。二，會員凡有嚇詐，或搗亂行爲，經控訴判治罪刑者不准入會。查新聞記者往往有在外嚇詐，或妄著評論，揑造新聞，意圖搗亂，汚衊人之名譽，妨害人之信用，此實違犯刑章，有傷新聞記者之人格，與新聞紙之價値，會員倘有此輩之爛人，實足妨害本會之名譽。嗣後如遇有此類經人控告，經黨部處分或司法機關訊實判處罪刑者，在未入會者不准入會，已入會者亦須取消會籍，藉以維持新聞界之尊嚴，此應熟慮者二。三，如遇會員有關於妨及新聞界名譽之事實發生，須提付本會審查。查本會會員往往以私人意見，互相攻訐，此實足損傷會員之感情，破壞本會之團體，嗣後應在會章規定，凡同屬會員，遇有關於妨害新聞界名譽之事實發生，須提出書面報告本會，經審查屬實後，除取消會籍，，並將事實付登各報；如確非事實意存攻訐者，在報告人亦照同樣辦理。此爲防杜會員之攻訐計，亦爲維持本會之名譽及團體計，此應熟慮者三。以上三項：前此會章皆未有具體之規定，驗之本會會員過去之事蹟，尤覺有規定之必要。否則會內恐將因此而分化，而崩潰，有聯合之名，無聯合之實，或將因少數人互訐，轉使全會名譽同遭影響，致愛惜毛羽者望而引退，更遑論於會務前途之進展乎？懲前毖後，還希同人繼續努力！

第五節　第三屆之杭州記聯會

杭州新聞記者聯合會，至此屆漸呈中衰之景象。屈指半年有餘，執監會議，僅開七次，議決之案，既寥如晨星，見諸實行者，又甚罕少。而且會員之間，論戰時起，監委朱松廬，始以國論社揭載侮辱女子職業社女招待事，引起軒然之大波，馴致會員王孝先，郭清泉、徐桑來，陳小剛，張發，裴薇紅，何治平等，憤而宣告退會；繼復以停止監委職權之故，毀及本會；最後又以大陸社發表蔣文娟函件，惹起訴訟。其次，微風通訊社顧綠濤，見控於靈隱寺僧，嗣以胡逸裘英兩律師代表寺僧啓事，牽涉全體通訊社名譽，致國論，民風，日日新聞，社會，國民，商業各社，羣起聲請追究，經臨時會議議決，有審查會之組織，此誠杭州市新聞界多事之秋！所幸會內執監各委，處置有方，分別加以相當解決，不久即歸寧息。茲將大會及執監會經過之略狀，摘述如下：

一、會員大會之情形

甲、會章之修正　會員在改業滿一月後得取消其會員資格。二、添設監察委員三人，候補監察委員一人。三、在業務上得受本會之保護權。（原文爲在革命工作上得受本會之保護權）。四、交政府機關懲戒，改爲請黨政機關懲戒。五、會費章，加「請各報館酌其補助」一款。

乙、提案之通過　一、徵求全省各報編訂各報統計案。二、通函各機關團體，凡遇集會，容許記者自由出入案。三，促設各縣記聯會組織全省記聯會案。四、聯絡各省市縣記聯會案，五，通函各機關團體拒絕非會員採訪新聞案。（按三四五各案皆係原則通過交執委會辦理）

丙、選舉之結果　一、執行委員，當選楊虹村，樊迪民，潘起鳳，羅越凡，程季英，朱直英，戴世勛。候補吳經伯，孫環黃，胡健中。（按羅越凡任期未滿逝世，吳經伯離杭辭職）二，監察委員，當選朱松廬，張延樑，王一飛。候補吳嘉生。（按朱松廬以毀謗本會受停止職權之處分）

丁、工作之分配　一、常務委員，楊虹村，朱直英、戴世勛。二、總務部主任，初爲羅越凡，羅卒，潘起鳳繼，所屬會計股長爲楊企程，庶務股長爲馬儆予，交際股長爲馬良治。三、宣傳部主任，樊迪民。四、社會部主任，潘起鳳。五、遊藝部主任，程季英。六、祕書，孫環黄，吳經伯。

二、執監會議之議決要案

十八年一月六日，第一次執監會議，議決：一、編製歷屆會務概況。二，徵求新會員。

一月二十七日，第二次執監會議，議決：一，函請省指委會刊印每週宣傳口號發給各報。二，通電反對反動份子陰謀收買新聞報股份。

二月三日，第三次執監會議，議決：組織浙江全省記聯會籌備處。

四月二日，第四次執監會議，議決：函各報館對於未經立案之通訊社社稿審愼登載。

四月十八日，第五次執監會議，議決：一，發表反對西湖博覽會發行獎券通電。二，派代表慰問濟案被逐記者張古香等來杭。

四月二十八日第六次執監會議，議決：監委宋松廬毀謗本會，抑制輿論，照章停止監察委員職權，並去函警告浙江商報。

五月二日第次三臨時會議，議決：通電各地記聯會援助杭州民國日報總編輯胡健中被逮，並電請中央宣傳部秉公辦理。

七月二十一日第七次執監會議，議決：推派代表歡迎上海記者團來杭。

第六節　第四屆之杭州記聯會

杭州新聞記者聯合會，第三屆稍呈衰象，至此蹶而復振，緣是期美國記者團暨上海記者團聯翩蒞杭，各地記聯會之組織，復風發泉湧，觀摩之餘，同思奮勵，堪稱杭州記聯會中興時期。查十八年八月二十五日，爲該會四屆會員大會之期，新舊會員經審查合格者達五十六人，爲歷來未有之盛。會內各種章則，至是亦分別擬具修正。當時大會席上，並有許多重要提案，如民衆閱報運動之提倡，本會刊物之編刊，總理紀念週之舉行，社會考察團之組織，原則皆曾通過。執監委員之選舉，較前亦稍慎重，改選之初，多數委員亦肯爲負責策進，惜積久弛懈，不免再衰三竭之嘆！玆將是屆執行委員及各科工作人員，表列如下。

一，會員　胡健中，戴世勳，沈雨蒼，朱松廬，楊虹郵，樊迪民，馬良治，王蘇香，項士元，何治平，朱苴英，王惠民，張廷樑，潘起鳳，陳恤園，王一飛，王香禪，王孝先，辛民，陳小園，徐泰來，程佩照，楊徽隱，馬儆予，孫永齡，鄭炳庚，龔俠仁，葉震東，劉湘女，陳大慈，徐世衡，李誦嶠，胡國振，李登雲，凌鶴留，徐春潮、李劍父，畢璨，吳厚熙，徐政衡，婁薇紅，倪石奇，孫賓孫，章豫吾，郭清泉，吳嘉生，楊企程，孫環黃，程季英，馮亢芝，過慕伋，陳麟熙，沈繼偉，趙建新，邵弼舟，張天驥，常書林。

二，執監委員　一，執行委員，當選，楊虹郵，張廷樑，樊迪民，沈雨蒼，朱苴英，胡健中，戴世勳。候補，王孝先，李誦嶠，李劍父，潘起鳳，何治平。二，監察委員，當選，陳恤園，劉湘女，項士元。候補，王一飛。內執行委員以楊虹郵胡健中張廷樑爲常務委員，監察委員以陳恤園爲常務委員。

三，各科主任　一，總務科，朱育英。二，社會科，沈雨蒼。三，宣傳科，戴世勳。四，游藝科，樊迪民。

「附錄」歷屆之舊會員，陸舒農，湯德民，章正範，胶再翁，羅越凡，張仲孝，李公凡，葉伯周，溫耳渭，鍾蘭玉，徐柏園，馮世範，徐雲波，張馨谷，侯志雨，許瀏，丁楚孫，徐素鷗，楊祖武，石立民，盛鯨飛，金陝波，張浩然，艾時，蕭誕雲，陸翰片，吳經伯，高越天，張八櫂，孫仰天，邱不易，李雄，劉巾，陳貽孫，徐旭東，蕭蘇，王河清，劉翔，樓尹庚，蕭少垣，張天綱，姚星野，陳玉生，夏雨霖。

第七節　民衆閱報運動之發起

「民衆閱報運動」，自項士元於杭州新聞記者聯合會第四屆大會開會時臨時提議，當時在會會員均認爲必要，一致贊同，及四屆記聯會第一次執監聯席會議，遂議決組織「民衆閱報運動委員會」，旋即由記聯會及杭州市各報社推出委員，組織成立，並分別函呈浙江省黨部宣傳部及浙江省政府民政廳教育廳，通令所屬各級黨部各地報社及各縣縣政府各縣教育局，同時一致舉行；一面復由會內通函各縣記聯會及各報社推派代表參加。甯波杭州兩屬，遂先後陸續舉行，其他亦聞風響應。玆爲分别述之如下：

一，民衆閱報運動委員會之組織　杭州新聞記者聯合會推出委員胡健中，項士元；樊迪民；杭州民國日報社推出委員陳熙麟；杭州國民新聞社推出委員戴世勳；之江日報社推出委員王蘇香；浙江民聲報社推出委員常書霖；浙民日報社推出委員徐惠民；浙江商報社推出委員邱不易；西湖博覽會日刊推出委員秦泰來；克密勒報推出委員婁薇紅；惟杭州市報及新出版之六杭報，未有代表參加。委員會中互選五人爲常務委員，以胡健中爲主席委員。復分設文書演講游藝交際庶務會計六科，以項士元任文書科主任王蘇香任演講科主任，樊迪民任游藝科主任，婁薇紅任交際科主任，徐泰來任庶務科主任，徐惠民任會計科主任。

二，民衆閱報運動委員會之呈文　呈爲提倡民衆閱報，實行盛大宣傳，請求通令各縣黨部，同時協力提倡，藉以喚起全浙民衆認識報紙之需要，策勵訓政進行事。竊以報紙爲社會之寫眞，輿論之指導，歐美各邦，視爲人類日常之伴侶，良好之導師，舉凡識字之人，無不手執一紙，閱報之人數，恆占各該國人口總數三分之一。吾國新聞事業落後，識字民衆，又極鮮少，據最近報業調查，全中國新聞紙類僅及二千種左右，每日發行者，不滿七百種，以視日本人口僅七千六百萬，有報紙四千五百種，不啻一與十三之比，更遑論與歐美抗衡。浙省號稱中國東南文化之區，人口之衆，逾二千萬，全省日報不滿三十種，合省內外各報銷數，每日不滿十萬份，閱報人數之少，微特不逮歐美日本，而且視國內平均數而不及，不亦堪浩歎乎？竊念總理遺訓，備極注重心理建設，第二次全國代表大會宣言，關於宣傳之要點，亦嘗謂我中國的自由統一，要靠中國環境內所產生的思想，尤其是羣衆在要求生存的條件下所產生的知識，才能實現。又說：知識份子的口號，應當是，到羣衆裏去，中國的解放，唯獨在羣衆中才能找到。現今時當訓政，諸種進設，急待建行，心理建設，尤爲諸種建設之先驅；而教育民衆製造論輿之報紙，尤爲心理建設之推進機。屬會有鑒於此，爰本斯旨，羣策羣力，共同發起，並與西湖博覽會商妥，定九月二十六日，舉行民衆閱報運動。惟念玆事體大，非行全省普徧之宣傳，難期喚起省內大多數民衆對於報紙之認識，非有黨部之領導，深恐誤入歧途。爲此備文呈請鈞部迅賜核准，通令所屬各級黨部，屆時力加提倡，并就地指導，實紉公誼。謹呈浙江省黨部宣傳部

三、民衆閱報運動委員會之宣言　我們人類站在廣漠的大地上，諸種的色相，紛紜綜錯，接連不斷的遞演，在表面上看來，雖然似乎不是和每一個人都有怎樣的關係，然而實際按索，可說沒有一件事情，不是和我們有連帶關係的。要明瞭這些千變萬化形形色色的事象，除了報紙之外，還有其他什麼呢？西哲有言：「報紙爲世界人類生活之反映」；吾國報界諸先進亦言：「報紙爲社會之公共機關」「報紙爲社會教育的機關」；可見報紙直接或間接所及於人生的影響，實是很普徧很重大的！歐美各

國今日文化的進展，國勢的隆盛，誰都以爲他們是由於科學教育孕育而成，殊不知歸根結底，這還是受了報紙教育的恩賜。據新聞學者最近調查，美國現有新聞紙，雜誌，共約二萬一千二百七十二種，就日刊一項而言，亦達二千二百二十六種，凡是居民達到五千左右的村鎮，即有發行日刊的報館。記得歐美社會中有幾句俗話說：「飲食寧儉約，不可不閱報；腸胃寧空虛，不可虛了頭腦」。這可見得歐美報紙事業發達的一斑，也可見得歐美民衆對於報紙的明白的認識。吾國現在正屆訓政時期，所有對外向帝國主義的進攻，和對內一切革命的建設，萬緒千端，迫不容緩。這些重大緊切的使命，是要全國民衆共同負起責任來做，而且是要有政治思想，世界眼光，起碼亦須備具相當常識的民衆才配得上談到這一點。報紙是站在世界潮流的前端，隨時把世界和國家地方的種種事實明白揭載，可說是輿論表示的總匯，也可說是我們的萬有文庫，和常年的學識顧問。學校教育雖直接能夠給予人們以各種的知識，但有經濟，資格，程度，年齡，和時地種種的限制，收效似乎很不容易，只有報紙，牠能毫無限制的滿足人們一切的需要，為人們開闢了一條求知的捷徑！浙省在吾國文化的地位，向來號稱東南諸省的先進，自從報紙專業萌始，直到如今，差不多已經有七十多年，即就杭州市而論，也幾乎有四十年的歷史，實際在中國的新聞史上說起來，浙省也可說是全中國新聞界的先進。但是試看最近浙省銷報的狀況，覺得煞是可憐！查浙省全人口有二千多萬，銷報的總數，合省內外各報還不滿十萬份，杭州市算是浙省首區，兼是中國東南文化的中心區域，總計這市裏的人口，也有四十多萬，而所銷報紙的總量，合本埠和外埠出版的報紙計算，還未能超過一萬五千份，以較歐美各國每五個人能夠閱報一份，相去眞不知有多麼遠！ 總理遺訓明白昭示我們，在物質建設之前，尤其注重的是心理建設：並說：「吾人在世界上，其知識要隨事物之增加而同時進步，否則漸卽於老朽頹唐，靈明日錮！」又說：「當行決之，在使國民有世界知識！」第一次全國代表大會宣言亦說：「中國的自由統一，要靠中國環境內所產生的思想，尤其是羣衆在要求生存的條件下所產生的知識，才能實現！」又說：「知識份子的口號，應當是到羣衆裏去，中國的解放唯獨在羣衆中才能找到！」現在我們浙省的民衆知識，既是這樣的幼稚，倘若在這時候還不知道急起直追，從事於培養生息，豈但說不上甚麼打倒帝國主義，甚麼革命的建設，簡直可說不要地方，不要國家，不要世界，將變做背時代的衰朽民族，永遠不能走上三民主義的正軌！基於上面所說各點，我們毅然發起民衆閱報運動，我們希望各界賢明的同志，一致贊助，和我們共同努力，來替浙江蒙昧的羣衆做一點知識建設的工作！我們的口號是：(1) 報紙是人民的喉舌！ (2) 報紙是輿論的代表！(3) 閱報可以明曉國內外的大勢！(4) 閱報可以增進人生日常必需的知識！(5) 閱報是一種最高尚最有益的娛樂！(6) 報紙是民衆的良師益友！(7) 報紙是實行普及教育的利器！(8) 報紙是傳播現代文明的工具！(9) 報紙是改良社會的前驅！10 民衆閱報運動是提高社會文化程度，促進訓政工作的完成！11 報紙愈發達，社會愈進步，國家愈文明！12 養成每日閱報的習慣！

第八節　杭州之民衆閱報運動

杭州新聞記者聯合會，鑒於一般民衆對於報紙之漠視，致礙社會之進化，經濟之發展，政治之設施，咸受重大之影響，乃乘博覽會分業宣傳之便，舉行民衆閱報運動宣傳大會，以期民衆對於報紙有深切之認識，幾經籌備，始於十月一日下午在博覽會大禮堂舉行，當時各機關各團體及吳興海甯崇德各報社均派代表參加，各界來賓觀禮者，亦極踴躍，是日上午，除由汽車隊依原定路線游行，沿途散發傳單外，並有流動演講隊，分赴市區熱鬧地點演講，玆將大會中各人演講詞及各報特刊之言論，分誌於后：

（一）主席胡健中開會詞　略謂：我們發起閱報運動的意思，大約有三種：一、浙江人口有二千一百萬人，每天報紙的總數連外縣在內祇有八萬。杭州是浙江省城，人口也有三十至四十萬光景，工業商業最發達的地方，每天也只一萬五千份還不到，如果一份報三十個人共看，那也只有二百四十萬人，其餘還有一千八百多萬人不看報。浙江號稱東南文化的中心，還有這許多人不看報，不曉得社會狀況，國家大事，世界情勢，非特談不到文明，簡直可說還是野蠻！所以我們要提倡文明，一定要提倡閱報，去補救教育的不及。第二點，現在我們是在訓政時期，而訓政時期的意義，就是教人民管理政治，因爲他沒有政治的學識，就經過訓政事期的程序，把他訓練起來現在人民對於政治，有智識的大都抱『不在其位不謀其政』的思想，沒有智識的，天高皇帝遠，所得的智識，都從茶坊酒肆來的，他們的腦筋裏，只曉得城隍土地，這種人民，如何能完成訓政的工作？現在黨務政治的工作，常因民衆腦筋幼稚，各種事體都做不好，譬如黨部要破除迷信，而提倡打倒偶像，政府要人民自治，辦村里會，辦土地陳報，然而結果就添了許多糾紛。所以今天這個閱報運動，就是幫助完成訓政的工作。第三點，中國的社會，還是農業經濟的社會，國際間的社會，和我們中國已經差二百年，他們是二十世紀，我們還是十八世紀，現在須要提倡交通，謀物質文明的發達，使國家現代化，社會工業化。如果報紙發達，必定能夠促成國家現代化社會工業化。我們基此三點，所以發起這個民衆閱報運動宣傳大會，我們是做一個衛鋒，希望到會的諸位同志，協助我們完成這重大的使命。

(二)省黨部代表項定榮訓詞　(上略)民衆閱報運動的意義是什麼？是介紹一位很好的朋友給諸位！這朋友每天報告你政治的情形，一切的消息，介紹許多好的書，或者指導你增進智識的方法，他並且告訴你世界上的一切事情。這個朋友是誰呢？就是報紙。你看了報紙，你就可以看到政治的狀況，經濟的狀況，又可以看到許多小品的文章，你可以得到許多的娛樂。這個好朋友有許多人天天見面的，一天不見面就難過，但是一般人不曉得這位朋友的好處，天天不見面的很多。今天杭州新聞界在此舉行民衆閱報運動大會，就是替諸君介紹這位好朋友。這位朋友有許多好處，但是因爲現在的社會有四種障礙，所以報紙不能發達。一，是人民不識字，看報紙不單是化了錢，還要識字，認識很多很多的字，才能認識這個朋友，中國識字的人只有百分之三四，有百分之九十六七是不識字的，這就不是不能閱報的原因，所以我們一方面要提倡識字。二，是報紙對於紀載的事物和環境，民衆認爲與本身機關，認爲不需要，所以不閱報的很多，這一點也應當努力！所以一方面要舉行民衆閱報運動，一方面要使報紙社會化民衆化，就是使報紙文字淺近，又多登載與民衆有切身關係的事物，使民衆曉得這是有關於社會的，那就人人要看了。三，報紙登載消息是義務，不是權利，不但負傳播消息的責任，幷且還要負道德的責任，不能說不正確的話對付看報的朋友，應該以忠實的態度對付社會。四，報紙在社會的地位很高，因此不應該迎合社會的潮流，應該指導社會的潮流；不應該迎合心理，應該改正民衆的心理；還應該具革命的精神和態度，社會有不妥當或民衆有不妥當的地方，應當努力的改革！努力的指導！雖然忠言逆耳，然而不如此不能得社會的同情和尊崇，不能引起廣多的讀者。今天民衆閱報運動宣傳大會的來賓很多，民衆閱報運動的意義很鄭重，希望大家曉得這四大障礙，打破障礙，掃除障礙，人人負起責任宣傳出去，纔不致辜負了這重大而有意義的宣傳，纔不負這重大的使命。

(三)陳布雷先生演講詞　（上略　我們討論到民衆閱報運動，是要分開兩方面來說：一是改良報紙，使成爲民衆能讀的，且讀了有益的報紙。二是造成民衆們讀報的習慣機會和能力，關於第一點，如何使報紙成爲民衆能讀的報？應讀的報？而且讀了有益的報？這全在新聞界的努力！照兄弟的意思以爲，一，文字應力求通俗淺顯，文人的積習，千萬不可有，試看土耳其這一回文字革命的勇猛迅速，那樣的民族纔不愧爲革命的民族，我們連一點文字上的陳言舊套，尙且捨不掉，如何能說得上改革？二，內容應力求簡單扼要，一覽了然。三，報價應使得格外低廉。實踐了這三個條件，纔能使報紙成爲民衆們能讀的報紙。四，革除一切鬼神仙佛怪誕不經足以引起迷信的材料。五，革除一切雞虫得失派別糾糾足以鞏固封建思想的材料，六，革除一切以個人本位爲中心類似各要人起居注等足以引起官僚思想的材料，七，革除一切冗長呆板類如機關公文及會場紀事無關民衆的材料。八，革除一切風花雪月誨盜誨淫足以戕賊民族精神的材料。九，革除一切與革命的主義及平等的原則相違反的材料。十，革除一切模糊影響無可無不可足以造成民族暮氣的材料。實踐了這幾個原件，纔能使報紙成爲民衆應讀的報紙。但這裏或者有人說：你這樣嚴正的列舉起來「應讀的」一個條件是做到了，但是未必爲民衆們所「愛讀的」罷。我以爲並不難，我們根據了環境和時代的需要，一定能夠不必借重於（日本三面紀事）式的紀載，而造新的趣味的民衆文藝來。這全看新聞界的同志努力如何？關於第二點，如何使民衆們有讀報的習慣機會和能力，這是不僅要新聞界努力，還要政府社會各方面的共同努力。照兄弟的意思，以爲：一，應該努力於民衆識字運動的宣傳與實施，關於此事，現在本省的識字運動委員會正在進行，甚希望大家一致協助；二，應該由社會教育機關自治機關，盡量地把報紙介紹民衆中間去，並得有讀報能力的民衆，都養成讀報的習慣，使得沒有讀報能力的民衆，都有讀報的要求；此外尤其重要的，就是要使民衆都有讀報的機會。關於一點，我很希望國家和地方政府能盡量建設交通工具，減低運送費用，並謀報紙運輸上的便利。乙，提高農民工人的生活，讓他們於工作以外，有充分的讀報的機會。

「附錄」各報民衆閱報運動特刊論文

（一）葉溯中「閱報運動與新社會的建設」

閱報運動的目的，自含有希望報紙暢銷的意義，但希望報紙暢銷，先要把這老氣橫秋的社會能夠現代化，只有社會現代化後，報紙的需要才能推廣，而且自然會推廣。

說到中國報紙的起源，我希望大家不要像破落戶反裝大架子，好比說到機械，要拿墨子的飛鳶，諸葛亮的木牛流馬來吹牛自豪。有許多人一提報紙，便翹起拇指來說：中國在唐德宗時即有官報性質的「邸報」，有私人報章性質的「小報」，宋時又有「新聞」，「邊報」等名稱，及內外勤記者的鼻祖「內探省探衙探」，起源是還在一千一百五十年以前；其實邸報只可說是政府公報的雛形，「小報」「邊報」只可說是軍閥駐京辦事處發密電密訊，前身，與現代日報性質相差甚遠。實在中國日報只能說起原於遜清嘉慶道光間。

「邸報」的產生原因，自然與印刷術的發明，及政治的錯綜，疆域的開拓都有關係。但在閉關時代，只能產生「邸報」而沒有私辦的大規模的日報，自然也有他客觀的原因。降至遜清嘉慶道光後，才有「天下新聞」「遐邇貫珍」「中外新報」「六合叢談」等日報生產，且都發刊於與西方文明接觸較早的馬六甲，香港，廣州，上海，寧波，等處。

人類的文化，是社會環境的產物，閉關時代的中國社會，是自給自足的農業經濟時代，那時社會組織上的特質，是「封建」與「宗法」。因為封建制度的關係，所以一般人民不問政治，也沒法顧問政治，政治新聞，除了供給官僚疆吏的「邸報」而外，朝廷是抱「不可使知之」的態度，人民是抱「不在其位，不謀其政」的見解。因爲是宗法社會的關係，社會組織是以家庭爲單位，一般人民及婦女都與國家沒有直接關係。而且農業社會的生活很固定，除了納糧征役而外，與政府無甚接觸機會。生產的技術也很簡單，經濟組織，不易發生激盪或變革。在這種現象之下，一般人所需要的新聞，智識份子是「書不讀秦以下」，普通社會是「沿村聽唱蔡中郎」式的平話故事，決沒有現代大事記的需求。

現在上海雖有銷行十萬份上下的日報，次等的商埠都市有銷行五千份上下的日報，但這銷行的數量，如與他國情形比較，眞是細微的很。其原因是因社會尚未脫離封建宗法的形態。

在辦報者方面來說：報的性質有二種，一種是政治團體主持的報，一種是私人主持的報。如沒有眞正的政黨，決不會有好的政黨報，以前什麼俱樂部什麼系等政治團體，鬧得烏煙瘴氣，在北平一千元便可收買一報，在省會幾百元便可收買一報，那時這些政黨報如何能在社會上站得住。政黨辦的報，在國民黨統治之下，氣骨上，內容上，數量上，都從中國新聞事業有長足的進步。但私人辦的報，發展似乎慢些，這也難怪。報社的收入，全恃廣告費。許多報社的經費，仰給於外商廣告；在拒絕登載英日商業廣告的風潮發生時，許多報社都起恐慌，於此，可見國內工商業幼稚的一斑。在這種國內工商業沒有振興以前，怪不得有許多報因爲多銷一份報，要多賠些紙張油墨費，在報紙銷額只要能夠維持到水平綫以上，根本上不願再推廣銷額。可見在私有財產制度沒有廢除以前，工商業如不發達，新聞事業自亦不能充分的發達。

在看報方面來說：一般人民沒有政治意識，如何要看報。我家鄉的布業商店十九不訂報，而錢業商店則家家訂報，原因很簡單，因爲布店對閱報後陳報紙沒有用途，錢業則包紮現洋銀角銅元，需紙甚緊，報章與普通白紙，價貲相同，所以訂報。說來雖然好笑，但社會上有許多少人是眞正閱報呢？上海大部份商人閱報，除商業消息外，只看快活林自由談。而且高深一點的商業消息，商人也不要看，從前上海商報的「商業金融」欄，看的反是教育界。婦女方面，在宗法社會沒有崩潰以前，仍在良妻賢母及裝飾學交際學的婦女教育狀態以下，婦女的社會意識不見得有進步。從前小鳥式的婦女所注意的故事是後花園贈銀這一類，現在花瓶式的婦女所注意的新聞，是報屁股雜文及黃慧如一類的消息。一部份青年所注意的也差不多，所多注意的，是『先施公司大減價只有三天』『楊耐梅登台歌唱乳娘曲』一類廣告及消息。這還是都市情形。都市以外，尚談不到。這裏說的還是看報份子，不看的更不必言，在文化低下的縣分及鄉村，人民連自治觀念也不易培養，連識字的人也很有限，何況閱報？

此外，再就交通來說：如果交通不便，都市的報紙，何能銷至遠縣。以浙江言，杭州報到浙北浙東各縣，比上海報遲到，到西南各縣，則有許多縣郵遞需時在旬日以上。在這種交通不便的條件之下，杭州市的報紙，更何能暢銷到各縣：

總而言之，統而言之，要使閱報運動能有大效果，不能不先希望革命建設的完成。在社會的活動是交互影響的原則之下，自然閱報運動也能促進社會的現代化；但在因果上來觀察，還是先要社會現代化，然後新聞事業才能發達。革命的建設，要使社會在三民主義軌範之下，而工業化，現代化，間接也是完成新聞事業發達的客觀條件。新聞記者幫助革命的建設，實在就能得到幫助自己的結果。這並不是宣傳作用，到是眞言實語。至於新聞記者要我幫助閱報運動，而我反借風行船，說要新聞記者幫助革命，也只好便道歉一聲。

(二)項定榮「訓政時期報紙所負的使命」

報紙是一部最完善的人生教科書，他不談高深的抽象的理論，他僅把宇宙間所發生的事實不加修飾地展露於我們之前，——大之如國際間的戰爭，政局的演變，革命的成敗，小之如流氓詐錢，閨女跟着男子出走，警察毒打黃包車夫等等，凡是宇宙間的一切現實，不管你道德家認爲傷風敗俗，也不管你政治家要怎樣粉飾太平，報紙總是忠實的速記了下來。於是讀者天天一紙相對，眼簾裏便冉冉地映現出一個世界的縮影，正有不少的人們，在那兒獲得了許多寶貴的人生經驗，政治經濟的常識，法律的概念，以及倫理的範疇。這些智識，正是他們所最需要的，然而一切空泛淺陋的教科書，卻不能滿足地給與他們。報紙上的材料，不但日新月異，而且變幻多趣，他有無窮的口味使你一天一天的遍嘗，他有永不會完成的傑作使你一天一天的領略，他從來不會使你討厭。我們常常看見有對着教科書打瞌睡的學生，卻很少聽到有一見報紙就閉上了眼睛的讀者，在落後的中國，在智識貧乏的中國人中間，確實有不少的人因多讀報紙而成爲通人，因多讀報紙而得到人生的智識，因多讀報紙而認識了時代，甚至有因多讀「報屁股」而一躍爲洋場才子的。所以報紙雖然在名義上不能稱爲教科書，也從來沒有經過教育部的審定，但在事實上，報紙在社會教育方面所收得的效果，比一切審定的教科書都要來得大。

正不必旁徵博引，這裏有一則現成的故事足夠替我們證明報紙在教育上是有如何的價值：美國耶魯大學在一八七二年以後新聘了一位教授，這位教授，教授法卻是些奇怪，他好像不十分重視些教學用的教科書，他也並不遵守教授的慣例按步就班地做去。但勞了他教課的學生們，沒有一個不心領神會，暗暗佩服，因此一說到好的教授，第一個便要數到這位孫末楠教授——奇特的教授法的使用者。漸漸地別校的教員也都聽到他的名氣，想到耶魯來領教他的教授法，以為他總有一種什麽祕訣。現任哥倫比亞大學校長白特耳博士，在一八八三年，還是一個邏輯教授，他也想來學孫末楠的教授祕訣，所以特地趕到耶魯來，到他的班上去旁聽一點鐘，那天孫末楠上經濟班的時候，帶了一大捲紐約時報，都是當天的，他發給每人一份，在商情一欄中，他指出一段來給學生看，那段新聞，是從支加哥來的，說是有多少牛，多少豬，多少別的家畜，於某日運到支加哥的屠宰場，他便從這一點上發揮，講貨物如何生產、如何出售，如何轉運，經濟學上的死定律，經他這一講，便是像和我們的日常生活，是息息相關似的，白特耳看到他的成功，一回到哥倫比亞，便立刻如法泡製，他也帶一些報紙上堂，發給學生每人一份，使他們研究報紙上的論評，是否合於邏輯，亞理士多德的三段論法，便與美國的社會問題發生關係了，學生對於研究論理學的興趣，便格外加增。從這個故事裏，我們可以看出在美國，報紙是怎樣侵佔了教科書的位置，真的，所謂百科叢書，所謂四庫全書，只有報紙才配得上這樣淵博。

現代中國的危機，固然有其他的原因，但在心的方面，一切的癥結，都可歸根於中國人民眞知的茫昧。因爲二千年來專制政治的壓抑，人民對於政治，沒有顧問的餘地，除了納稅以外，和政治不發生其他的關係，所以直到現在，人民對於政治的認識，還是可驚的混沌；又因爲二千年來的學者專講性理文學，只許人們的腦筋在抽象的性理裏面去發展幻滅，對于現實，則不屑一顧，所以直到現在，人民對於現實的觀念，還是可驚的淡漠；這樣就作成了中國民族的誇大荒誕，所謂學者除了性理之外，就毫無所知，平民除了仙佛以外，就完全茫然，沒有人生的常識，沒有界世的眼光，這都是「民可使由之，不可使知之」這種傳統政策造成的結果，也是專制政治的絕好保障，民主政治最大的頑敵。換句話語來說：便是實行民權主義最先應該掃除的障礙。民權主義的最終極目的，在使國家爲人民所共治，即政權爲人民所執掌；不但使人民儘量顧問政治，而且要使政治成爲人民的政治。然而假使人民智識茫昧到上述的程度，其參政的結果，不過多出了幾個山東馬皇帝，反而推翻了民權主義的實施。所以總理提倡心理建設，以期掃除中國人民知識的蒙昧，政治認識的混沌，以及現實觀念的淡漠，而授以一種四權施用的訓練，為實施民權主義的準備，這是訓政時期最重要的工作。教育固然不失為一種開發民智的好方法，但因為有教材，程度，年齡，時地，人才，經濟等的限制，收效一時未必很大。而報紙因為有他的特長（如前面所說）之故，確實是最好的一件利器。我們可以說：報紙在「訓民以政」這種工作上面，實在負有偉大的使命。所以民衆閱報運動的意義，不僅在於推廣報紙的銷路，尤在於普及閱報的機會，使蒙昧的人民從局限的知識範圍內解放出來，認識了時代，認識了世界，而給予他們以人生的現實，政治經濟的常識，以及倫理的範疇，培養他們問政的能力　但閱報機會的普及和報紙的銷路不能說沒有正比的關係。中國的人口號稱四萬萬，而全國銷行最廣的報紙（新聞報）也不過日銷十五萬份左右，一和英美日各國的報紙日銷幾百萬份的情況比較起來便格外感覺有努力從事民衆閱報運動的必要。單就浙江而論，杭州幾家報紙，合併計算，每日僅行一萬五千份，即使全數銷行於本省，即使每一份報紙平均有十個人閱看，總計也不過只有十五萬的讀者。對於全省總人口（二千一百萬）僅佔一百四十分之一——一與一百四十之比——在一百四十個人民中間至少有一百三十九個人民不知道報紙的功用，他們依舊茫昧，依舊是混沌，依舊是不知道時代和世界，依舊是僅僅從茶館酒肆裏聽取一些政治的新聞，他們依舊是生活在皇帝的舉恩下面。現在時代變化，却要他們來執掌政權，顧問政治，我們只要一想到這裏，就可以充分認識，民衆與報運動意義的如何重大了！

（三）常書霖「報紙到民間去的問題」

報紙本是在民間，爲什麽說他到民間去？

原來報紙本在民間，這句話，在歐美或在今日之日本，是可以講得通；若在今日之

歐美的人民，上自所謂士大夫，下至所謂無產階級，都是會看報，而且非看報不可

中國，恐怕還不能作這樣說。

。他們看報的癮頭，活似中國上下流人物之吸鴉片。據老於抽烟的人說：他們一天或一

頓不吸鴉片，便會涕泗横流，呻腰呵欠；而歐美人之看慣了報的，士大夫更不必說，就是無產階級罷，早晨袋裏倘不會裝了他們所愛看的報紙，說不定做工也會沒精神。因爲他們的人民有這樣愛報的要求，所以報紙的供給也就特別的多，英國每日郵報每日的銷數，國內外每天要占一百七十餘萬份。法國有一二家銷的報紙，每天少也須銷數十萬。就是地方小報的銷數，也是很可觀。至於報紙種類之多，更是一言難盡。一日之內，晨、午、夜都有特定時間的報供大家閱讀，出報的不厭，讀報的亦不厭，像這些情形，我們那裏可以同他們比較？所以說：報紙本在民間，這句話，在歐美是對，在中國却講不通。

有人發爲階級的論調，說：中國的報紙，顯是供給上等階級的人看，或者當他——報紙——是智識階級的專享品，而不是普通人所當讀。其實這種說法也有不妥的地方，中國智識階級有目而不看報，與夫不識字階級無看報之目，幾乎是一個二五一十的問題。縮在窮鄉僻壤之斯文先生，怕也是很少的有（報癮）通常所謂『以耳代目』的通病，用在此處，倒是格外確切。這就是說：大家是喜歡以耳朵聽報的，而不喜歡看報。至於為什麼喜歡以耳聽報呢？這就是因為看報麻煩，聽報省事。

這種好寫意的心理，就在看報者的隊伍裏，也可以聽得出。看日報的人中，很少有幾個要看報頭（如社論），却是很多因喜看報尾巴（如副刊），甚至是尾巴上的一點點，「例如論到戀愛之戀愛欄，或諸如此類的東西。」因為這一點點，是出在某日報之上，所以不得不買某日報，至於某日報所登載之事，除此一點點之外，有無其他驚天動地的大事，那是可以不問！這樣也是看報。

諸如此類的看報心理，眞是道不勝道：商人因看行情而順便看看國家大事；看戲的人因看戲目而順便瞧着國家大事；投稿人因為找自己的著作，因而順便找着國家大事；吃官司的人因為要看判詞，因而順便遇着國家大事之紀載……………此外此外，眞是很多，簡直是很少為國家大事而看報，不識字的人，那更無論。

這樣，報紙便不在民間；也因為這樣，報紙必須想法跑到民間去。

但報紙要跑到民間，有幾個重要的先決問題，關於報紙之自身的，放在後文再講。有幾件事，要非得民衆自動不可的，玆且先說一下：

一　看報的人要有國家觀念——看報的人，要知道他自己是構成國家之一員，國家大事，與他自己的事有密切的關係，而且比他自己的事，有時還格外要緊，因此報紙上所載的國家大事他便不該避而不看，或只看報尾巴，或爲其他事件，而只限看某一部分。

二　要有看報的工具　例如報上所載的是（字），看報的第一便該識「字」但這還是不夠的，報紙上所載的還有「事看報的還要識「事」譬如有些報紙，是專造謠言的，謠言是反事實的原則的看報的如果不識『事』，那末，不看報，到不會上當，一看報，鼻子却被牽了起來，跟着亂叫，豈不是不幸？

具有國家的觀念，要留心國家大事，那是國民的天職，絕對不容不做到，也絕對不會做不到。識「字」識「事」，是看報的要素，並且也不光限看報才有用，這是大家自動起來做才好。

至關於報館自身的，那就格外要緊。譬如一家商店，要想招徠生意，先須貨色道地，光是雇幾個吹手，打銅鼓，吹吹更調的洋喇叭，那是不行的。辦報的何嘗不是一樣，第一自然也要貨色道地，我們浙江報館，因爲經費的關係，不能都採辦來頭貨，那是沒法可想的；但我們要知道餛飩担上的葱，與小菜場上的葱，原質上要一樣，才可以多用少用的一樣好用。材料不問是不是來頭貨，而必須取「真」則無疑；否則你就用了許多金磅，派了特派通訊的記者，到倫敦大拍特拍假電報，說是英王投身士河死了，或者說前任首相湯爾溫上吊了，那恐怕沒用吧！報紙爲維持民衆信仰起見，爲預備到民間起見，第一要不可造謠言，造謠言的報紙雖則名義上還是叫得報紙，實際上却等於鴉片，鴉片吃高興，大家談得起勁，說不定造一個謠，報紙不是這樣的？

第二個要件，爲辦報的所當自勉的，——尤其是在報紙要到民間去的時期——就是要立定脚跟，拿定大公無私的主旨，不可隨聲附和，尤其不可吠聲吠影，自失報紙的價值。在這裏，我們要爲報紙作一個正當的要求，大凡不值得登載，與不值一看的攻擊文字、以及千篇一律的應聲攻擊文字，無論他是呈文也好，快郵代電也好，最好不要往報館裏送。同時，在報館方面，遇有這一流沒價值的新聞資料，最好不要恭恭敬敬將他排印，省得閱者討厭。這樣便爲逐漸引起人民的信仰，從而不喜看報的也自然會對於報報紙生重視之心了。

總之，報紙本身有了價值，才可以到民間，才值得大家來看，報紙倘沒有價值，大家看了何益？我們杭州，看報的一向不多，現在才有民衆閱報的運動，預料這一番運動之後，看報的必定多起來，然而，看報的多起來，這個報紙到民間的問題，意義便格外重大了！

四、戴世勛我們爲什麼要舉行「民衆閱報運動」？

報紙本是民衆要閱的，我們辦報，也是特爲供給民衆閱的，可見民衆閱報，已經是天經地義。但是我們今天爲甚麼要舉行這個「民衆閱報」呢？這個原因當然是因爲民衆閱報的太少，我們一方面是責任問題，恐怕難達到我們在社會上所負的使命，一方面是國家問題，恐怕在黨治下的民衆，智識上難以達到突飛猛進的進步，另一方面也是良心問題，要本互愛精神幫助同胞們智識上的齊一，總如上述幾個原因，我們可以具體的照下面幾個原則逐一說明：

一、本總理遺囑　總理在遺囑上說明，我們要達到革命的目的，第一在「喚起民衆」這句話，就是說我們要達到革命目的，第一要從事宣傳。我們知道宣傳的種類：一種是文字宣傳，一種是口頭宣傳，一種是遊藝宣傳，這三種宣傳方法，印入民衆腦筋之深刻，當然只有「遊藝」，引起民衆之熱烈注意，當然只有「口頭」，然欲效力之普遍，時間之長久，說明之詳細，任何人也不能否認，只有「文字」了。「文字宣傳」本來有定期刊，不定期刊及各種日報。定期刊，不定期刊，我們也當竭力提倡，不過能與民衆天天接近，能使民衆耳濡目染，潛移默化，能達到「喚起民衆」之目的者，再無有過於日報了。這是我根據總理遺囑要舉行「民衆閱報運動」的第一個理由。

二、本總理遺著　總理在建國方略中之各種建設計劃，首注重於心理建設，而心理建設則以「知難行易」一語打破迷津，可見我們凡事要行，先就要知，不知決不能行，求知的條件，固然很多，如家庭教育，學校教育，社會教育等，然家庭教育，只能及於人情禮俗，且往往偏於固僻。學校教育，只能及於規定課程，且往往缺乏日用常識。至於現在的中國社會教育，既無人過問，且無人憶及，全爲社會上一切腐化惡化勢力所瀰漫所傳染，只能把民衆一天一天的引到死路上去，因爲民衆在社會上所「知」的都是腐化惡化，所「行」的自然也不能逃去腐化惡化常例了！故往往受過家庭教育的純良子弟，一入社會，則變爲狡徒子了，受過學校教育的優秀青年，一入社會，則變爲蠅營狗苟，欺詐險惡之輩了！這樣看來，我們要補救家庭教育之不及，學校教育之未完，社會教育之不備，只有提倡「民衆閱報運動」了。換句話說：就是我們要使民衆中最純潔最完美最進步之「知」，發生最純潔最完美最進步之「行」，只有提倡「民衆閱報」了。因爲我們每個人的思想，是由逐漸變化，每個人的知識，是由日積月累，斷非一暴十寒所能成功的。若我們每個人能把報紙做日常的伴侶，則所謂「入芝蘭之室，久而不聞其香，入鮑魚之肆，久而不聞其臭」，我們日與報紙爲伍，則我們的「知」自然要報紙化，我們的「行」自然不必說了。這是我們根據總理遺著，要舉行「民衆閱報運動」的第二個理由。

三、促成訓政完成　訓政的意義，是要拿中國國民黨的黨員來作基幹，訓練民衆，使民衆知道行使政權的方式，來運用政權。但是中國的人民若斯之多，若處處要黨員去家諭戶曉，則「俟河之清，人壽幾何」？況黨員有限，且黨員亦不一定個個努力去幹，若專靠黨員去耳提面命，則訓政時期完成，真要「憶萬斯年」了。這個補助的方法，舍拿報紙來作宣傳，舍從每個人民，來把報紙作日常伴侶，作良好導師，難道還有第二個方法嗎？這是我們要「促成訓政完成」要舉行「民衆閱報運動」的第三個理由。

其他如改良鄉村組織，提高工人生活，打倒土豪劣紳，剷除貪官汚吏，廢除不平等條約，打倒帝國主義等等工作，均非不先提高民衆知識，不足以促其覺悟與運用方法。上面幾點，是我們舉行「民閱報運動」的很普通的理由，諒各報記者先生，必均有最扼要最詳細的根本闡明，閱者亦不難舉一反三，記者特於此謹祝。

民衆閱報運動成功萬歲！

民衆求知慾成功萬萬歲！

五　項士元「報紙和人類的關係」

人類的特徵，大家都知道他是具有四肢和五官，兼具有特殊的知能，超出動物界之上。但須知道這些特殊的智能，究竟是從怎樣產生？更爲什麼同一人類，偏要呈出種種異樣的智能？我想大家也都知道緣着「教育」兩個字，致有這樣的結果。不錯！人類，須加以教育，才能發展他的天賦底智能。但是普通教育學者，往往拿教育狹義的眼光去幹那教育事業，差不多除了學校以外，便是不需要教育；有般比較稍稍放些眼光，也不過空談幾句「家庭教育」和「社會教育」。究竟家庭教育和社會教育怎樣能夠達到圓滿的地步？恐怕在現今中國的一般人們，還是不見得十分瞭解吧。

學校教育，在國民革命未曾展開的時候，大都是囿於書本上的知識，可說完全是機械的，是死的。自從「黨化教育」厲行，學校教育，才和黨國發生親切的關係。但是在家庭教育和社會教育方面看來，仍是泛無準則，比較留心一點的，也不過添加幾所圖書館和盡點父母責任能了。我以爲「教育」這兩個字，斷不是這樣地簡單。尤其是社會教育比較其他更見來得重大。因爲家庭教育，大多是限於家庭內未成年的兒童。學校教育，雖然能夠造成各科精深的學問和一切求知的基礎，但是却有「時期」「名額」「學科」種種的限制，而且須化費不少的金錢。在社會上生活的人類，無論怎樣，總是不能永遠度着學校底生活。簡直說來：家庭教育，不過是人類初期的教育；學校教育，不過是人類次期的教育；直到離開學校之後，最要緊最悠久的，要靠社會教育了。圖書館一類的教育，雖是社會教育中最要的一部，却是在荒僻的鄉村，未必能夠都是有圖書館的設立；縱令有了這種設備，也斷不能把世界所有新近表演的事實，按日送到座邊，逐一供獻吾們。假使要像從前所說「秀才不出門。能知天下事」當然還是要推「報紙」哩。

報紙的內容，不像其他的書册，限於記載某一類的知識，或過去很久的事件，牠是把各國和各地的新事件和新知識，每日向我們報告。在各大報館的報紙，雖是記載比較豐富，但是世界是非常的遼闊，社會是非常的複雜，各地和各種社會的新奇事物，是千變萬化，隨時隨地的表演，凡是某地的報紙和某報的言論記載，當然是各有各的特點，吾人多讀幾份報紙，當然能夠多得一些知識。我聽到歐美人有幾句俗語說：「飲食宜儉約，不可不閱報，腸胃寧空虛，不可空虛其頭腦」。我國前賢也曾說：「識時務者為俊傑」報紙所記載的，便是離不了「時務」兩個字，這可見得「讀報」確是我們人類不可缺少的一件事情。現在姑把「讀報」的利益和讀報應有的認識，分別列舉如下：

（甲）報紙的功用和利益　報紙的功用和利益，上文已經說明是超勝一切教育的；但是寬泛不易摸索，茲特揭其最顯著者幾點如下：一、報紙具有世界新近發生諸種事物的記載，可當作吾人的萬有文庫。二、報紙載有世界名人的言論和行動，可作吾人的良友。三、報紙備載世界各地的狀況，可作吾人的樂園。四、報紙表暴人類行為的是非善惡，可作吾人的明鏡。五、報紙順應世界的潮流，揭載政治的得失，可作吾人的顧問。六、報紙批評社會的是非，輸灌世界的知識，可作吾人的導師。七、報紙傳達各地的消息，可以勝過無線電播音機。八、報紙不要化多數金錢，隨時隨地可以覽閱，可說是全人類的終身學校。九、報紙爲各種有系統的記載，可以當作活頁的現代史。十、報紙常有喜怒哀樂的描寫，可以當作興奮劑。

（乙）閱報者應有的認識　閱報是爲補充吾人日用常識明瞭現代社會情形起見，不是覽一兩份報紙或報紙中間的一兩欄，便可了事。雖然有般爲着工作時間的忙迫，或綠經濟力的制限，不能購置多份報紙一一普徧的覽過；却是應該把重要的幾份報紙和報紙中間最重要最精采的幾欄，細閱一下，那末，才不辜負這許多精神和物質代價造成的至寶貴的報紙。現在就我所認爲閱報者務須知道的幾個要點，揭述如下：一、閱報者務須認識所閱的報在他底本身立場和背景究是怎樣？二、閱報者務須認識所閱的報是在什麼地方出版和他是處在何種勢力之下？三、閱報者務須檢查所閱的報在他記載和言論的影響究是怎樣？四、閱報者務須檢查所閱的報優點和缺點究在那裏。五、閱報者務須檢查每日閱過某某報之後，自身所感受某某報的惠益究是怎樣？六、閱報者務須辨別日常所閱的報和新近過眼的報互相比較起來究竟那幾種是較好的？七、閱報者應秉超然的態度泯除種種門戶的成見。八、閱報者應在報紙內容的質量上判定報的價值，不應在篇幅數量上判定報的價值。九、閱報者應注意關於政治得失和民衆痛苦的方面，不應偏重在娛樂興趣的方面。十、閱報者應視報紙爲公的園地，不應視報紙爲私人的產物。十一、閱報者應視報紙爲社會教育的講義，不應視報紙爲普通營業的貨品。十二、閱報者應逐日分別把報紙保存起來，不應隨手棄去。十三、閱報者應兼治「剪報」工作，如空暇較多的，應擴大「剪報」範圍，否則亦應就其和本身職業與有密切關係的一部分，酌量剪下保存起來。十四、閱報者遇有聞見確鑿關係重要的新聞，應隨時函告或面告於當地的報社或通訊員。十五、閱報者認有大局或地方上的重要事件發生，認爲報紙上未有言論發表，或其言失却公正態度或理論不見得怎樣圓滿的，應把所有的意見隨時分別供給各地的報社。十六、閱報者應極力節省他種不需要的消費，多購幾種較好的報紙。十七、閱報者應將所閱的報發見之缺陷，隨時提出應行改良之點，督促各該報社改進。十八、閱報者應本自己考查所得各報底成績，自動訂閱，不應受何種勢力或感情的支配。十九、閱報者遇凡閱過之報認爲無復保存之價值者，應轉贈無力購報的相當友人或其他。

上述幾點：記者不過就一時意想所及的偶然寫了出來。閱報諸位，假使能夠本着這意思加以體會，我想不但在閱報者底本身能夠發生較多的興味和實益；而且兼能促進報紙的進展和社會國家的進展。閱報諸位呀！快快自動起來留心閱報！勿要當做看個熱鬧呀！

六　徐泰來「閱報與教育」

我們感覺到報紙的銷數不發達，就可以推測到看報的人太少，外國的民衆，看報幾乎成爲人類的慾望——知識慾——和衣，食，住，行，一樣地重要，所以他們的民衆，人人都明瞭世界的大勢，而使國家的進化，能夠一日千里。至於我們中國民衆，認看報是某種階級的人底事，於普遍的一般人是無關的，對於報紙，幾乎爲專利品，奢侈品，那末報紙的銷數又怎樣能夠發達呢？轉運文明的工具——報紙——不發達，國家怎樣能夠進步呢？我們再來研究，何以中國民衆對於報紙，會存這種心理？何以看報的人，會這樣地步？那我們就要明瞭報紙用文字記載的，中國民衆，本來識字的人，根本就不多，那末看報的人怎樣會多呢？中國民衆，對於識字，向來認爲貴族的奢侈品，專利品，用識字的方法底工作！！看報——當然也要歸納在專利品奢侈品內了。我們應該曉得，凡是人類，都富於求知慾的，中國的民衆，何嘗不願意明瞭世界狀態，國內政治呢？可憐呀！他們即使曉得報紙的利益很迫切的，希望自己能看，可是事實上做不到，也是無益。所以我們有時在看報的當兒，常有不識字的人，問我們報上載些什麼？有時候在鄉下地方瓜棚豆架下也常有種田的人，做工的人——不識字的——問我們世界情形，他們如果認識字，我想他們一定是看報的人；但是因爲沒有認識字，不能夠看報，所以只好犧牲了這權利，而做了盲目者，只能拿耳朵來達他們的求知慾。因此我們感覺到報紙銷數不發達，應當回頭看看現在的教育。

試調查現在的學童，受教育的佔了百分之幾，也就可將來能夠看報的佔了人數裏的百分之幾，其餘不能受教育的，都已經犧牲了看報的幸福了，將來都成爲盲目者，或者還有補救的方法，就是不能享受學校教育，而受社會教育。但是中國社會教育事業，比較學校教育，更不發達，尤其是浙江。

民國十四年，我在北平，看見很多的車夫休息處，裏面除了茶水以外，並有很多白話的報：有時候在裏面看報的車夫，也很不少，我就很奇怪，後來一調查，北平的學校和警察署，分署，分駐所，分棚，都有夜學校，供給一班失學的人受教育，所以看報的人，比較要多一點，就是從盲目者而醫治他明亮的地方很多，使他們可以有方法能夠看得到報，浙江——杭州——何嘗有這種設備呢？車夫閑了，只能着地賭錢，茶館喝茶，就是有看報的志願，也沒有幫助他的機會和地方。

復次，我們在今天舉行這民衆閱報運動，決不是今天這麼一做就算是了這責任的，一方面固然要努力於我們自己的工作，怎樣的改良，纔能使人願意看；一方面也要督促政府怎麼使受教育的人加增，怎樣設備社會教育，並且要一天一天發達，使失學的人，也有受教育的機會；一方面還要編輯一種很淺近的文字的報紙，使得識字不多的人，也能看得懂。那末報紙的銷數，或許能夠發達，看報的人，纔能夠加增；這次的民衆閱報運動的精神，能夠永遠維持，能夠日益光明。

好在現在主持教育的陳布雷廳長，向來也是辦報的人，一定能夠和我們同一思想，希望報紙發達，至於教育的發達，本來是他負的責任，更無庸我們多說了。

七　沈雨蒼「閱報可以救國」

我們要明瞭世界趨勢，黨國的設施，社會的現像，以及列強帝國主義壓迫侵略我們的厲害，民衆反抗力量的雄厚，那便非看報不可。

可是幾千年來，受了封建洗禮的中國社會，除了一般少數關心國事的人們之外，求適意的朋友，有時或須翻開報紙，讀讀頭本封神榜，二本高廷贊，什麽二十大明星主演，全部空谷蘭這類戲單之外，誰高興來讀閱枯燥無味的國際政治一類的新聞，什麽帝國主義的壓迫侵略，以及建設事業的重要，民生凋敝的補救？祇要我的家裏，豐衣足食，妻美妾嬌之外；何必顧慮到國家的存亡，社會的黑暗？至於識字的勞工，根本沒有認識報紙與人類和國家社會的關係，順便時或須也看看報。不過這幾條「風花雪月」的社會新聞，從這社會人們漠視報紙的心理上觀察，很可以來證明中國前途一切的不易昌明。

每一事體發生，在社會中惟一的大聲疾呼者，就是報紙。事實的眞相，對付的主張，補救的辦法，此後的方針，都是憑報紙來宣傳，要報紙來宣傳的目的，便是希望得多數人的同情。推而廣之，便希望全社會人深切的明瞭，熱力的協助，可是就看報紙的人佔百分之五及漠視報紙的人佔十分之七的中國，試問什麼事得有雄厚的實力，美滿的結果？

我們再來引證幾句古話，「聆君一夕話勝讀十年書」以及「開卷有益」來講，便可知道看報的重要。因報紙滿含着各種事業和政治社會文學藝術許多常識，任憑你學貫古今藝超中外的人們，當然比不過萬全的報紙。要是全中國的人們，個個來重視報紙，和衣食住行一樣認爲重要，我可大膽的說一聲，中國定不至於落後，國家定不至於弱小。就這幾點說來，覺得民衆閱紙可以強國，可以救國了。民衆閱紙運動的意義，也夠多麼偉大呀！

有人說：人們看報，認爲消遣，與己無干之事，閱後即置之度外，閱報對於增進本人常識固然有效，如果以閱報可以救國，未免張大其詞了。話雖近理，但是譬看戲，看到忠良被難，沒有一個不代爲惋惜，甚至有傚彈熱淚；如果權姦當道，恨不得生食其肉，婦人小子，人知道告瓜皮擲果核，以洩他的義憤。這就所謂人心不死。

我們來提倡民衆閱報，便是要希望民衆明瞭報紙和國家社會人生的關係重要，使民衆除了衣食住行四要素之外，再加閱報一要，全國民衆，人人手裏有報，實在比較人人手中有槍強得多呢。

八　王蘇香「婦女鬪報的必要」

自五四運動以來，吾國婦女同胞們，大多知道自身被壓迫的痛苦，起來運動解放，本黨政綱，亦明白規定『婦女在政治上法律上經濟上教育上一律平等。』可是解放的呼聲，天天儘是破着喉嚨地喊着，實際在各種社會裏面，仍是罕見婦女同胞的蹤影；有般起來質問，總是答稱婦女現今還是幼稚。唉！這是何等的痛心呀！

我常聽見許多同志說：『婦女們大多是不曾受過教育；即在受過教育的一般，也是大多愛好文藝。要求富有政治思想而有革命性的，可說直等鳳毛麟角。』這幾句，批評我們婦女，我當時還是很覺不平；暗想我們杭州西子湖上，明明有一個秋瑾女俠的祠墓，她生前確是很革命而很富有政治思想的，怎麼這樣說呢？及到後來，我在國民革命軍第二十一師軍隊裏擔任事，調査全部，祇有十個女同志，她們都是担任政治工作的，測驗她底結果，祇有張茵秋和李世傑兩位同志，對黨國較有相當的認識，其餘大多還是未曾脫却閨房小姊的態度。近兩年來，我嘗從事新聞事業，又經再三再四的提倡婦女同胞們投稿，可是大多仍羞羞縮縮不敢伸出頭來；間有幾篇，大都還是不外新詩和其他文藝的一類作品。此外我並曾在婦女協會和區分部裏邊，考查我們婦女同志的思想行動，結果總是，鮮見能夠努力追趕世界潮流，會在婦女事業和黨務上作相當的貢獻。

照這看來，我們婦女界的幼稚病，誠然不免；那自由平等底目的，怎會一跳便到呢？然而這種病原，以我的眼光觀察起來，多是由於婦女們不知注意報紙的緣故。我曾記得前月杭州記聯會開大會的時候，胡健中同志曾說：「杭州市婦女對於報紙所注意的，多數是在戲院的戲目。」這句話語，我也認爲有點眞確。因爲我的鄰舍，有兩個妯娌，天天看報都是這樣，除了戲目以外，喜歡看的要算「社會新聞」；再次要算小報附刊；但是像這樣肯閱報的婦女，還是極其少數。據許多教育界的人說：女學生和男學生比較起來，女學生留心看報的遠不及男學生；惟覽閱美術文藝等刊物，男生反而不及女生。這可見婦女界不但鮮與報紙發生感情，而且多是未曾得到報紙相當的認識。

自今以後，我深盼婦女同志們，要趕快革除已往拘墟的惡習，要抽些工夫逐日閱讀報紙。不然，無異閉了眼睛，塞了耳朵，要想眞正達到男女平等的地位，恐怕不容易呢？婦女同胞們，努力閱報呀！努力閱報呀！

九　邱不易「閱報運動」

我們實不願意提起閱報運動的四個字，因爲閱報本是國民應有的一件事，無須我們再去運動他的；可是實際上却不是如此，還有一部分人是要運動的。這不能不感歎我國國民求知慾之淺薄，沒有像歐美那樣人視報紙如食色一個樣子的，但是我們想，這一部分人豈眞的是求知慾淺薄嗎？

農人一到天亮，便至田頭去，到日落西山的時候，方才回來，有人問他，你爲何這樣的辛苦呢？他答道：我們不如此，是弄不到飯來吃的，工人們如煤礦工啊，清道夫啊，拉車子的啊，鐵匠啊，木匠泥水匠啊，早晨起來，日中十二時，沒有從容的休息，你問他何不求點精神上的快樂呢，他必答道，我們肉體上的養料，尚且沒有預備，那有工夫去求應用的智識和文藝的適意呢。農工人們如果對我們有這樣的合理的說法，我們將用何種的言詞，可以解答他呢？社會的現象，弄到如此，我們尙要責備他們，說他不振作，不研究，這豈不是責人太重，責己太輕嗎？由此看來，這個閱報運動，想對苦力們無產階級希望他一般的求些精神上的安樂，是不可能的。

如果我們的問題，是在於精神一方面的，這種運動，是很錯了！但我們聲明決不是反對，因爲在這種環境之中，也許閱報運動是非常需要的，不過我們覺得肉體的生活沒有解決，想求精神上的需要和適意，結果是不能得相當完滿的。所以我們主張下列的條件，在最近期中須求其實現：一，督促政治上要負起責任，對於社會任何人生活，須有安定之保障。二，勸導社會須供給農工人們和無產階級精神上之相當的普遍的需要。三，輿論界要提起農工們和無產階級對於求知慾有深切之要求。我們如果能照這個方向走去，我可以斷定閱報運動，對於我國文明程度是有非常發展的。

現在上千萬的人們，都盲目的被野心者擺布作工具，這豈是他們願意嗎？無非是智識夠不上罷了。所以我們代他們解脫這種苦厄，只有叫他們求生活的解決，及精神的需要，如是，閱報運動或許有小小的效果。

十　朱松廬「爲閱報運動告民衆」

『秀才不出門，能知天下事！』這兩句諺語，在從前一般人，也不過口頭說說，無所根據的；到現在確已成了顛仆不破的一個事實了！並更用不着秀才的資格，纔可以知道天下的事，就是農民，工人，以及婦女們，都可以不出大門一步，便靈靈清清的曉得天下的大事，這是多麼爽快開心的一回事啊！

朋友，你要曉得天下的事嗎？要末，快請閱報！

報紙是好比一座播音機，它能將各省各縣以及世界各國的大事，一一記得靈靈清清的給你聽；報紙又好比一架攝影機，它能將各地社會的美醜新奇的趣劇，一一攝得明明白白給你看；並且報紙更比是滑稽大家，它有許多有趣味的東西給你開胃；報紙更好比是為有文雄，它能指導你處世立身的常識。閱報的利益多着呢？一時我也說不盡。

不識字若曰「盲目」，識了字的人而不看報，那麼，他的目光祇多只是一寸二分長的近視眼吧。如果看了報紙，那末放眼一看，近則可以看到本省各市縣的要聞，遠則可以看到世界各國的大事，所以閱了報紙之後，他的目光，真就是「天眼通」，可謂無遠勿屆，無微不至了。

報紙的效用這麼大，那麼，它的價值一定要很貴了。但是，朋友：請記着！你如能每天少吃一包香烟，你拿省下來的錢，便是夠看好幾份報了。朋友：你想想看，上算嗎？那末，快快來定報看吧！我們的口號就是：一，報紙是國家文化的寄託。二，報紙是社會人羣的導師。三，報紙是對外宣傳的利器。四，報紙是提倡實業的先鋒。五，在黨治下的人民都不可不閱報。六，要了解世界大事者不可不閱報。七，要明白政治狀況者不可不閱報。八，要知道社會情形者不可不閱報。九，要實行總理民權主義應先提高公民常識。十，要實行普及教育應先喚起平民閱報。

十一　金寒英「告報界諸君子」

在這社會逐漸進化，民智逐漸開通的時候，民衆的知識慾，當然日益亢進，對於報紙之需要，當然日益熱烈，因此我有幾句極要緊而又極普通的話，貢獻給報界諸君子。

報紙是站在民衆的前面，領導民衆的，並不是追隨民衆的後面，附和民衆的。希望諸君子站在現在民衆程度的前一級上，製造新思想，灌輸新智識，以領導民衆走向新的光明之路；切不可站在現在民衆程度的一級上，甚而至於後一級，一味的迎合社會心理，敷衍着，附和着，反而把民衆退向黑暗之門。要曉得民衆的程度，是不進則退的，報紙既然負領導民衆的使命，就有爲民衆做知識先鋒的天職。

講到領導民衆的話，還要希望諸君領導的時候，一方面要估量民衆程度進步的速率，總要使他們亦步亦趨，不可相差得太遠。譬如說：知識的途徑，共是十里，而民衆們程度還只在五里上，那末領導者只宜在六里上實施領導的職務，庶幾使他們看得見跟得上。倘然在七八里或者九十里之間，那就使後面跟着的人，看不見了，跟不上了，結果反而使在五里上的民衆，歧途徬徨，莫知適從，甚而至於連五里以內的路徑都忘記了。

再講到領導民衆，還要在一路之上，想出些新穎的方法來，引起他們的注意，總要使他們興趣盎然，而絕不感覺路上的枯燥寂寞，使他們來附從我，隨從我；尤其要正躬飭已，使他們信仰我，服從我。不然，他們不願意請你做領導者，試問你從那裏去着手領導呢？

第九節　寧波之民衆閱報運動

自杭州記聯會及各報社組織民衆閱報運動委員會後，即呈請省黨部宣傳部通令各縣黨部一律舉行民衆閱報運動，原定舉行運動日期爲九月二十六日，鄞縣縣黨部宣傳部奉令之後，即通知寧波新聞記者聯合會準期舉行，而杭州反因籌備不及，展期一來復之久。雖然寧波舉行這個運動之際，儀式典禮，不逮杭州壯盛，但能于最短期間，剋期實現，亦云難矣！茲除當時在寧波市各地口頭宣講者不贅，特將該市民國，時事，四明，各報民衆閱報運動特刊之文字，及鄞縣黨部宣傳部告民衆書，擇尤錄誌如下：

一　鄞縣黨部執行委員會宣傳部爲宣傳閱報運動告民衆

報紙是社會的留聲機，同時，也有啓發民衆，領導民衆的責任，所以新聞事業的發達與否，關係於一個國家之文野很大。

在一般思想頑固，不知世界潮流的人，自然是只知有己，不知有人，只知有中國，不知有世界，所以結果弄到閉門造車，徒勞無功。在我們中國社會類於這等情形的人，實在是多的了不得，因此形成了這個黑暗的社會，積弱的國家。

在西歐各國的人民，視報紙至爲重要，簡直和衣食住一樣，就是一般苦力的勞動者，也是閱讀紙報認爲每日需要品之一，所以世界大勢怎樣，國際間重要情形怎樣，都瞭如指掌，至於自己國內的情況，社會的大概，當然不用說是明白得很。回顧我們國內，說來眞覺慚愧！在通都大邑，閱報的人，比較的來得普遍點外，交通滯遲的地方，偶然見到了一張報紙，不知道是什麼東西。有許多的地方，稱普通一般的報紙都叫做申報，然是證明中國社會新聞事業不發達，民衆對於閱報觀念冷淡得零之又零，降到冰度以下的象徵。我們覺得報紙關係於國家社會前途至重且大，民衆必須要來深刻的注意到其需要性與重大性，使得人人都視同衣食住一樣的重要。那麼，對於列強壓迫我們的種種苦況，社會糟得如此的地步，國家被人侵佔得不成樣兒的支離破碎，自然都會明瞭，由明瞭而引起注意，由注意而生復仇雪恥之念，則中國或許有轉危為安的希望，社會或許有清明之一日。

照現在的情形看來，民衆實在是太昏迷了，強鄰的欺侮雖有加無已，社會之黑暗雖並未改進，又是大多數的民衆，還是天高皇帝遠的過其糊塗生活而不知感覺，其中原因雖不一端，但不去閱讀報紙也是其中重要原因之一，這是無可諱言的。惟其如此，所以我們要來大聲疾呼的吶喊，喊醒了一般平時對於國事不問不聞的民衆，引起其注意，使得對於閱報觀念日進於濃厚，日增其興趣。

民衆們！世界新潮已是奔騰澎湃的流入，赤白帝國主義者又是如此的壓迫，我們再不能閉戶而不問外事，再不能戴了近視鏡而瞧不見其他。對於啓發我們智識告訴我們新鮮消息，指示我們努力途徑的報紙，應當由注意而起興味，由一己而推及一家，由少數而宣傳到多數。那麼，豈特個人之智識學力得以長進，卽其社會國家前途也有深遠的關係啊，幸各注意之，使閱報成爲一種普遍之事業而發生其興趣力量。附宣傳標語：一、閱報是明瞭國內外時事的必要工具！二、閱報是增進新知識的必要工具！三、民衆閱報運動是喚起民衆注意國事的利器！四、民衆閱報運動是掃除不知國事的聾瞽的好方法！五、民衆閱報運動是實現三民主義的先聲！六、全市縣民衆一致起來參加民衆閱報運動！

二　寧波民國日報社論

在我們中國社會裏受染了封建思想的遺毒很深的一般老朽昏庸的人，以及『各人自掃門前雪，休管他人瓦上霜』自命爲潔身自好者（？），還有其餘富有資產而不自愛的老爺，太太、少爺，小姐，平時只求一己的舒適，一家的歡樂，什麼國際情形怎樣？黨國狀況怎樣？社會情形怎樣？簡直是和他們絲毫不關痛癢，猶如風馬牛之不相及一般。現在聽到了我們來提倡民衆閱報運動，非特是要嗤之以鼻，反要暗笑我們這般人爲什麼爲吃得空閑得這樣沒有事做哩。

本來閱報是民衆自身的事情，用不到第三者來提倡，等到要人來提倡，已經是足見其事之落人後，在外國，無論街頭巷尾，窮鄉僻壤，老幼男女，對於報紙是視爲必需品之一；同時，流通報紙的方法，閱讀報紙的場所，當然是便捷得很，隨處都有設備，且是極重要而兼極普通的事情。新聞事業落後到不能望人項背的中國，發達固不必說起，鄉間普通人家終年定閱報紙的，簡直是鳳毛麟角，即有幾處鄉村小學校裏都找不到一份的新聞紙，那其餘自可推想而知了。新聞事業幼稚到這等田地，民衆閱報觀念冷淡（甚至可說不明瞭）到如此地步，那眞無怪乎迷信觀念積染至深，黨務國事，莫明其妙。

結果：造成了現在黑暗麻痺的社會，支離殘破的國家，民族滅亡的末日到臨而尚不知警覺，這是何等的痛心和慚愧啊！外國人說中國人只知有家，不知有國，只知愛家不知愛國，從民衆對於報紙一端的漠視心理上視來，未始沒有其相當的理由。

至於報紙對於社會國家關係的重要，人民智識上學歷上的增進，固然是有其極大效力，用不到我們再來申說。現在我們之所以要來積極的宣傳，引起民衆之注意，也無非是爲的其關係於我們的重要。希望民衆瞭解這種種，使我們這回的提倡民衆閱報運動，得到其相當的收穫。

民衆對於閱報觀念之冷淡到如此，雖則教育之不普及爲其主要原因，經濟也有其一部份的關係，但沒有上列二點的困難的人，而其對於閱報的興趣仍是沒有，也是多得數說不盡，關於這種的人，我們自然也希望其回心轉意，一同來注意到閱報之重要，來增進閱報之興趣！

交通不甚便利，民智不甚發達，教育至不普及的鄉僻地方，我們尤其要想出種種的方法來喚醒一般民衆之注意閱報之必要性，然後關於黨國一切的設施，民衆對於黨國應負的責任，中國現在四周環境之險惡，列強帝國主義壓迫我們的利害，自然會漸漸的知道起來，由知道而注意，由注意而生復仇雪恥之念，則影響於國家民族，獨立自由平等豈非至重且大啊。

所以我們認定閱報運動在現在的時候，有提倡的必要。希望全國的民衆，於接受我們的苦心之餘，同時來認識閱報運動決不是一種無意識的事情啊！

三　許濟品「民衆閱報運動與訓政」

空前未有的民衆閱報運動，忽然在我浙江全省首先舉行了。這個運動，很有注意的價值。尤其是在訓政時期，更爲策進政治的長鞭。

慨自吾國幾次亡於外族以來，雖不久仍爲我國所同化，然而中華民族因受外來民族之蹂躪，對於政治事業之淡漠，達於零度，百年以來，歐美人民，風起雲湧，在那裏高談民權革命，而吾國則直至現在，大半國民，還是在那裏做羲皇以上的人，堅守着「不在其位，不謀其政」的古訓，因此民國肇造，雖已經過十八年的歷史，而民政基礎還是薄弱得很。　孫中山先生有鑒於此，故極力主張在革命的途程上分開三個時期，就是三個階段：㈠軍政時期㈡訓政時期㈢憲政時期。在　孫中山先生的意思，以爲軍政時期是革命事業的開路，憲政時期是革命事業的成功，訓政時期站在中間，便是革命事業成敗的關鍵。因爲我國人民久處於昏沉黑暗的專制政府之下，一旦驟入於光明世界之中，免不了驚惶失措，迷茫昏霧，如果付以民權，使之自治，他們必會放棄民權，或者被少數人所利用，造成少數人專制政治，這便是革命走入歧路。所以訓政時期的意義，只在訓練一般人民，使他們提高政治知識，能夠實行四種民權，然後民治基礎乃得確立，政治乃能走入軌道，這是國民黨在訓政時期所要達到的目的。

訓政時期的意義和目的既如上述，則如何才能達到這個目的，這當然是值得仔細討論的問題了。關於這個問題，雖然非常複雜，但我以爲民衆閱報運動，確是其中一項重要的工作，因爲要實現民權主義，必要具備兩個條件：㊀喚起民衆的政治興趣㊁提高民衆的政治知識。而民衆閱報運動，又爲以上兩種條件的條件，那些不識字的百分之八十之中華國民，固不必論，那些雖然識字而住在窮鄉僻壤或無力購閱報紙的亦姑置勿論；至於那些受過教育的少數人，也把報紙看作糞溺時所用的草紙，全不注意，這確是一件至足痛心的事－這樣的中華民國國民，怎麼能夠發生政治興趣呢？政治興趣都沒有，又怎麼能夠提高政治知識呢？

語云：「涉足成趣」，人類的心理，確是如此，尤其是對於研究一種問題，或研究一種學問，只能夠習以爲常，必定能夠融會貫通，盎然生趣。論語開口第一句，便說：「學而時習之，不亦樂乎？」，照我個人閱報的經驗來說：報紙的確是政治興趣的販賣所，也是人類最高尚最甜蜜的伴侶。一個人假使能夠常常看報，保你會對於政治發生興趣，既然發生了政治興趣，自然會提高政治知識了；再逼緊一句，民治基礎自然確立，民權主義也自然實現了。所以我認爲民衆閱報運動和訓政時期的政治建設，確有密切的關係。

末了，在實行這個民衆閱報運動的當兒，我還有一個建議，不妨寫出來供大家討論

改良報紙的材料　兄弟平日常引以爲痛心的一件事，說起來也會犯衆怒，就是各家報紙的副刊和附張，滿幅都是些花花絮絮的作品，實在覺得無關實際，在報館無非是投

合普通心理，而一般看報的朋友，竟至拿起報來便要先看那些花花絮絮的文章，對於國家大事，重要新聞，反而擱置不看，這實在是普通心理的墮落，報館也不能卸其誘惑之罪。我希望以後能夠把這一點流弊改過來，這是我的一個小小建議。

此外如㈠推廣公共閱報所。㈡優待定戶辦法。㈢培養新聞專門人才。㈣提倡識字運動……雖和民衆閱報運動有密切關係，但只是應有的聯想，故略而不論。

四　孤鴻「我們應該知道報紙和社會的重要關係！」

慘淡黑暗的社會裏，世事的興替改變，都是在不注意中向前進行。在這種時候的社會中，我們的生活史上，除了衣食住三者以外，什麼事情都好像沒有關係，把那世事的興替，社會的險惡，一切的一切都把牠輕輕地放過去，那時候的我們，也是糊裏糊塗，什麼張家長李家短，祇要與我沒關係，就不去觀察牠的內幕，這就是沒有報紙的替社會寫眞的緣故啊。

說到我們寧波創辦報紙，差不多已有二十餘年的歷史了。然在這二十餘年當中，一切民衆也沒有對於報紙發生過關係，這實在是太可惜了。新聞事業的人們，負着替社會寫眞的使命，去採訪新聞，再來編輯，然後再去印刷發行，其中的千頭百緒，忙得深夜不眠，然究竟是和什麼人關係最重？這都是爲了一般讀者的關係，把社會上的事實，一切的一切，把牠眞實的告訴出來、要使得一般人們，來曉得社會的內幕，究是怎樣的，中國人的一切事情，都是處處人落後的。單就閱讀報紙一項而言，也是比歐美日本來得少，不及他們的發達。試看，日本的文化，最後起的，他們現在就勝過中國了，這是他們的教育普遍，一般貧民來教他識字，所以連拉黃包車的車夫，都拿着報紙，能夠讀，能夠曉得社會的內幕，世界的大勢，這也是製成牠們強盛的徵象之一端呀！現在既在處處落伍的時候中，那麼應當什麼事情都積極的來努力，尤其是對於報紙應該積極來宣傳和擴充，務使一般讀者，都能與報紙發生深刻的關係，視報紙爲每日必需品之一，把國際的情形，社會的狀況，都瞭如指掌，這豈非美事？不過現在的中國社會，不識字的人實在太多了，這不識字的太多，大半是一般貧民，沒有能力可以讀書，那末不讀書，當然與報紙沒有緣。還有許多的大人先生們，也是和報紙無絲毫的關係，祗曉得一日三餐，吞雲吐霧，納妾，打牌，花天酒地，祗知本身的逍遙快樂，那裏去拿張報紙來看一看現在的潮流是怎樣？對於報紙與社會有深切關係的一層，簡直是莫明其妙，這實在太辜負了一般提倡新聞事業的人們哩！幹新聞事業的人們，深夜不眠的來替社會寫眞，來鼓吹人們的迷夢，務使迷夢中的人們覺悟，冀告訴他現在的社會怎樣？時局如何？希望大家都從迷夢中醒來走向革命的青白道上，不致誤入歧路，不致落伍在歐美日本之後，這是我們辦理新聞事業者的應有的責任啊！

現在我們來舉行閱報運動，也是爲了一般人們對於報紙的眞義，價值，實在是太不明白了，所以舉行空前未有之閱報運動，使一般大人先生們終日在花天酒地的迷夢中醒覺轉來，都要與報紙有深切關係，國事大局，能夠深切的曉得內幕。從此，如果能個個人與報紙有關係，那麼，中國社會的情形，或許比現狀會進步了許多。

現在希望不喜看報紙的一般朋友們，從今後要看報紙，更希望一般資本家多設幾個貧民學校，使一般無力求學的青年，個個免費求學，那末中國的看報紙的人增加，對於報紙的發行，同時也可以增加，新聞事業也可以發達。

歐美日本各國，他們都笑「中國人沒出息」的，這句話他們含有深切的意義，也是應爲中國人太不喜歡看報紙了，不喜歡看報紙，那末時世大局當然是漠之不聞不問，以致於受外邦的凌侮，也是昏迷不覺。朋友們！我們應當從迷夢中醒來，大家都來看報紙！我們更要放大了喉嚨叫喊起來：從迷夢中的朋友們，覺悟起來！報紙是爲你們——讀者——所發行，替你們來曉得社會內幕，赤裸裸的寫出社會的秘密，貢獻到讀者的眼簾的啊！

五　陳布新「民衆報運動的我見」

新聞事業到了現在，較之二十年前，確是要進步得許多了，每天所出新聞紙，據調查所得，也已不在少數，不過比較那歐美各國，實在望塵莫及，要自慚形穢了。他們所以不發達的原因，一方面固然是民衆教育不普遍；一方面却也是新聞紙不能引起人們興趣和認識。因此稍有些知識的人，並不重視新聞紙，知識低的人，更加不必說了。

在這二個原因之外，最大的障礙，就是中國人太好壟斷性，即是新聞紙一類，也必定要歸定了幾個人—就是所謂派報人—來担任分報的工作，對於其他的人，不但不能插足其間，簡直不能自己訂了幾份報來販賣，有了這個緣故，新聞紙的銷路，都被少數人壟斷閉塞了。我們一看到歐美各國，這種販報童子滿坑滿谷，那一處市鎮鄉村沒有這種聲報聲音，是不是要起了一種感想呢？

現在省宣傳部已通令各縣舉行民衆閱報運動了，在這一次運動之後，是不是民衆便能個個人手一紙。那是尚在不可必之數，或許也可說是不見得十分成效。我們除了這個方法，還是新聞紙上竭力提倡白話文字，推銷方面，增加販賣人數，廉價售賣與一般販賣童子，使他們有了生活的維持，那時候自然他們認爲一種正當的營生，從此逐漸推廣，看報的人，也就會增加起來，既然養成了一種民衆閱報之興趣，民衆心理，自然不期然而能重視這新聞紙了。

六　爲一蹟「我們自己的責任」

閱報運動是寧波破天荒的創舉，寧波雖也還和別的都是一樣，有過種種的時髦照例的運動，如平民教育運動，衛生運動等等；但確不曾有過民衆閱報運動。因爲是創舉，所以我們才始感到牠的重要的意義，但是同時，我們的心裏，也不禁要發生一個，乎不應該發的問題，那就是，爲什麼我們要有閱報運動？我覺得這個問題，實有先行答覆的必要。

爲什麼要有閱報運動　自然是爲的看報的人太少。但爲什麼看報的人少到這樣地步？我們不是也有了五六十年的報紙的歷史的麼？爲什麼看報的人，和五十年以前相比，遠比我們理想的數目差得多？很容易的答案，是識字的人太少。但我們若將識字的人和閱報的人比例起來，這個百分率，怕又會使我們汗顏！倘有許多有力量看報的人，譬如商店經理和夥計，機關職員，甚至知智階級，但他們卻寧願把工夫犧牲到打朴克叉麻雀上遊戲場逛娛樂場去，這又是爲了什麼緣故？

或者說，要看報的人多起來，先要提倡教育，這自然是一個根本的辦法；但我們身居報界的人，却不能以這樣的答案自滿。提倡教育，自有專職的人員來負責，我們也應該有我們的應負的責任，我們要回答這個問題，或是要解決這個問題，還是應該先將自己的地位和責任考量一下。

一般人所以不歡喜閱報，其最簡單的原因，自然是因爲對報紙沒有信仰。然而爲什麼報紙不能引起他們的信仰呢？這問題的歸結，自然是在紙報的自身。

我們爲什麼要報紙，是因爲民知不開。說得明白些：是因爲一般人不知道看報，我們才辦報；是因爲一般人不喜歡看報，我們才辦報；是因爲一般人不信仰報，我們才辦報。我們辦報的目的，便是在於使不知道看報的知道看報，使不歡喜看報的人，喜歡看報，使不信仰報的人信仰報。我們的辦報，是一種奮鬥事業，不是一種營利事業。我們如其因爲有看報的人，才去辦報，或是因爲看報的人多了，才去辦報，那正與普通的商業上，專以投機圖利爲目的者何異。所以，看報的人多寡與否，本不是辦報的人所應該關心的事。我們只應切記我們的責任，是在改造羣衆指導羣衆者，換言之：便是要走在羣衆的前面，而不應該走在羣衆的後面。然而現在我們的報紙，卻正是羣衆的應聲蟲，並不是羣衆的力足以壓迫報紙，乃是報紙自甘屈伏。除了那些下流的小報專心不道德的記載迎合社會低級心理之外，即那些正氣的報紙，對於羣衆，也總是俯首帖耳趨奉恐後。羣衆喜歡殺人，報紙就多登鎗斃斬首的新聞而且加以描寫，羣衆喜歡觀古文，報紙就供給他以桐城陽湖的文章，報紙沒有自己的立場，到了這個地步，還如何能引得起羣衆的信仰？

我們要增加我們的注顧於一件事，就是實行指導羣衆的責任，走到羣衆的前面去，不要躲在「迎合潮流」的盾牌的後面。

忽促地寫了這幾句話，我的意思，或者還不能為讀者所十分明了，有暇再談。

七、章「閱報」之重要」

二十幾年以前，一個朋友從日本畢業回來，他對我說：「日本的傭婦，沒有一個不看報紙」，這句話我以前不很相信，因為日本的傭婦，所入微薄，日本的報紙，價雖不高，可也與我國相差不遠，而且做傭婦的怎有閒功夫去看報呢？後來我在上海作下，生活到很困難的時候，連寄信的銅子都沒有，只有買報紙的錢，終是百計圖維去打算的，因為別的事情還可省，只有這閱報一件事，現在已經成了癮，一天不看，就一天不快活。我於是知道閱報是一種習慣，譬如向來不看報的人，他對於報紙十分冷淡，就使在他跟前的報紙，他也不願意去瞧一瞧，因此我就相信日本傭婦之所以要看報，也是成了一種習慣，他們這種習慣，差不多在小學校裏已經養成了。

回轉來看看我們中國人，傭婦不要說了，很大的店舖，往往不肯定一份報紙，做經理的，他眼光如豆，除了進貨出貨，罵夥計，捧老板以外，空的功夫，或者打打麻雀逛逛後市，報紙是絕對不要看的。三年前有一件笑話，我在戲館子裏碰到一個多年未見的親戚，不覺和他談了起來，由家務談到地方，由地方談到時局，他很詫異的說道：嚇！袁世凱已經死了嗎？我聽了這句話，幾乎要笑出來，但是不便笑，竭力忍住，他還以為這是尋常的談話，可是這些議論，如其給外國人聽見了，就要在報紙上宣布出來，說中國人真睡在鼓裏。中國人之所以不喜歡看報，並不完全關係於識字的人太少，其實識字的人多數不喜歡看報，這有兩種原因：其一，是沒有同情心，『各人自掃門前雪，不管人家瓦上霜』，這是成了國人的通病了，所以做農工商的，除了本分以外，沒有別的事情，可以引起他的興味。其二，無人提倡，有的人雖然喜歡看報，但因爲所入微薄，不能購買，舖中之小夥計，概是小學校出身的，本來多喜歡看看報，因爲店舖中沒有報紙，他自己又買不起，那末只好不看。這大概就是報紙不普及之兩大原因。

現在我們可以這樣說：看報紙是會成習慣的，成習慣以後，便天天都要看報，雖然在現代經濟問題沒有解決，要受些影響，但是竭力宣傳起來，店舖公司中，大概不會再有吝惜報費的事情了，大舖子和公司既然都有一份以上之報，那末小夥計自然可以讀了，所以我希望閱報運動的人，應該竭一百二十分的力去宣傳。

八　阿青「閱報運動之利益」

國勢之發展，皆以閱報人之多少爲標準，歐美強盛之國，報紙之發達，最可驚人。聞隣邦日本之朝日報，每日之銷路，不下二百萬份左右，至於倫敦紐約巴黎柏林各大報之銷行，較諸日本，尤多數倍，其閱報人數之多，於此可見。最近蘇俄大革命後，雖百物蕭條，而報紙有增無已，平均計算，每三人即有報紙一份，方諸吾寧波市約人口四十餘萬，閱報不及十分之一，至於其他鄉僻外縣，往往一縣之內，報紙僅有數分，一村之中，並無一張報紙，中國國勢之不張，於此可證矣。

現在省黨部通令各縣黨部，舉行閱報運動，殆亦鑒於國勢不張之原故。蓋閱報之利益，有下列之數端：第一，增進民衆之智識，世界大通之後，我國與列強，並立於地球之上，凡我民族，必須熟識外國情形，奮勇前進，始克免淘汰於天演之界。兵法云：「知已知彼，百戰百勝」，使彼能知我，我不知彼，中外交綏，又何往而不敗？輸入外國之情實，首在報章，故吾人欲增進智識，必先閱報者一也。第二，補助社會之教育，中國識字運動，雖迭經提倡，而收效甚寡，是由社會教育不能普及之故，報章文字，宜于淺近易明，便於傳讀，對於時事之紀載，智識之介紹，較諸死讀古書者，收效尤速，故一家之內，一肆之中，須購報數分，使其子弟夥友傳讀，其有文義未明者，果能互相解說，無異一個社會傳習所，故欲提倡社會教育，莫先於閱報，此其二也。第三，認識革命之主義，革命以來，破壞的工作，雖已完成，建設的工作，尚在開始，希望革命工作全部成功，必須多數民衆認識三民主義，始能照總理建國的計劃，步步施行，以達到完成的地步，現在各輿論機關，均在黨部領導之下，新聞記者，又多數沐受黨的薰陶，所有報記紙載，莫不本三民主義的精神，以盡宣傳的職責，其效力所及，比諸他種宣傳，尤爲普及，故欲認識黨義，亦須閱報，此其三也。第四，提倡國人之道德，自從蘇俄革命之後，赤化東流，吾國之舊道德，全爲衝破，人心之險詐，風俗之敗壞，較諸從前尤甚，欲救此弊，全仗三民主義民族篇中所載之中國固有之道德。挽狂瀾於既倒，爲人道之保障，一方固須破除封建思想，打倒迷信思想，一方仍要糾正風俗，改造人心，口誅筆伐，使之祛僞剔非，歸於淳厚善良。

實現上述諸端，問報運動尤爲切要。此外更希望新聞記者之本身，先要尊重本身之道德，不爲威逼，不爲利誘，勿以是爲非，勿以黑爲白，就其所聞所知，遵踐三民主義之正軌，以供獻於民衆。一方在政府之方面，須重視輿論之地位，提高新聞記者之待遇，俾使有聞必錄，罔有忌諱，以發其傳達民意，糾正社會之天職，如此則報章得盡其所聞，民衆亦隨而興起，庶不負今日省黨部通令舉行閱報運動之美意也。

九 何揆一「邊橡小綴」

在這裏，我們可以說：報紙是民衆的留聲機，而且也是民衆的武器。它是負責指導潮流，反抗惡勢力的責任的。它與民衆，有怎樣的密切關係？

假使是一份有價值的報紙，它無有不是站在民衆的立場上而替民衆說話的。它替民衆呼出了悲憤抑怨，它也能指導民衆以一個時代應趨的道途，在舉世惶惑問題雜生的時候，它或者也能獨標一幟而立一個適當的見解，以作羣衆同趨的目標。這在過去的中國國民黨辦過的各種黨報上，便可以找到相當的證據。

然而，事情却也並完全不如此，報界上儘有卑汚，下流，思想落伍，阻礙進化的報紙，當他們登載一件男女間的——小小糾紛的時候，他們會鋪張得比開民衆大會還要重大，當他們寫一件相姦或強姦案的時候，或者儘有如在場目睹的一般；此外，宣傳迷信，妄造謠言，又似乎是他們的慣技，如上海的小報之流的風起雲湧，難道也是我們民衆所需要的麼？

可是，話就不能這樣講，這歸根，還應埋怨我們民衆的淺薄，一般的民衆尤其是有閑階級的民衆，他所需要的却正是這些報紙，比如在這個時候，他們或者會放棄了中俄問題的消息而不看，却不會把某人的艷史等流的記載輕易放過，在他們，無疑的，是以報紙作無聊的消息，而沒有誠意去領受它重大意義的意識，只覺在茶餘酒後，偶一把玩，興趣盎然而已。

在這樣的情形之下，報紙便深深地掩沒了它原有的力量與價值，一般人又加以曲意的迎合社會人士之所好，於是，中國的新聞界、只有落伍與死寂，在幾千百份報紙之中，其實找不出有朝氣流動鼓舞着人們前進的新聞紙；至於推動世界潮流，使一地一國的政治社會的情形受它的影響而更改，那自然更其是不會有的事了。

所以，我以爲，民衆非但應該讀報，而且還應該以虔誠的衷心，去接受那報紙上的重大意義的言論；非但應該流覽本地的風光，還應該張開月光射到鄉土以外一切地方上去。尤其要緊的，却是要有審別報紙內容的能力。同時，新聞界也應負起肅清「言論蕪雜，思想守舊，阻止進化，口腔下流」的報紙，以取得民衆的信仰。

我們知道，新聞紙是督促着人類進化的前導者，是供給我們智識的源泉，是鼓舞着我們生活的燃料，我們應虔誠的去和他親近，而且，也應該以相當的能力有所擁護與貢獻。

我們爲求自己的智識領域有新穎的發展而至於邁進，我們應該讀報！

我們爲要明瞭社會的演進與改革，我們應該讀報！

我們爲要求做一個現代的人，而知道些地球上的迅速的變動，我們更應該讀報！

十　袁德潤「普及民衆閱報之切要」

我們爲甚麼有這個民衆閱報運動呢？可以宅不思索地說：我們市民閱報的人數太少了，所以有這切要的運動。現在本市裏的三家報館，各報每日的銷數，大都在二千份左右，除了行銷各埠外，本市裏的銷數，據我個人調查所得的祇有三千份左右，我們這樣號稱五口通商的甯波閱報的人數，只是這樣，豈不是很可驚奇的一回事麼？在不識字的民衆却要原諒他是不識字的，在識字的民衆，居然也不看報，這不免太說不過去了。報紙的記載：如黨務，國際，政治，社會，商業，教育：：等等的新聞，辦理新聞事業的是負監察，指導，改良的責任：又一方面是傳達官廳的命令，兼要替民衆說話，所以民衆與新聞紙有密切的關係。民衆既然生存在社會，不能對於國際，以及社會一切，置若罔聞，不然，他就失了自己的人權，簡直是個無知無覺的泥塑木雕偶像一樣。現在我把曾留學日本的劉棨敬先生和我說的話引下來，他說：「日本的新聞事業發達如何，我且不去瞧他，單就在馬路上拉人力車的車夫，他們每個人身邊都藏有報紙，在暇的時候，就拿出張開來細細地瞧。這種在馬路上很可以看得到的。」請問我們市區裏可曾發現車夫手拿了報紙細細地瞧的人，爲什麼我們市區沒有這種良好的現狀呢？一半是教育沒有普及，一半是識字的民衆未明瞭看新聞紙的利益，所以有這樣的不良現象。現在鄞縣執委會來領導我們舉行這個「民衆閱報運動」，要使民衆個個明瞭新聞紙的需要，使民衆個個有閱報的需要。

究竟閱報有甚麼好處呢？本來不用我多說的，現在就是俚俗的一句話：「秀才不出門，能知天下事。」試想他從那裏知道的，在那個時期不過是幾本書罷了，現在文化進步了，新聞紙發達了，譬如這次，暴俄向我國內蒙，滿洲里，綏芬等地方，用大砲攻擊我們啊，擲炸彈啊，埋了猛烈的地雷啊，時常用飛機來窺探我們啊，種種的蹂躪，不一而足。我們在甯波市，既聽不到大砲，炸彈，地雷的聲音，而又瞧不到在天空飛翔的敵機，怎麼知道困難呢？這就是新聞紙傳達供給我們的，那不是閱報的要緊嗎？總之，教育界閱報有教育上的利益，商業界閱報有商業上的益處，我們現當脫離了學生時代，除了工作謀食之外，別的和書本見面的時間很少，只有報紙可以得到新的見聞，新的智識，一方面又可借以消遣。所以我們舉行這個運動，希望民衆個個閱報，並且希望大家來努力提倡民衆閱報，使我們甯波民衆，推而廣之以及全中國民衆，凡是從前不閱報的，也統統閱起報來，這豈不是國民革命真正的成功呢？

十一　爲一鄞「閱報運動特刊」書後

閱報運動的目的，是閱報者的增加。那末，第一個先决條件自然是使一般羣衆都有閱報的能力，但是這是關於教育問題的事，另有負責者在。就我們新聞記者地位而言，我們自更有我們應負的責任，我們的責任，不在於使羣衆有閱報的能力，而在於使有閱報的能力的人，都喜歡閱報。

無論如何，識字的人，總應該比起五六十年以前，已經大有增加，何以報紙銷路，還是如此的狹隘？上海的報紙的銷路，名爲全國之冠，而其數目，每日不過十三四萬份，以之和歐美報紙相比，眞是相去何曾霄壤？這原因，不能諉之於羣衆沒有閱報的能力，譬如本埠報紙，最大的銷數，不過三千，而本市的識字有閱報的能力者，決不止此數，至少當再加十倍或是二十倍，這十倍和二十倍的人爲什麼都不喜歡閱報？我們倘沒有深切的反省，我們便決不能得到這個運動的成績。

我們的目的，又決不僅至於引起羣衆對於報紙的喜歡便止；還要進一步而引起他們對於報紙的信仰。信仰與喜歡決不是同一的東西，其間有着很大的差別，也決沒有什麼因果的關係，喜歡未必能一定生出信仰來，但信仰却是喜歡的最高的表現，喜歡不必一定即是信仰者，但信仰者同時都一定是個喜歡者。低級的羣衆喜歡低級的娛樂，譬如寧波人喜歡看四明文戲，蘇州人喜歡聽攤簧，或如一般中國人喜歡看殺頭，看春宮，這決不能說是他們的信仰，只不過是一種喜歡而已。可憐現在的報紙在一般羣衆的眼福中，已成爲和四明文戲灘簧以及殺頭一流的東西，所以除了不閱報的不算，閱報的也不能就是報紙的眞正的雇主。在這樣的情形之下，即便閱報者的數目，忽然大大的增加，也決不能說是報紙地位和價值的提高的證據。因此，若嚴格的說起來，中國的報紙，簡直是沒有一個雇主。

我們的閱報運動的目的，一方在於增加閱報者的數目，一方在於提高報紙的價值和地位，而這二者須平行地進展，才是報紙的眞正的進步。我們若單求銷路的發展，閱報者的增加，而置報紙的價值和地位於不顧，我覺得這決不是什麼難事。張競生的性史，不是最風行一時的麼？而杏花天肉蒲團等書，直到現在，還有人秘密售賣，我們只要把報紙變做了性史或是杏花天肉蒲團，甚或登載春宮或是行樂圖之類的東西，我可以擔保，銷路一定立時會有驚人的發展，只要識字的人，一天多一天，銷路也會一天一天的同比例的增加，這可算是報紙的眞正的進步麼？不能不說這是一個疑問罷。

我們爲要同時提高報紙的價值和地位，所以，我們所要求於羣衆的，應該是信仰而不喜歡，喜歡是一時的淺薄的，信仰是永久的，深固的，報紙的基礎必須放在羣衆的信仰之上，才始穩固。

如何才能引起羣衆的信仰？我以爲只要能實行領導羣衆的責任。但現在中國的報紙，實際上已是被領導於羣衆，而不能領導羣衆，跟在羣衆的後面，關係羣衆的歡迎，逢迎着羣衆的意旨，希望在羣衆的憐憫和玩弄之下，苟延生命。這樣的報紙，本來自身早已消失了生命，不論是有劇主與無劇主。

報紙是一種革命的事業，必須有奮鬭的精神，也並和其他革命事業一樣，萬萬不能和反動勢力妥協，一妥協便只有死亡。現在我國的報紙，顯然已失了這種精神，到處對着反動勢力讓步妥協，而且甚至助紂爲虐，善其名曰迎合潮流。不知這四個字正是報紙的死敵，革命的報紙，决不能迎合潮流，牠惟有站在新潮流的前面，和舊潮流奮鬥，才能生存，迎合潮流，終只有爲潮流所冲擊所吞沒而已。

要使羣衆信仰我們，我們必須先自己信仰自己的宗旨和事業。

第十節　寧波記聯會之組織

寧波之新聞事業，肇始於滿清咸豐之季，實爲全浙省新聞事業之策源地，其表現之成績，差與杭屬抗衡，記者之團體組織，亦較杭爲早。當民國十六年三月時，甯波民國日報記者倪瘋人李花白等，即有寧波新聞記者協會之發起，當時倪李及時事公報記者姜伯喈，金臻庠，張虬公等，並當選爲執委，但旋因清黨事起，甯波民國日報改組，此會遂無形消滅。及十八年夏間，該地民國日報時事公報四明日報記者姜伯喈，烏一蝶，張謨遠，何揆一，鄭留隱，周伋夫，張虬公，張葆青等，始繼起籌備組織甯波新聞記者聯合會，開大規模之游藝會，以游藝券資之收入，作爲本會創辦諸種之用，會之組織，亦略仿杭州記聯會，有執行委員會之設立，當選定張謨遠，何揆一，姜伯喈，烏一蝶，鄭留隱等爲執行委員。茲錄該會成立宣言及各種章則議案如下。

「宣言」一紙新聞，可抵十萬毛瑟鎗，這是幾十年前的舊話。然而其表現輿論之力量，實爲不刊之名論。不過所謂力量者，不單是正的方面有之，負的方面也是如此。我們張開眼來，若一看過去，今日以前之輿論是怎樣？其影響於社會者又是怎樣？歷史很明白的來教訓我們，我國之有報紙，差不多六七十年了，在前清時代，不論日刊月刊，大都是富國強兵派之言論，於是鬧教案，殺外人，釀成庚子拳匪之亂，辛亥以後，報紙漸多，派別亦起，輿論界之面目一變。約略計之，可分為下列數派：（一），商業派，此派可以新申兩報為代表　無一定之主張，甲來捧乙，言論則模稜兩可，新聞則平穩無疵，但求銷數之日增，告白之日多，此外無所討論，這一派範圍最廣，約佔輿論界之大半，然而我們中國人之愛好平和，唯諾成風，一無反抗性者，實強半受這一派報紙之影響。（二），傀儡派這一派就表面看來，似乎有些主張了，但是他之所謂主張，乃個人主張，而非團體之主張；營私之主張，而非公正之主張。軍閥政客　要培植他自己的勢力，不惜以巨萬之金錢，收買輿論，於是此所謂輿論者，即不得不以軍閥政客之意思為意思，以軍閥政客之耳目為耳目，而輿論之本身，一無意思耳目之可言，所以謂之傀儡派。（三），教會派，這種報紙佔最少數，他是借輿論的力量，來宣傳他們的教義，其影響所及，養成國人的封建思想，增加社會的迷信積習。（四），風頭派，大學畢業或回國留學生，以沒有位置之故，要想在社會佔一些勢力，於是不得不捨棄他科學之生活，來做他新聞事業，其目的在於出個人之風頭，故言論無一致之主張，新聞無確實之消息，其影響於社會者，爲流氓化滑頭化。（五），政黨派，這派雖然五光十色，無奇不有，如十七年來之政學系，研究系，聯治派，立憲派，皆各張一幟，互相水火，要之各有各的意思，各的耳目，因爲他的主張不正當，所以釀成十七年爭地盤，奪政權之糾紛。以上五派，其歷史的根據，都各不相同，但是我們可以歸納起來說，爲威屈，爲利誘而已，因爲爲威所屈，爲利所誘，於是而輿論之價值降低，新聞記者之人格，乃愈趨而愈下。現在我們因爲不滿意於過去的輿論，不滿意於過去之商業化，封建化，宗教化，滑頭化的輿論，而欲誕生或培革命化之輿論，不得不組織這新聞記者聯合會。固然，在過去軍閥鐵蹄下之新聞記者，殺的殺，刑的刑，會使新聞記者觳觫而戰栗，不敢以堅決之主張，來做社會之前導。然而新聞記者對於輿論無深刻之認識，實在也是使輿論之聲價，一落而千丈。輿論是站在社會之前的，向着一定之鵠的，來領導民衆，萬不容爲威所屈，爲利所誘，更不容憑個人之成見，來與多數之主張相決鬥。孫中山先生對上海新聞記者說道：「諸君都是先知先覺，應該以先知覺後知，以先覺後覺，盡自己的能力，爲國民的嚮導。」讀這幾句話，我們可以認識新聞記者之地位，如何崇高，新聞記者之責任，如何重大，所以新聞記者應該聯合在一個戰線上，增厚其力量，加倍其努力，一面來與軍閥帝國主義相激戰，一面來領導民衆往革命的路上。我們的口號：是信仰三民主義，統一革命宣傳，肅清封建勢力，增加輿論力量，實現言論出版自由，提高新聞記者地位，改良新聞記者生活，甯波新聞記者聯合會萬歲，中國國民黨萬歲，中華民國萬歲。

「附錄」甯波新聞記者聯合會章程　第一章，總則：第一條，本會定名爲甯波新聞記者聯合會。第二條，本會以統一革命宣傳，增進輿論力量，改良出版技術，提高新聞記者人格，聯絡感情，交換知識，改善新聞記者本身利益爲宗旨。第三條，本會會址，第二章，會員：第四條，凡具左列資格之一，由本會會員二人以上之介紹，經執行委員會審查合格者，得爲本會會員：，甲現任甯波各日報社或通信社記者。乙，現任各日報社及通信社主辦人主編人而富有新聞經驗者。丙，外埠各報駐甬特約記者。丁，凡富有新聞學識會在新聞界服務二年以上者。第三章，執行委員會：第五條，本會由全體會員大會選舉執行委員七人，補候執委三人，監察委員三人，組織執行委本會，爲大會閉後之最高權力機關，執行一切會務、執行委員會開會時，候補委員得列席發言，但無表決權，如遇正式執委出缺時，得依次遞補　第六條，執行委員互選常務委員三人，主持日常事務，開會時並輪流主席。第七條，執行委員會分下列三股，每股設主任一人，股員一人，由執行委員互選兼任之：甲　總務股，辦理文牘會計庶務事項。乙，宣傳股，辦理交際調查游藝事項。丙，出版股，辦理編輯印刷圖書事項。各股辦事細則另訂之。第八條，執行委員會之職權如左：甲，召集全體會員大會。乙，執行會務督促各股工作。丙，對外代表本會，但遇重大事件發生時，須召集全體會員大會解決之。第九條，本會執監委員及各股主任任期爲一年，連舉得連任。第四章，義務與權利：第十條，本會會員有左列之義務：甲，遵守本會章程及決議案。乙，按期繳納會費。丙，維持及發展本會會務。第十一條，本會會員有左列之權利：甲，選舉及被選舉權，乙，身體及名譽之保障權。

丙，失業時得本會儘先介紹職業。丁，本會一切出版及圖書閱覽權。第五章、懲戒：第十二條：本會會員有違反本會章程或決議案，或陰謀破壞本會，或有損失記者人格及反革命行動者，須受左列之處分：甲，警告。乙，開除會籍並禁止在報界服務。丙，由本會檢舉，請政府機關懲辦之。第六章，會期：第十三條全體會員大會每年舉行四次，須有三分之二以上會員出席、方得開會，由執行委員會定期召集之。第十四條，執行委員會每兩星期開會一次，由常務委員召集之，各股聯席會議每月一次，亦由常務委員召集之。第十五條，會員臨時大會，經執委會之決議，或會員全數之三分之一之提議，得臨時召集之。第七章，經費：第十六條，本會經費分下列四種：甲，會員會費，入會費每人大洋一元，常年費大洋二元，分兩季繳清。(附註)逾半年不繳納者，得開除會籍。乙，黨部及政府之補助。丙，於必要時得向　員募捐。丁，經大會通過得向外界募捐。第八章，附則：第十七條，本章程有未盡善處，經會員三分之一之提議得提交大會修正之。第十八條，本章程經大會通過後施行。

「附錄二」鄞縣執行委員會令該縣各報社云：「爲令遵事，案據寧波新聞記者聯合會呈稱：呈爲鞏固團體力量保障會員生計，仰祈轉令各報社不得無故開除有會籍之職員，並儘先任用會員，以安生業而盡職務事。竊職會組織之宗旨，一方爲盡力擁護黨治，宣揚黨義，以統一全國之輿論；一方謀自身提高地位，改良待遇、對於業務上得盡其忠勤之義務。近查各報社對於有會籍之職員，每憑經理之喜怒，無故加以開除，及登用無會籍之職員以爲替代，最近如四明日報社無故開除職員林葆璟一事，可爲殷鑒。緣是之故，使新聞記者，得不阿諛諂佞，以求媚於經理爲保全飯碗之計，而欲望其不屈不撓盡力爲黨國之宣傳，及對於社會上有公正之評判，戛戛乎其難矣。如上所云，是與職會之志願適得其反，因之各報社職員不以入會得有保障，反因是而其生活上不能安定，何能望其盡言職，職有鑒于斯，對於輿論前途，殊覺悲觀！茲經職會第十一次會議決議，僉以歷屆全國代表大會均有保障新聞記者之議案 又如各工會會章亦有資方無故不得開除工人之規定；況該經理等亦爲本會會員，應即服從本會議案。爲此援例呈請鈞會察核，俯准轉令各報社不得無故開除有會籍之職員，及此後進用職員，亦應儘先聘用有會籍者以期安定生計，發揚輿論，實爲公便。等情；據此，除分行外，合行令仰該報社遵照辦理爲要，此令。」

「附錄三」浙江新聞記者聯合會第三次會員大會之決議案及當選委員：（甲）決議案㈠請轉呈中央，對於滬報檢查，勿過事吹求，允許輿論自由，以免民衆妄加猜測案。（決議）原則通過，文字交下屆執委會整理。㈡發起組織本省全省新聞記者聯合會案。（決議）甲，通過。乙，決定辦法二項：㈠由本會徵求各縣市記聯會之同意，共同發起組織全省記聯會。㈡凡未組織記聯會之各縣市，由本會函促各縣市各報社記者從速組織。㈢本會應辦理各種事業，以增進經費案。（決議）交執委會酌量辦理。㈣呈請國府開辦新聞紙廠案。（決議）原則通過，文字交下屆執委會整理。㈤整飭記者人格，剷除惡劣份子案。（決議）除依照本會章程，嚴厲執行紀律外，並隨時監視非會員之行動。㈥請確定本會每月開支預算數案。（決議）甲、每月開支預算數，最高額定爲三十元，但開支辦公費及津貼費，不得超過半數。乙、常務委員及專任之職員酌予津貼，其津貼數目，由下屆執委會決定之。㈦擬修改本會章程案。（決議）逐條修正通過。㈧擬設法提高各報社內外勤記者之生活費，是否可行，請公決案。（決議）交下屆執委會核辦。㈨擬籌設寧波新聞記者俱樂部案。（決議）交下屆執委會核辦。㈩發展新聞事業，應先培植新聞記者人材案。（決議）原則通過，辦法交下屆執委會計劃辦理。(十一)取締販報人籍端居奇，擅意抬價，以利新聞事業案。（決議）甲、函各報社設法制止。乙、呈請縣黨部取締。

乙 當選執監委：姜伯啃陸伯昂鄭留際周恨夫吳望伋等五人，當選為執行委員。左洵張謨遠何揆一等三人，為候補執委。吳復張虬公烏一蝶三人，當選為監察委員。駱漱清為候補監委。（丙 建議案：㈠呈鄞縣黨部文云：為呈請逐級轉呈中央，對於檢查報紙，應予變通，以崇輿論由。案本職會第二次會員大會提案，略稱竊維言論貴乎自由，消息貴乎正確，在此軍事時期，雖有不得已應守秘密之處；但亦有萬目昭彰，事實具在，不能盡行掩飾者，自當使民衆稍悉真象，不致疑慮橫生，謠言羣起。中國報紙，向以上海爲重心點，近如上海各報，因政府檢查，吹求過分，臨時抽版，空白纍纍，緣此之故，致使讀者忘加猜測，不免訛睽朋興，幾疑若大之上海，無一記載翔實之報紙，於是市虎杯蛇，譸張爲幻，人心因之淆惑，秩序轉爲擾亂，例如此次中央軍因作戰計劃，放棄岳州，上海檢查員不許各報登載，後經克復，各報又大書特書，試問在前既未放棄，在後何有克復，此在各報不能自圓其說，亦檢查員過分吹求之故也。此不但使報章失其價值，反令政府有干涉輿論之嫌，亦殊違背蔣主席元旦宣言，許輿論絕對自由之旨。檢查員干涉過分，而輿論失其自由，殊非盛世之宜有也！爲此提案，請求大會討論通過後，呈請鄞縣黨部，逐級轉呈中央，對於上海報紙之檢查，應稍變通，勿過事吹求，以崇輿論，而昭翔實，無任盼禱等情，當經決議通過在案，理合備文呈請，仰祈准予逐級轉呈，實爲黨便　㈡呈縣黨部文云：爲呈請逐級轉呈中央，通令各省，開辦印刷機器廠，及新聞紙廠，以挽利權事。案查職會第三次會員大會提案，略稱新聞記者爲智識階級，有代表輿論指導社會之責任，對於國貨，自應竭力提倡，以杜帝國主義經濟之侵略；惟回思各報館所用之印刷機器及新聞紙張，無一不購用舶來品，此不特爲中國之羞，亦爲新聞界之辱也！查吾國通商，先於日本　而日本報界所用之印刷機器，以及新聞紙張，皆用本國出品，吾國則反瞠乎其後，學者既未有發明，商人亦未有投資，工人亦未有練習，安常習故，漏卮外溢，殊不關心，中日強弱之由來，即基於此。茲當國府疊次電令提倡國貨，全國各界，日當一致奮勵。一方應由各新聞記者，以身作則，力事宣傳；一方由本會呈鄞縣黨部，逐級轉呈中央，通令各省，獎勵創設印刷機器，及開辦新聞紙張工廠，或由政府直接辦理，以挽利權等情，當經決議通過在案，理合備文呈請，仰祈准予逐級轉呈，實爲黨便。（附　第四次定期會議決，請求政府，酌減訪稿郵資，以利新聞事業，呈請鄞縣黨部逐級轉呈中央文：竊查郵電章程，對於新聞事業，極爲優惠，關於郵寄報紙，票發新聞，均特別減價，與以利便　而我國民政府，迭次宣言，亦表示提倡新聞事業，不遺餘力。故自大革命以還，吾國報紙，愈爲發達，在前不過通都大埠，有報館數家，今則凡數十家之邑，數百家之鎮，亦有刊物出現，進步之速，殊可驚也！惟在革命前報紙，應注重於政藝方面，其來稿或由特約員采訪，或由通訊社供給，故不曾慮其缺乏；革命後之報紙，應注重於社會化平民化，對於窮鄉僻壤之民間新聞，宜多加采取，以應革命之潮流。但幅員既廣，新聞不能集中，採取之方法，既不能遍派特約訪員，又不能各地皆設通訊社，僅賴當地人士，願任臨時訪員者投稿，以資挹注。惟查彼等訪稿，皆按件計數，所得報酬，極爲輕微，而來稿因非印刷品，郵資更覺綦重，如甯波普通訪稿，每件不過酬金一角，而所費郵資，已有四分，所得僅六分而已，如報社不爲采取，則四分郵費，更作無謂之犧牲，此實足以減少投稿之興味，故鄉僻之區，每有重要新聞，而報紙失載者，比比皆是。今爲發展新聞事業，鼓勵投稿興味起見，惟有請求政府，酌減訪稿郵資，庶鄉僻之區，投稿者愈多，而新聞事業亦愈進化也。至於郵局，恐防流弊，不妨令投稿者於訪稿函面加以特別標識，如貿易契類，輕減郵資，以示優惠訪員，案經職會第四次定期會決議通過，記錄在卷，理合備文呈請，仰新約會鑒該，准予逐級轉呈施行，實爲公便。

第七章 結論

浙省新聞事業經過之狀況，已分別詳述如前，茲綜已往之缺失，略加臚述，作爲結論。

（一）

浙省從事新聞事業者，除咸同兩朝及光緒初葉，寧波方面，有西教士參加；其餘在光宣間，大多爲革命有志之士及含有浪漫色彩之舊文學家；民元以後，政客競興，大多假報紙之宣傳，陰行其勾結軍閥官僚爲潛殖地方勢力之計；至五四運動以後，青年學生及少數覺悟分子，漸悟到列邦帝國主義之政治經濟諸種侵略，報紙言論，始有向外伸展之傾向；迨民國十三年，本黨勢力，陸續蕃殖，政客論調，漸爲人厭棄，革命空氣，陡見緊張；自黨軍入浙，地方黨務工作人員暨軍隊退伍之政治工作人員，亦相率注力宣傳，自是新聞界之局面，爲之一變。然因北伐軍興之時，富有革命頭腦之新聞記者，多投棄筆硯，參加軍事工作；分子轉形複雜，，新聞界之流品，遂形萬有不齊之象，此浙江新聞界變遷之略狀也。

自歐戰以遠，歐美各國，報業教育，突飛猛進，是長足之進步。前此研究報學之學府，僅有美國哥倫比亞，惠斯康新等大學；次則德國柏林諸大學，相繼設立報學科，凡法科文科商科各專科大學，亦列報學爲必修科。此外復有報學專門學校之設。吾國自民國元年全國報界促進會提倡設立新聞學校，報業教育之名詞，始湧現於神洲大陸，然迄未實行；至民國七年，北京大學學生，始設立新聞學研究會，可謂「慰情聊勝於無」。逮民八以後，上海聖約翰大學，福建廈門大學，北京平民大學及國際大學燕京大學，先後設立報學系，民十四以來，上海一埠，報學呼聲，尤形緊張，如南方大學，光華大學，國民大學，大夏大學，復旦大學等，均有報學課程，而南大國大之報學系，更爲完善，南大於報學系之外，兼設報學專修科，國大報學系學生，復聯合光華大夏二大學報學學生，有上海報學社之組織。最近北平燕京大學復擬設立新聞學院，聘報界先進黃憲昭爲主任，可見報學之在中國，漸有「如日方升」之象。而回顧浙省，迄今仍是闃寂音沉，雖前歲杭州新聞記者聯合會，曾有組織新聞學研究會之議決，但空言徒托，延未進行。夫以號稱文化首出之浙省，站在輿論指導地位之新聞記者，報學訓練之缺乏如是，寧能促進報業之發展乎？

但浙省之報業教育，在省內而言，雖尚未曾萌苗，然北平上海各地大學，浙人担任報學教授者，未嘗乏人，如邵飄萍之任北平平大報學教授，陳布雷潘公展之任上海國大報學教授，後先相望；飄萍之報學叢書，國內新聞界，且奉爲圭臬。不過浙省大學教育方在開始進行，主持教育者，一時未能顧及；兼之省內新聞記者，故步自封，鮮能勇猛精進，積極求知，以故不特報業教育未有具體組織，甚至從事報業者，亦大多不肯對於報學，加以深切之研究。此種之病因，雖或由於環境暨經濟諸種之困厄；但業新聞者，不知力求報學知識之增進，新聞營業，自必愈形退落，報館經濟之短絀，亦意計中耳。今後爲促進新聞事業發達計，余以爲務須訓練相當之新聞人才，在教育界或一時未易得有完全之報學組織，而在新聞記者聯合會，務須執行前屆之議決，設立一所報學研究機關。

報業教育必修之科目，據前北平平民大學及上海南方大學所定之課程，平大較為完全，南大則較簡要。其直接關係報業者，為新聞學概論，速記術，新聞採集法，新聞編述法，廣告學，新聞經營法、新聞評論法、時事研究，新聞事業發達史，特別評論法，出版法，現代社會問題，羣衆心理等科，（亦有簡括為報館管理報學指導等科）其他如黨義，政治，經濟，法律，外交、文學，哲學，社會學，地理學，歷史學，藝術學，東西文等，在新聞學上皆有相互之關係，雖各地講報業教育者，未能一致視為必修，然欲為健全之新聞學家，對於此種諸學科，應須具有相當之基礎。浙省新聞紙，大多偏重於地方，於上述諸種學科之外，更須注意於兩浙各屬之地方實際狀況。否則若為評論，固未免隔靴搔癢之憾，採用新聞，亦易被訪事投稿者所播弄。過去浙省各報記者，其最大缺憾，即在高者偏於理論，好為籠統之言詞，淺者囿於習俗，缺乏宏遠之眼光，流弊所及，遂至閱報者感到缺乏密切之需要，銷路因之不振。故報業教育之在地方報的記者方面，視普通大報記者尤須加以特殊學科之訓練。

新聞記者之區分，在歐美各報館，分工至爲細密，吾浙除報館外之通訊社記者特約通訊社記者以外，報館內普通僅分評論記者編輯記者外勤記者副刊記者數種：上述所謂報業教育，僅就報館內記者而言。至於通訊記者及普通訪員，職在直接採集新聞，上述諸種學科以外，更須注意人格上之修養。蓋直接採集新聞，最易被環境勢力所掠奪，倘人格不立，在接談者固將發生厭惡，阻塞新聞之來源，在報館亦必因之隳失信譽，減少民衆對報紙之信仰。雖通訊社須經黨部立案之手續，訪員須經相當之介紹，早已寓有人格保障之微意，而立案與介紹，究爲一種形式，眞正可恃以保障，固在人格而不在此也。

（二）

新聞記者雖經相當之訓練，然主持報社，或通訊之人員，每以限於經濟，不辭因陋就簡，因之記者往往不能達其理想的願望。以報社而言：杭州寧波二市，爲浙省政治商業中心，交通亦復便利，在新聞事業上並未始無發展之可能，但大多因乏相當的經濟與設備，隨處呈露缺點，他縣則更無待論　其尤彰彰者：如一、重要專電之缺乏。二、特別訪稿之鮮少。三、副刊材料之冗濫，四、評論之疏懈。五、印刷之簡陋。凡茲數者，先決問題，厥惟經濟與人才，雖間有數報，經濟問題與人才問題，已告局部解決；而主持者倘未得人，雖有較裕之經濟，與新聞本身仍鮮有濟。否則，雖有人才，因迫於經濟，印刷方面，未易指揮自如，所有關於報紙上之新聞資料，亦難期盡量搜訪。爲暫時補偏救弊計，各報應各認定其設立之宗旨，各就其所擅之特長，務煥其特種之精彩——如沿海各地報館，應注意商業與水產，山林地帶，應注意造林——，不必好爲從同，徒耗許多之篇幅。如是，則所需經費可以撙節，社會閱報者，多閱一報可收一報之用，各報銷路，自然可期平均發展，各報收入，亦可以漸致豐裕。不然　或合多數小報館，爲一大規模之報館，羣策羣力，彼此合作，當亦不患不能進展。至於通訊社，其任務雖在供給報館新聞之資料，非若報館須有比較完備之組織，但報紙之銷路，常爲文字及地域所限；通訊社之消息，若果含有重大之意義，無論何地報館，皆當樂爲採用。最近世界各國之通訊社，如英之路透，法之哈伐，德之華而夫，意之司蒂芬尼，澳之考比潤，日本之電通，美國之聯合，蘇俄之托司，類皆具有偉大之組織，佔國際上宣傳之勢力，猶憶歐戰之際，英國北岩爵士，利用路透哈伐二大通訊社，專務國外宣傳，世界致有「宣傳戰」「報紙戰」之稱。吾國自宣統二年，全國報界俱進會始有設立通訊社之議決，擬先從南北繁盛都會及商埠試辦，逐漸推行於各地，然卒未果。至民國五年，邵飄萍始在北京創設新聞編譯社，但至民國十六年，計全國所有通訊社，尚不過一百五十五家，其中規模較大者，僅國聞通訊社一家。吾浙通訊事業，最近四年之間，雖如春筍怒發，然經費支絀，旋起旋仆，現今存在者，雖全省尚有三十餘家，但電訊全無，要聞鮮少，採訪之稿，大多囿於偏隅；雖間有各屬通訊，而消息遲鈍，去取未精，即卓卓如國民通訊社者，發稿亦未普及於省內各報，遑言對外宣傳？推究其故，良由地處偏隅，省外各報，多逕視爲無關需要，在省內者，因交通阻滯，傳遞稿件，鮮能比各報先到，其在本地各報，大都又以困於經濟，未能給予優厚之稿費。就杭州市方面而言：除國民社係由黨辦，不收稿費，其餘號稱最優良之通訊社，每月稿費之全收入，鮮能超出百元；間或有超出，無非恃有報館外之「賣稿」，以普通計算，各社類多不能維持社內之開支，緣此訪稿恆失健全之精神，詬聲之起，時所不免。玆欲謀通訊社之改進，亦當如前述報館補救之法，或集中力量，或認定立場，斯採訪易周，并得並行不背。其他如繕印之整頓，發稿之審愼，皆浙省各通訊社所宜特別注意！俟行之有效，即欲增高稿費，各報當亦鮮有不樂從也。

（三）

關於從事新聞事業者之知識與經濟，已述如前，此外在浙省各報館中，尙有一種最大之缺憾，即編輯印刷營業各部工作人員缺少相互聯絡。雖各報類有社長或經理居中調度一切，或間舉行職員會議；但各部依然隔絕，各人各認定自身之立場，罕知互相研究探討。緣此報館之力量從而分散，報紙之精神，未能健旺。分析言之：編輯部與營業部不加聯絡，在編輯部工作人員，勢必不能明瞭報紙之分布狀況，對於採用新聞，未能爲相當之分配，而且無由証明編輯工作之成績，究竟在社會發生如何之影響；在營業部方面，亦易感到因報紙編輯之不良，或發生與廣告衝突之言論紀載，或因言論紀載侷限於某地域某局部，致司廣告與發行者，雖盡兜攬推銷之能技，難收相當之成效。推之編輯部，與印刷部、或營業部之與印刷部，倘或發生疏閡，其影響所及，在各部亦必發生許多之不利。蓋編輯部所定之標題與格式，在新聞上均有重大之意義，倘印刷部任意變更，祗求工作之省力，漫不遵守，在新聞上必致減少許多之價值，編輯者之一番苦心，亦將付諸流水。營業部與印刷部，在表面上雖似並無若何之重大關係，實則廣告與印刷，關係甚鉅，報紙印刷不良，廣告模糊，或發生其他之錯誤，在登廣告者勢必引起不快，減少廣告之顧客。至於發行方面，對於印刷部，非特務須聯絡，而且兼須加以督促，緣發行部工作人員，每日早晨即須將新印之報，分發於內外各埠，浙省如杭州市之報，每因印刷責任付托於承包之印刷局，印刷工人常有發生怠工出版遲誤之病，負担發行職責者，倘不隨時對於印刷工友加以相當之督促，勢必貽誤發行時間，惹起閱報者之失望，馴致發生退閱，減少報紙發行之數額。凡此諸種，固皆新聞事業上彰明顯著之障礙，無論何時何地，殆同一轍也。

然欲實行各部之聯絡，尤非僅恃乎形式上之接洽，一方又須兼行提高營業部與印刷部工作人員之知識。緣浙省各報館，營業印刷兩部工作人員，對於新聞事業，除卻一部分得自經驗外，極少明瞭新聞事業之意義，更鮮抱定新聞事業之志願。浙省當此工商業幼稚民衆知識飢荒之時，報館生命，岌岌堪危！使身任報館營業職務者，視爲普通一種之商業行爲，從事報紙印刷者，視爲普通一種之勞資關係，則所辦之報，固無意義，在主持報務者，所負之經濟責任，寧亦能長此繼續？歐美各邦，報館各部人員，類須經過相當之訓練，肄業大學之士，往往身任販報之業，其重視新聞事業，可以想見　浙省號稱中國東南文化之區，新聞事業已往之痕跡，覆轍相繼，值茲訓政時期，普通民衆，尚須施以相當訓練，顧可於新聞事業之業務人員，而不急起圖之乎？

(四)

戈公振云云「今我國報紙之所重視者，只一般所謂名人要人之文電，大半皆私見而非公論，大半皆政治問題而非社會問題，深願今後能移易其眼光，予平民以發抒意見之機會，勿執己見，勿護過失，以尋求眞理爲歸。」其言誠爲切中時病！余嘗歷取浙省各新聞紙作一總檢查，諸所紀載，容量最多者，第一爲各機關之公文函牘及其日常紀錄。其次，則係從滬上各報剪下之所謂國內大事及國際要聞。其三，則爲猥瑣之社會趣聞及浮薄之小品文字。更於已往痕跡，檢査其產生之成績，在第一項大多等於具文，鮮能實力奉行。在第二項大多視爲充數，罕加注意，緣閱報者對於有關國家大局及國際問題之新聞，多注視滬報，以其紀載詳細而且迅捷。其關第三項者，閱者雖多，究之鮮關宏旨。欲於諸種缺陷之中，調劑盈虛，期收比較美滿之效果，余以爲：一，凡關於民衆痛苦之事實，應盡量探訪，以期調和偏重官樣式之新聞。二，應擴大各縣新聞之範圍，務使浙東西各縣屬彼此得爲消息之溝通，俾調劑側重省外及省市之弊。三、社會新聞應採取與社會問題有較大關係之資料，憑實紀載，不宜摭拾淫穢，競尚浮華，甚有徒饒興趣，認爲足資娛賞者，最好於每星期日別出增刊。蓋吾國民間習慣，動止無定，好爲浪漫生活，各報之重視社會趣聞，雖爲一種促進閱報興味之計，然一般知識幼稚之輩，每閱報紙，每以社會新聞之饒興趣，反置他種重要新聞而不顧。歐美各報，普通恆於星期日特出圖畫及他種饒有趣味之增刊；在大報館，或每日另出晚刊，殆有補偏救弊之意。浙省各報之現狀，添出晚刊，在事實當然爲不可能，改用星期增刊，則報紙言論記載所收之效率，勢必可以增高，民衆之浪漫生活，復可藉以稍資糾正。其他關於副刊一欄，在各報尤關重要，蓋報紙之內容，大多爲事實之記載，易流於枯燥，評論又以限於時間性之故，不能囊舉一切，惟副刊可以不受上述諸種之限制；倘能多聘專家，廣徵作品，尺幅之內，不啻可視爲公衆之樂園，萬有之學府。浙省各報，最近大多附有副刊，然內容雜糅，品格低下，卓然秀出者，殊屬寥寥。今後各報應急起爲一致之革新，務使成爲富有藝術學術或黨政建設諸種重要研究之園地。

（五）

新聞記者暨報紙報館應行改進之點，已分述如上；尚有關於記者知識之補充問題暨報紙成績之保存問題，亦爲報館所不容忽視。蓋報業教育，不過養成新聞記者暨其他新聞業務人員之基本知識。質言之：即一種新聞業務上之技能。俾之百工居肆，各種工人雖擁有各種專門之技能，而各種材料之購備，非各種工人之責。報館編輯室雖逐日有各地通訊社及各訪員各機關與其他投稿者，供給以新鮮之材料，但有時或所傳消息，僅憑電訊，甚爲突兀而簡單，非加以引伸，則此項之新聞，因以簡略之故，未易引起閱者之注意；而事實含糊，本原未悉，在閱報者又將莫明其所以然。縱使編輯記者或具有淵博之知識與銳敏之記憶力，然而昏黃短晷，稿如束筍，手民佇足，環而促索，必欲一一思索，全憑腹稿，微特掛漏謬誤，在所難免；即使在頭腦清楚眼明手快之輩，屬稿當亦需要較多之時間。故欲匡補記者之遺忘，增加新聞之精彩，須有圖書館與剪報室之設備。此在歐美日本各邦，固視爲報館應有之設備也。

浙省各報館，經濟類多支絀，卽在杭州寧波各市，其報館內部之設備，亦多缺而不完。以杭州市報而言，民國日報號稱黨報，藏書與剪報，尙鮮相當注視，之江日報館雖有圖書室，而以限於經濟，重要圖籍，未能隨時添增；剪報則各報社類多由少數記者私人隨意剪藏，國民新聞社雖曾另聘專員負責担任，然偏重本報，規模窄小，行之未幾，剪報員亦告裁撤，新聞記者聯合會二屆執委會，雖曾有剪報辦法之決議，迄今亦未實行。

戈公振氏云：「剪報之利：一、可以省時間。二、可以得要領。三、可爲新聞保存之便利。四、可爲事物本原之考查。」余以爲非特如此而已；剪報之分類，倘若加以精密之研究，一則排比各報，可以察知各報言論之傾向，紀載之確否，從而分析其質量之精粗，評判其報之價值。二則因剪報得知各人之行爲，從而核其成績，可備知人論世之參考。三則因剪報得知社會一切之情狀，隨時衡較，可供各種學術之研究，備各方之諮詢。四則因剪報可以得到一切有系統之知識，養成健全之人才。圖書館之設置，蒐藏雖富，對於所需之各種知識，欲求得到各種具有整個性者，尚為非易；惟有完備之剪報室，則舉凡世界所有最新之知識，不難窺見全豹。夠報館之設剪報室，對於應行置備各報，不必一一出資購置，儘可廣為交換，既屬輕而易舉，且可廢物利用，從事新聞事業者，其奚惜此一舉手之之勞乎？

（六）

浙省擁有錢江甬江椒江甌江運河五大河流之地域，自滿清咸同之季，以迄今茲，歷年七十 新聞先進 類能出其所學，與封建勢力，社會惡魔，以及列邦帝國主義，肉搏奮鬥。以論成績，在新聞界之中，自當無忝厥職；即上而衡諸執戈柄政之名政治家與名軍事家，遠而較諸歐戰中努力國外宣傳之北岩爵士，亦有未易軒輊者。吾人承此光榮之歷史，對於前人之志行，固當引以自勵；其間有假以營私，拂逆潮流者，亦當思所警惕。

況新聞事業之進展，今更遠跨於昔，昔之業新聞者，憑其文章抱負，振筆疾呼，即足以喚起民衆；今則於此之外，兼須運用新聞學之種種藝術與方法，始足維持於不敗，是以余於本書結論之中，兼爲論及，藉以備供應用，此固往昔之所未備，有待於今後從事新聞事業者發揚而光大也。

最後尙有兩個原則，是陸舒農同志認爲今後新聞記者之南針，其言扼要得體，爰揭誌之，用作本書最後之結論：

一、認定新聞紙是負有指導社會的責任，決不是跟着社會的弱點一同腐化。

二、三民主義爲指導社會的最高原則，所以新聞的編輯，也是以三民主義爲指導的原則

图书在版编目（CIP）数据

浙江新闻史 / 项士元编. —北京：中国传媒大学出版社，2018.3
（中国近代新闻学名著系列丛书 / 芮必峰主编）
ISBN 978-7-5657-2280-6

Ⅰ.①浙… Ⅱ.①项… Ⅲ.①新闻事业史—浙江—民国 Ⅳ.① G219.275.5

中国版本图书馆 CIP 数据核字（2018）第 048694 号

中国近代新闻学名著系列丛书
芮必峰 主编
浙江新闻史（上下）
ZHEJIANG XINWENSHI（SHANG XIA）

编　　者　项士元
策划编辑　司马兰　姜颖昳
责任编辑　姜颖昳
封面设计　拓美设计
责任印制　曹　辉

出版发行　中国传媒大学出版社
社　　址　北京市朝阳区定福庄东街 1 号　　邮编：100024
电　　话　86-10-65450532 或 65450528　　传真：010-65779405
网　　址　http://www.cucp.com.cn
经　　销　全国新华书店

印　　刷　北京华联印刷有限公司
开　　本　787mm×1092mm　1/16
印　　张　30.25
字　　数　250 千字
版　　次　2018 年 6 月第 1 版　2018 年 6 月第 1 次印刷

书　　号　ISBN 978-7-5657-2280-6/G·2280　　定　　价　148.00 元（全二册）